Janusz Piekalkiewicz

Pferd und Reiter im II. Weltkrieg

Janusz Piekalkiewicz

Pferd und Reiter im II. Weltkrieg

373 Abbildungen, Karten und Zeichnungen

HERBIG

Durchgesehene und erweiterte Neuauflage

Umschlaggestaltung: Christel Auman, München

Reproduktion des Bildteils: Graph. Atelier Krah, München
Satz: Fotosatz-Service Weihrauch, Würzburg
gesetzt aus 10/13 p Times System Berthold
Druck und Binden: CRONION S.A., Barcelona

Printed in Spain
ISBN 3-7766-1756-X

DEP. LEG. Nº B-35.521-92

Inhalt

... Ihr scheint noch von unseren Märschen zu Pferde keine rechte Vorstellung zu haben. Man verlangt von uns die gleiche Tagesleistung wie von den motorisierten Truppen ... Wenn der Motorisierte hundertfünfzig Kilometer fährt, ist er vielleicht von 10 bis 15 Uhr unterwegs. Hat er sein Tagesziel erreicht, so stellt er seine Karre beiseite und ist fertig. Wenn wir neunzig Kilometer reiten, brauchen wir dazu vierzehn bis sechzehn Stunden, also von früh 4 Uhr bis 22 Uhr. Anschließend Pferdeversorgungen, mindestens eine Stunde, und nachts ein oder zwei Stunden Stallwache. Der Infanterist von heute macht vielleicht fünfzig Kilometer. Hat er zwanzig Minuten Marschpause, so liegt er im Straßengraben und rollt. Der Reiter tränkt seine Pferde und holt dazu das Wasser vielleicht zweihundert Meter weiter. Bei der Infanterie sind zwei Stunden Rast zwei Stunden Ruhe. Der Reiter verbraucht davon fünfviertel Stunden für das Pferd. Ab- und Aufsatteln, Tränken, Füttern usw. Will er selbst endlich essen, so hält er dabei noch das Pferd. Hat er neunzig Kilometer vor sich, so reitet er vielleicht vierzig, die übrigen fünfzig führt er ... Er hat also die infanteristische Marschleistung und dazu noch vierzig Kilometer im Sattel, was auch keine Kleinigkeit ist.
Dem Infanteristen tun die Füße weh. Dem Reiter auch, denn er hat auch fünfzig Kilometer zu Fuß zurückgelegt, und zwar nicht in Marsch-, sondern in Reitstiefeln. Ihm tun aber nicht nur die Ständer weh, ihm wird auch vom Karabiner Schulter und Hüfte zertrümmert, das Gesäß geht in Fransen, und nach mehrtägigem langen Ritt hat man das Gefühl, als hätte man überhaupt keine Knochen mehr. Der Infanterist kann außerdem frei laufen, während der Reiter zu Fuß immer noch das Pferd zu führen hat. Bald muß er es ziehen, weil es nicht mehr kann, bald halten, weil es vorwärts stiebt. Hat der Infanterist Ruhe, so kann er seine Sachen in Ordnung bringen. Beim Reiter kommt erst Pferde- und Sattelzeugpflege, für die eigenen Sachen ist die Freizeit da! Der Flieger ist für Stunden vielleicht in besonders großer Gefahr, wobei man allerdings fragen kann, ob sie größer ist als bei anderen Waffen. Er kommt aber jeden Tag wieder in sein altes eingerichtetes Heim, während wir ewige Zigeuner sind. Als Reiter werden wir auch nie in Städten Quartier beziehen, sondern immer nur in Dörfern. Großstädte werden grundsätzlich umgangen. Was bedeutet ein Umweg von fünf Kilometern? Das Pferd tut, was man von ihm verlangt. Für Reiter ist der holprigste Feldweg gut genug ...«
(Aus einem Brief eines Kavalleristen des deutschen Reiterregiments 1)

Vorwort

»So viele Körner Gerste du deinem Pferde gibst,
so viele Sünden werden dir verziehen.«
Aus dem Koran

In unzähligen Publikationen über den Zweiten Weltkrieg in allen möglichen Sprachen klafft eine Lücke: Der Mensch hat nämlich seinen besten Freund, das Pferd, vergessen. Nun, Sie werden enttäuscht sein, falls Sie in diesem Buch eine Aneinanderreihung von tränendrüsendrückenden Storys erwarten. Dieses Buch hat damit nichts zu tun. »Pferd und Reiter im Zweiten Weltkrieg«, wie der Titel schon sagt, ist ein Buch über den Krieg, den Krieg zu Pferde, das von den Einsätzen der berittenen Verbände der teilnehmenden Nationen berichtet, das erste Buch überhaupt, das jemals darüber geschrieben worden ist, obwohl schon ein Zeitalter, eine Generation, dazwischenliegt. Möge dies ein Hinweis auf die immensen Schwierigkeiten sein, mit denen ich bei der Bearbeitung dieses Themas konfrontiert wurde.
Stärker als jeder Text ist jedoch die Aussage der Bilder, nicht nur ihres Seltenheitswertes wegen: jedes von ihnen sagt mehr über den »Kamerad Pferd« als tausend Worte. »Es war über allem ein treuer Gefährte, selbst verletzt oder halb verhungert versagte es nie seinen Dienst, bis es keinen Schritt mehr gehen konnte«, konstatierte der englische Major G. Tylden. Treu und unverdrossen tat Kamerad Pferd bei Freund und Feind seine Pflicht, ob bei glühender Hitze oder eiskaltem Winter, auf harten Betonpisten und holprigem Pflaster, über zerfurchte Wege und durch knietiefen Morast, oftmals ohne ausreichendes Futter, selten in ordentlichen Unterkünften und ungeschützt vor Feindeinwirkung war er als stumme Kreatur immer dabei, nur aus seinen großen Augen sprach manchmal unsägliches Leid.
Dieses von der Natur mit einigen bis heute noch rätselhaften Orientierungsgaben versehene Tier war der modernen Kriegstechnik völlig ausgeliefert und fiel massenweise durch die Hand der Menschen, denen es diente. Und niemals in seiner langen Geschichte wurde es rücksichtsloser ausgenutzt als im Zweiten Weltkrieg. Man ritt es gegen Panzer und führte mit ganzen Regimentern berittene Durchbruchsattacken trotz massiven MG- und Kanonenfeuers. Es war der erste, der dabei getroffen wurde, selten gab es eine Deckung oder ein Entkommen, wenn es vor ein Geschütz oder vor einen Troßwagen gespannt war. Im harten russischen Winter standen die Pferde oft bei Temperaturen bis minus 50 Grad an den Katen und fraßen morsche Holzschindeln oder fauliges Stroh von den Dächern. Beinahe doppelt soviele wie im Ersten Weltkrieg, 2,75 Millionen Pferde einschließlich der Maultiere, zo-

gen für Führer und Vaterland ins Feld. Die Rote Armee, getreu ihrer Reitertradition, schickte gut 3,5 Millionen Rosse in den Kampf; wie viele von ihnen das Gemetzel überlebten, werden wir nie erfahren. Der Zweite Weltkrieg war nicht nur für den Menschen die tragischste Zeit. Das große Pferdesterben dauerte von der ersten bis zur letzten Kriegsstunde: täglich fielen für das Reich durchschnittlich 865 Pferde. Jeder, der den Zweiten Weltkrieg miterlebte, wird das Bild der vielen Pferdekadaver, die die Straßenränder säumten, ständig in Erinnerung behalten. Etwa 52 000 Pferde kamen mit ihren zweibeinigen Kameraden im Kessel von Stalingrad um, und jede neue Schlammperiode sowie jeder russische Winter brachten für Kamerad Pferd die tragische Saat des Todes mit. Doch die Tragödie auf der Krim stellte dies alles noch in den Schatten.
Als die auf der Halbinsel eingeschlossene deutsche 17. Armee im Frühjahr 1944 endlich den rettenden Räumungsbefehl bekam, bedeutete er gleichzeitig das Todesurteil für die Pferde, die man weder abtransportieren konnte noch den Sowjets überlassen wollte: Der gesamte Bestand der Armee, mehrere zehntausend Pferde, wurde auf Befehl von oben reihenweise an den Rand der steilen Klippen geführt, erschossen und in den Abgrund gestürzt.

Janusz Piekalkiewicz

Rechts oben: Gleichgewichtsübungen zu Pferd.

Rechts unten: Gruppengeländereiten mit Sprungübungen: »In die Bewegung des Pferdes kriechen. Bügel durchgestreckt, Knie angeschraubt. Hände vor, dabei Verbindung mit dem Pferdemaul nicht aufgeben, Kandare loslassen.« Die Reiter waren mit Säbel und Karabiner 98 k bewaffnet. 1940 wurden die Säbel und die Karabinerschuhe bei den Reiterschwadronen abgeschafft. Die Reiter tragen den Karabiner nunmehr auf dem Rücken.

Einsatzbesprechung: Der Rittmeister (mit Schirmmütze) bei der Befehlserteilung. Der Oberleutnant (rechts) und die drei Unteroffiziere tragen Stahlhelme, Modell 1935, mit Sturmriemen, unter jedem Sattel der sogenannte Woilach. Ein gutes Beispiel für vorschriftsmäßigen Sitz im Halten, die Zügelführung mit einer bzw. mit beiden Händen.

»Mit dem richtigen Sitz muß sich gute militärische Haltung vereinigen. Der Oberkörper erhebt sich senkrecht aus den Hüften. Die Sohle berührt mit ganzer Breite die Trittfläche des Bügels, Absätze leicht herabgedrückt. Das Gesäß ruht mit losgelassenen Muskeln in voller Breite auf dem Pferderücken. Die Unterschenkel halten mit der flachen Wade weiche Fühlung.« *(Aus: Ausbildungsvorschrift für die Kavallerie, Berlin 1939.)*

1939

Ulanen gegen Panzer

»Krieg – versteht Ihr?«

1. September 1939. »Um 2 Uhr weckte uns das Trompetensignal. Um 3 Uhr 45 kam der Abmarschbefehl. Es war noch stockfinster. Die ganze Schwadron ritt geschlossen in Fliegermarschtiefe. Wir zogen durch viele Dörfer. Und jedesmal wieder die Frage: Sind wir schon in Polen?« notiert an diesem Tag Obergefreiter Karpa vom deutschen Reiterregiment 1.

4 Uhr 45, Nebelschwaden liegen über den Feldern und verheißen einen schönen Spätsommertag. Die deutschen Angriffsspitzen erheben sich aus ihren Stellungen.

Punkt 4 Uhr 55 klingelt bei Rittmeister Szacherski, dem Adjutanten des im Vorfeld der polnisch-deutschen Grenze westlich von Posen liegenden 7. berittenen Jägerregiments, das Telefon. »Ich hörte die Stimme des Generals Wlad. ›Guten Morgen, Herr Rittmeister, die Deutschen haben soeben unsere Grenze in der gesamten Länge überschritten. Die Grenzwachen und vorgeschobenen Einheiten kämpfen bereits. Das Regiment hat seine Aufgabe zu erfüllen.‹ Ich rief sofort Major Kalwas an. Es meldete sich die verschlafene Stimme des Unteroffiziers vom Dienst. ›Major wecken und melden, daß die Deutschen unsere Grenze überschritten haben, das Regiment soll seine Aufgabe erfüllen‹, sagte ich. ›Ich verstehe nicht‹, murmelte der Unteroffizier. Ich wiederholte, und als er noch nicht begriff, schrie ich in den Hörer: ›Krieg – versteht Ihr?‹ ›Jawohl, Herr Rittmeister, verstehe, Krieg.‹«

Die deutschen Reiter

Die einzige größere auf deutscher Seite kämpfende berittene Einheit, die 1. Kavalleriebrigade, erhält mit ihren beiden Reiterregimentern den Auftrag, die Ostflanke der aus Ostpreußen vorgehenden 3. Armee zu schützen. Die Vorbereitungen zum Grenzübertritt werden in der Nacht vom 31. August zum 1. September durchgeführt. Das Reiterregiment 1 steht im Raum von Fürstenwalde bereit mit dem Angriffsziel Myszaniec; das Reiterregiment 2 soll rückwärts gestaffelt folgen.

Als Zeichen zum Angriff nimmt um 4 Uhr 45 ein vorgeschobenes Geschütz der Batterie ›Nelke‹ das Zollhaus Pelty unter Feuer. Jetzt tritt die Brigade auf der Straße nach Ostrolenka weiter an. Das Reiterregiment 1 steht inzwischen

in Myszaniec, während das Reiterregiment 2 ostwärts ohne wesentliche Feindberührung bleibt. Da die Höhen von Zalesie anscheinend stark besetzt sind, stellen sich die Brigade rechts und das Reiterregiment 2 links der Vormarschstraße auf, um nach kurzer Artillerievorbereitung anzugreifen. Der Gegner weicht, durch das gutsitzende Feuer der Kavalleriegeschütze und Granatwerfer überrascht, schnell zurück. Ohne weitere Kämpfe erreicht die Brigade am Abend die Gegend von Wach.
»Gegen 10 Uhr kamen wir in den Grenzort Mikula«, erinnert sich der Gefreite Hornes von einer berittenen Aufklärungsabteilung der 14. Armee unter Generaloberst List, die von Süden her vorstößt. »An einem Bach machten wir Halt, die Pferde wurden abgesattelt, getränkt und gefüttert, auch wir konnten schnell etwas Brot und Büchsenwurst essen . . . ›Satteln!‹ ertönte plötzlich das Kommando. Alles ging schneller als sonst. Man hatte so verschiedenes aufgeschnappt: ›Diese Höhen sind noch vom Feind besetzt‹ . . . ›Dort eine Bunkerlinie‹ und anderes. Jeder wußte, jetzt geht der Krieg los. War es wirklich ernst? Dann das in Friedenszeiten so oft mit Übungsmunition Geübte: ›Mündungsschoner ab! Laden und sichern!‹ befahl der Leutnant.«

Erste Kavallerieattacke des Zweiten Weltkrieges

Die polnische Armee ist dem Angreifer weder an Zahl noch an Ausrüstung gewachsen. Die Masse der polnischen selbständigen Kavallerie – über 70 000 Reiter – wird in den letzten Augusttagen recht schablonenhaft auf der ganzen, rund 1500 Kilometer langen polnisch-deutschen Grenze verteilt. Die polnische Armee steht unter dem Kommando des 53jährigen Marschalls Eduard Rydz-Smigly, eines ausgezeichneten Scharfschützen.
Mittag des 1. September. Im sogenannten polnischen Korridor stößt von Westen her die 20. motorisierte Division auf Chojnice vor. Gegen 14 Uhr tobt der Kampf der deutschen Vorhut mit dem 18. Ulanenregiment von der ›Pomorska‹ Brygada Kawalerii entlang der Eisenbahnlinie Chojnice-Naklo. Die Ulanen erhalten Befehl zum Gegenstoß, um der eigenen Infanterie den Rückzug zu ermöglichen. In einem lichten Wald in der Nähe des Dorfes Krojanty formieren sich die Reiter in loser Gliederung.
Es ist später Nachmittag, die 1. Schwadron des 18. Ulanenregiments taucht am Flügel der deutschen Kolonnen auf. Als der Regimentsadjutant, Rittmeister Godlewski, den Befehl zur Attacke hört, schlägt er vor, ob es nicht besser wäre, doch mit abgesessenen Reitern anzugreifen. »Junger Mann, ich weiß selbst, wie man einen undurchführbaren Befehl durchzuführen hat«, antwortet der Regimentschef Oberst Mastalerz.
Gegen 17 Uhr hebt Major Malecki den Säbel, und auf dieses Zeichen hin geht die Kavallerie zur Attacke über – der ersten Reiterattacke des Zweiten Weltkrieges.

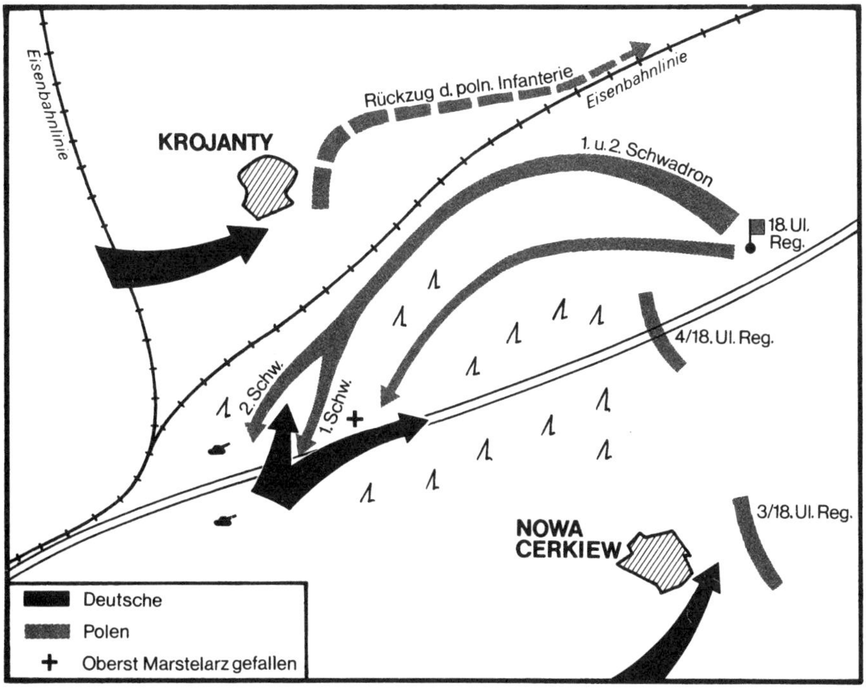

Krojanty, am 1. September 1939 um 17 Uhr: Die erste Kavallerieattacke des Zweiten Weltkrieges

Noch im Wald geraten sie in das MG-Feuer der deutschen Vorhut. Die Kette der Reiter setzt sich in Trab, galoppiert: Nur rasch vorwärts, weg vom freien deckungslosen Feld! Sie liegen lang auf den Hälsen ihrer Pferde, den schweren Reitersäbel in der Auslage mit steifem Arm weit von sich gestreckt. Die ersten Toten und Verwundeten fallen von den Pferden. Dennoch gewinnt die Attacke immer mehr an Schwung, besonders nachdem sich ihr auch die 2. Schwadron angeschlossen hat. Eine breite Reiterwelle von ungefähr 250 Mann rast über das offene Feld, die Säbel blitzen in der Sonne, und die überraschte deutsche Infanterie versucht sich durch die Flucht zu retten.
Plötzlich taucht aus einer Kurve der Chaussee nach Chojnice eine lange Kolonne von Panzern und motorisierten Einheiten auf, wird jedoch von den Ulanen in der Hitze des Gefechts zunächst nicht bemerkt. Ein Hagel von Feuersalven aus den gepanzerten Fahrzeugen empfängt die Polen, und ehe es ihnen gelingt, die rasenden Pferde zu wenden, beginnt das Gemetzel.
Pferde brechen schwer zu Boden, gehen durch und schleifen die getroffenen Reiter im Bügel mit. Gestalten in grünbräunlichen Uniformen stürzen aus den Sätteln. Ein schwaches Trompetensignal ertönt. Hier und da hetzen einzelne Reitergruppen in völliger Auflösung übers Feld, liegen dunkle Klumpen verstreut auf der Straße, stöhnen Verwundete und galoppieren reiterlose Pferde mit schlagenden Bügeln und schleifenden Zügeln über die Äcker davon. Rittmeister Swiesciak, der die Attacke führt, stürzt mit seinem Pferd zu Boden. Auch der mit einigen Ulanen zu Hilfe eilende Regimentschef Oberst

Mastalerz findet den Tod. In wenigen Augenblicken verlieren die Ulanen die Hälfte ihrer Leute.
Und mit dieser Reiterattacke bei Krojanty am 1. September 1939 wird die Legende geboren: Polnische Kavallerie greift mit dem Säbel deutsche Panzer an. Von der NS-Propaganda verbreitet, geistert sie bis auf den heutigen Tag durch die Geschichtsschreibung des deutsch-polnischen Krieges vom September 1939.
Nun, die polnischen Ulanen waren keine Selbstmörder, und es ist kein Fall einer bewußt gerittenen Attacke der polnischen Kavallerie gegen Panzer bekannt. Es gab natürlich mehrfach Attacken gegen deutsche Infanterie, der gepanzerte Fahrzeuge zu Hilfe kamen, oder auch Situationen, in denen die polnische Kavallerie von Panzern angegriffen wurde. Die einzige Überlebenschance für sie bestand nur darin, in einem halsbrecherischen Manöver zu versuchen, so schnell wie möglich an den Panzern vorbeizukommen.

»Herzog« gibt auf

Bis zum 1. September 1939 ist noch jeder Krieg auf polnischem Boden durch berittene Truppen entschieden worden. Aber seit Freitag morgen sind Panzer die Herren der Schlachtfelder. Die polnische Kavallerie, vorzüglich ausgebildet, ist völlig machtlos in einem Krieg, bei dem Panzerspitzen die Angriffskeile des Gegners anführen. Ihre Attacken, eine nach der anderen, brechen im Geschoßhagel zusammen, und nur den Fähigkeiten dieser Reiterelite ist es zu verdanken, daß sie mit ihren veralteten Waffen dem Gegner überhaupt noch soviel Schaden zufügen können.
Unter Sonntag, dem 3. September 1939, steht im Kriegstagebuch der deutschen 1. Kavalleriebrigade: »Heute morgen gegen 4 Uhr haben nach vorausgegangener Erkundung Teile des Reiterregiments 1 die Brücke über den Fluß Orzyc eingenommen. Nach dem Übergang des Reiterregiments 2 über die inzwischen behelfsmäßig ausgebesserte Brücke trat das Regiment den Vormarsch an, um bei dem Ort Klin wieder auf die Straße nach Przasnysz zu kommen. Hier erreichte das Regiment der Befehl der Brigade, südlich von Przasnysz aus, ebenfalls wie das Reiterregiment 1, auf Czernice–Borowe vorzugehen. Bei Frankowo stieß das Regiment auf eine stärkere polnische Kavallerieeinheit, das 7. Ulanenregiment, das durch Spähtrupps bereits gemeldet war. Durch umfassenden Angriff wurden die Ulanen zurückgeworfen und nach Südosten getrieben. Berittene polnische Spähtrupps attackierten im Verlauf dieses Kampfes den Regimentsgefechtsstand, sie wurden jedoch versprengt.«
Am 3. September, dem dritten Tag des deutschen Überfalls auf Polen, kommt es zum Wendepunkt im ganzen Feldzug. Der polnische Oberbefehlshaber, Marschall Edward Rydz-Smigly, bekennt an diesem Tag: »Die gesamte polni-

sche Front ist zusammengebrochen, ihr bleibt nichts weiter übrig, als sich sofort hinter die Weichsel zurückzuziehen, falls dies noch möglich ist.«
Südlich von Krakau marschiert - unterstützt durch slowakische Truppen - die 14. Armee unter General List unaufhaltsam ostwärts. »Wir waren in Feindesland, voraus zwei Sicherer, dann der Rest der Gruppe«, notiert Gefreiter Hornes. »Wir ritten auf einem steinigen Weg entlang einem Gebirgsbach, der sich zwischen Felsblöcken hindurchwand. Das Karpatenland war eingeschlossen von bewaldeten Hügeln. Über uns tiefblauer Himmel. Nach etwa einstündiger Rast zogen wir abermals weiter. Eine breite, sandige Straße führte jetzt über einen hohen Paß. Die Jäger schimpften, weil unsere Pferde soviel Staub aufwirbelten. Der Berg wollte kein Ende nehmen. Es dämmerte schon stark, als wir die Höhe erreichten. Drüben ging es steil bergab. Ich ärgerte mich, weil trotz des Gefälles getrabt wurde. Ich fühlte, daß mein ›Herzog‹ nicht mehr konnte. Er stolperte ständig. ›Der ‚Herzog' kann nicht mehr!‹ rief ich dem Gruppenführer zu. Kaum hatte ich es ausgesprochen, da lag er auch schon auf den Knien. Er hatte bestimmt starke Schmerzen, lahmte aber nicht. Ich wunderte mich nicht über seine Müdigkeit. Am ersten Tag 70 Kilometer, am zweiten Tag 60, noch dazu über die Berge, heute früh der Spähtrupp, etwa 20 Kilometer bergauf, bergab und Galopp dazu, jetzt auch schon wieder fast 40 Kilometer. In drei Tagen annähernd 200 Kilometer ohne ordentliche Ruhe dazwischen!
Der Berg wollte und wollte kein Ende nehmen. Es war längst Nacht, und wir ritten immer noch. Endlich, um 22 Uhr, hatten wir die vorderste Spitze der Jäger eingeholt. In einem Dorf machten wir Halt.«

Polnische Kavallerie in Ostpreußen

Um 22 Uhr 45 am 3. September übergibt ein Sprecher der Regierung in Warschau den ausländischen Korrespondenten eine Sondermeldung: »Polnische Kavallerieverbände haben sich durch die gepanzerten deutschen Einheiten durchgeschlagen und befinden sich in Ostpreußen auf deutschem Boden.«
Das ist in dieser Nacht die einzige Nachricht aus Warschau, die für die westlichen Verbündeten etwas Aufmunterndes beinhaltet. Auch der deutsche Wehrmachtsbericht kurz vor Mitternacht erwähnt diesen Angriff, fügt allerdings hinzu, die Kavallerie, die nördlich Treuburg einzudringen versuchte, sei bereits wieder zurückgeschlagen worden.
In der Nacht vom 3. zum 4. September trifft bei der 1. Kavalleriebrigade der Befehl ein, daß sie dem Armeekorps zur besonderen Verwendung unterstellt wird, um den linken Flügel der Armee zu bilden.
In den frühen Morgenstunden des 5. September meldet die Polnische Presse-Agentur (PAT): »Starke polnische Kavallerieverbände sind in Ostpreußen auf breiter Front zum Angriff angetreten. Mehrere Städte sind bereits in unserer

Hand. Die Offensive entwickelt sich äußerst günstig. Es zeichnet sich bereits eine Wende des Krieges ab. Ähnliche Offensivhandlungen an anderen Frontabschnitten stehen kurz bevor.«
Für eine Weile hofft man in Warschau, daß die Kavallerie der deutschen Wehrmacht doch eine Niederlage bereiten wird.
Was ist geschehen? Schon der Nacht vom 2. auf den 3. September führt eine Schwadron des 10. Ulanenregiments der ›Podlaska‹ Brygada Kawalerii (aus der Armee Narew) einen Vorstoß über Polens Grenzen hinaus auf das Gebiet Ostpreußens. Die schwache Landwehr - von einigen Geschützen unterstützt - leistet nur unbedeutenden Widerstand. So erhält die ›Podlaska‹ Brygada Kawalerii den Befehl, einen erneuten Vorstoß nach Ostpreußen durchzuführen. Der Kommandeur der Brygada, General Kmicic-Skrzynski, leitet die Operation persönlich.
Der Vorstoß beginnt bei Sonnenaufgang am 4. September. Auf dem östlichen Flügel greifen drei Schwadronen des 9. Berittenen Jägerregiments an, unterstützt von einer Batterie der bespannten Artillerie (75 mm), und auf dem westlichen Flügel das 5. Ulanenregiment. Die Ulanen pirschen sich bis an den von der aufgehenden Sonne erleuchteten Waldrand. Plötzlich stoßen sie auf einige durch tiefe Gräben geschützte Bunker. Fähnrich Strzelczyk zieht die Sicherung der Handgranate: »Jungs, Granaten auf sie!« Noch in Explosionswolken gehüllt, stürmen sie die Schützengräben. Durch das starke deutsche Artilleriefeuer bleibt das 9. Berittene Jägerregiment jedoch in den an der Staatsgrenze liegenden Wäldern. Das 5. Ulanenregiment nähert sich zwar der Ortschaft Sokoly, muß aber bald zurückweichen. Als auch das gegen Mittag in den Kampf geworfene 10. Ulanenregiment, das ursprünglich hinter dem 5. Ulanenregiment vorstoßen sollte, in dem immer dichter werdenden Artilleriefeuer steckenbleibt, gibt der Brygada-Kommandeur den Befehl zum Rückzug. »Wir haben beim Grenzschutz ein paar Dutzend Gefangene gemacht und 5 bis 7 MG erobert, dazu ein paar PKW.« Die Verluste der Brigade betragen etwa 55 Tote und Verwundete. So endet die Kavallerieoffensive, die in England und Frankreich Schlagzeilen macht.
In der Nacht vom 5. zum 6. September läßt die deutsche 1. Kavalleriebrigade durch das Reiterregiment 2 laufend gegen die Straße Rozan–Pultusk aufklären. Während der Nacht wird die Brigade der 12. Division für das Überwinden des Narew unterstellt. Die Brigade beschließt, sich bei Brzuze zunächst mit dem Reiterregiment 2 bereitzustellen und im Sturm den Narew zu überqueren. Um 18 Uhr 40 ist der Ostrand von Michalowo Nowe, das Angriffsziel, erreicht, um 20 Uhr im Schein der brennenden Häuser und Gehöfte die Brückenkopfstellung eingenommen.
Nachdem die Brigade als erste Truppe der 3. Armee den Narew überschritten hat, kreuzt das Reiterregiment 1 mit einer Schwadron die Straße Rozan-Ostrow, die anderen Schwadronen folgen etwas südlicher. Bei Czarnowo stößt es bei Dunkelheit überraschend auf ein polnisches Infanterieregiment.

Bei starker Überlegenheit der Polen entbrennt ein heftiges Gefecht Mann gegen Mann.
Leutnant von Sperber von der 1. Schwadron des Reiterregiments 1 berichtet: »Als wir am Abend des 6. September den Narew überquert hatten, wärmten wir uns am Ufer am Feuer des brennenden Dorfes. Wir glaubten, hier würden wir die Nacht über bleiben und den Übergang der nachfolgenden Schwadronen sichern. Nachdem aber Wachtmeister Eder den Vormarsch erkundet und das Dorf Kunin feindfrei gemeldet hatte, kam auch schon der nachts so besonders beliebte Befehl: ›Fertigmachen!‹ So ritten wir nun wieder in die Dunkelheit. Dann ging es weiter zu Fuß neben den Pferden. Die MP-Schützen waren herausgezogen. Es herrschte eine etwas nervöse Stimmung. Man sah nichts, und doch mußte der Feind nahe sein.
Plötzlich hörten wir vorne Räder rasseln. Wir waren kurz vor der Straße Rozan-Ostrow-Mazowiecki. Es kam der Befehl: ›Schützen und MG nach vorne.‹ Noch im Voranlaufen ging ein heftiges Schießen los . . . Sehr schnell war der Spuk mit Geschrei und Gepolter im Dunkel der Nacht verschwunden. Auf der Straße, und vor allem rechts und links davon in den Gräben und auf dem Acker, lagen Feldküchen, Munitions- und Bagagewagen, tote und verwundete Pferde. Alles stürzte hin, um etwas Eßbares oder wenigstens Zigaretten zu ergattern.«
7. September. Bei anbrechendem Tageslicht ist plötzlich heftiger Gefechtslärm im Rücken des Reiterregiments 1 zu hören. Polnische Infanterie in Bataillonsstärke greift die Handpferde des Regiments an. Hauptwachtmeister Erwied läßt sämtliche Pferde an Bäume binden und zieht die Pferdehalter an den Waldrand zur Verteidigung. Die Situation ist bedrohlich, Rittmeister Priese läßt Geheimpapiere und Befehle, die er bei sich hat, verbrennen.

Das große Pferdesterben an der Bzura

Mit Ausnahme der umfaßten Armee ›Poznan‹ werden alle polnischen Armeen zurückgeschlagen, die an den Grenzen Stellung bezogen haben. Die Armee ›Lodz‹ wird durch den Vorstoß der deutschen 10. Armee gespalten: Die eine Hälfte zieht sich östlich nach Radom zurück, die andere in nordwestlicher Richtung. Durch diese Lücke stoßen zwei Panzerdivisionen gegen Warschau vor. Weiter nördlich überschreitet die deutsche 4. Armee die Weichsel und setzt an ihr entlang den Marsch nach Warschau fort. Nur die im Norden stehende polnische Armeegruppe ist imstande, die deutsche 3. Armee aufzuhalten. Bald jedoch wird sie an den Fluß Narew zurückgedrängt, die einzige Stelle, an der es eine ziemliich starke Verteidigungslinie gibt. Das sind die Ergebnisse der ersten Woche des Blitzkrieges. Mit der Armee ›Poznan‹ vereinigen sich die Divisionen der Armeen ›Pomorze‹ und ›Lodz‹, die durch den deutschen Angriff in diese Richtung zurückgeworfen worden sind.

Der ganze Verband zählt nun zwölf Divisionen; durch ihre Südflanke hindurch rollt die deutsche 10. Armee gegen Warschau, nur durch die verhältnismäßig schwache 8. Armee gedeckt. Obwohl der polnische Verband eigentlich schon umzingelt ist, beschließt ihr Kommandant, General Kutrzeba, einen Schlag nach Süden, gegen die Flanke des deutschen Hauptstoßes, zu führen. In der Nacht vom 8. zum 9. September funkt Marschall Rydz-Smigly an General Kutrzeba: »Die Sonne geht auf!« Dies ist das Signal zum Start der Operation, die unter der Bezeichnung ›Schlacht an der Bzura‹ in die Geschichte des Zweiten Weltkrieges eingehen wird. Danach reißt die Verbindung mit dem Oberbefehlshaber völlig ab.

Der kühne polnische Gegenangriff bringt nicht nur die deutsche 8. Armee in eine kritische Lage, sondern lenkt auch einen Teil der 10. Armee von ihrem Marsch auf Warschau und sogar ein Korps der 4. Armee ab. »Die größte Schlacht aller Zeiten«, nennt sie damals die deutsche Presse. In dem vom 9. bis 18. September tobenden Kampf zu beiden Ufern des Flusses Bzura, der seinen Weg in romantischen Windungen durch Mazowien, die Landschaft westlich Warschaus, nimmt, stehen auf polnischer Seite acht Infanteriedivisionen und Kavalleriebrigaden (›Wielkopolska‹ und ›Podolska‹).

Am Sonntag, dem 10. September, geht die Armee ›Poznan‹ zum Angriff über und erobert Piatek zurück. Der Angriff erfolgt für die Deutschen völlig überraschend, da sie die Armee ›Poznan‹ seit Tagen aus den Augen verloren haben. Die ›Wielkopolska‹ Brygada Kawalerii greift im Raum Sobota-Glowno an. Schon um Mitternacht startet das 17. Ulanenregiment eine Attakke. Im Schutze der Dunkelheit überqueren die Ulanen die Sümpfe der Bzura-Niederung und stürmen das Dorf Walewice. Den ganzen Tag über versuchen die Armeen ›Poznan‹ und ›Pomorze‹, sich von der Bzura her in Richtung auf Radom und Krasnik durchzuschlagen.

Am Abend dieses Sonntags startet die Kavalleriegruppe des General Grzmot Skotnicki einen Reiterstreifzug auf Lodz. Das 6. Ulanenregiment greift mit zwei Schwadronen in frontaler Attacke Uniejow an. Im Feuer der schweren MG jedoch bricht der Angriff unter Verlusten zusammen. Erst im Morgengrauen des 11. September dringen die Ulanen, unterstützt durch eine Batterie, in Uniejow ein. Nachdem die Polen auch noch die Brücke über die Warthe eingenommen haben, rücken die Deutschen ab; Tote, Verwundete und zahlreiche LKW bleiben zurück. Das 14. Ulanenregiment besetzt nach kurzem Gefecht Wartkowice. Das hier eroberte große Nachschubdepot behebt für einige Zeit die miserable Verpflegungslage der ›Podolska‹ Brygada Kawalerii. Am Abend dringen Ulanen in Parzeczew ein und bedrohen die Deutschen bei Leczyca. Zwei Einheiten der ›Pomorska‹ Brygada Kawalerii, das 8. Berittene Jägerregiment und das 2. Leichte Reiterregiment, stoßen in Richtung Orla ohne ernsthaften Widerstand vor.

»Der polnische Vorstoß war für die Deutschen eine völlige Überraschung«, notieren die polnischen Chronisten, »kleinere Kavallerieeinheiten säuberten

die Umgebung der Bzura vom Feind, der sich aus Furcht vor den Reiterattakken in den nahegelegenen Sümpfen versteckt hielt. Dabei konnten die Ulanen auch Gebrauch von ihren Lanzen machen«, heißt es.
Montag, 11. September: Die Schlacht an der Bzura verschärft sich. Die Verbände der 8. Armee (General der Infanterie Blaskowitz) sind den starken Ausbruchversuchen der beiden polnischen Armeen ausgeliefert; besonders betroffen ist die 30. Infanteriedivision (Generalmajor Briesen). Blaskowitz berichtet dem Oberkommando der Wehrmacht über die Krise, die durch den unerwarteten Vorstoß »erheblicher feindlicher Kräfte« aus dem Norden zu entstehen droht. Die noch in Reserve gehaltenen Divisionen der 8. Armee und das Gros der 10. Armee (General der Artillerie von Reichenau) erscheinen auf dem Schlachtfeld.
Übrigens geht die Kavallerie jedesmal, wenn sich die Gelegenheit bietet, zu Reiterattacken über. »Die Polen greifen mit großer Hartnäckigkeit an und beweisen immer wieder, daß sie zu sterben wissen.« So General der Waffen-SS Kurt Meyer (›Panzermeyer‹).
Eine dieser berüchtigten und nicht minder verlustreichen Attacken wird sogar versehentlich geritten: In der Nacht vom 11. zum 12. September wird die 1. (Legion-)Infanteriedivision durch die deutsche Panzerdivision unter General Kempf auf ihrem Weg zur Weichsel abgeschnitten. Als sich die Marschkolonne dem von Deutschen besetzten Kaluszyn nähert, ruft der an ihrer Spitze marschierende Oberst Engel in die Dunkelheit: »Kavallerie vorwärts!«, wobei er, wie er später sagte, an den Einsatz des abgesessenen Spähtrupps dachte. Man kann sich sein Erstaunen vorstellen, als einige Augenblikke später dicht an ihm vorbei, in vollem Galopp und mit gezogenen Säbeln, die Kavallerie in Richtung auf das mit Panzern gespickte Städtchen in der Nacht verschwindet. Von den 85 Pferden kehren nach der Attacke nur 33 zurück. Der Chef der 4. Schwadron des 11. Ulanenregiments, Rittmeister Wrzosek, hat den Ruf von Oberst Engel als Aufforderung zur Attacke verstanden.
Dienstag, 12. September. Die erste Phase der Schlacht an der Bzura ist beendet. Jetzt gehen die Deutschen zum Angriff über. Trotz lokaler Erfolge, wie z.B. nördlich von Ozorkow, sind die polnischen Armeen gestoppt, der Ring um sie wird immer enger und stärker. Die Initiative ist völlig auf seiten der Deutschen, und es zeichnet sich schon jetzt die erste große Kesselschlacht des Zweiten Weltkrieges ab.
Donnerstag, 14. September. In den Morgenstunden gehen die Polen ungeachtet des zähen deutschen Widerstandes Schritt für Schritt weiter vorwärts. Die Infanteriedivision setzt über die Bzura und nimmt Lowicz ein, ihr Vormarsch wird jedoch gebremst, die deutsche Bedrohung wird immer massierter. Die polnischen Divisionen beziehen entlang der Bzura Verteidigungsstellungen. Am Nachmittag rollt der deutsche Angriff gegen die polnischen Linien auf dem Nordufer.

Die 4. Panzerdivision und die SS-Leibstandarte ›Adolf Hitler‹ sollen die Flußübergänge bei Brochow und Solchaczew einnehmen. Die ›Wielkopolska‹ Brygada Kawalerii rast – was die Pferde hergeben – in Richtung Brochow. Das 15. Ulanenregiment nähert sich als erstes diesem dicht besiedelten, auf dem östlichen Bzuraufer gelegenen Dorf. Die Häuser von Brochow wachsen wie dunkle Flecke vor ihnen aus der Nacht. Die Bohlen der Brücke knarren unter den Hufen, der morsche Bau scheint zu wanken, als sie im Galopp darüber hinwegdonnern. Ein 500 Meter breiter flacher Wiesenstreifen trennt Brochow vom Fluß selbst. Plötzlich tauchen feindliche Panzerspähwagen auf, ihr Feuer drängt die Ulanen hinter den Fluß zurück. Als die Deutschen die Bzura überschreiten, stößt das 7. Berittene Jägerregiment nach vorn und treibt sie bis hinter Brochow zurück.

Der Spähtrupp in den Karpaten

In Galizien befindet sich die 14. Armee (General List) auf dem Vormarsch in Richtung Przemysl, unter ihnen der Gefreite Hornes mit seiner Aufklärungsabteilung. »13. September. Um 6 Uhr kam die Schwadron durch Sambor. Wir schlossen uns an, um zum tollsten Ritt unseres ganzen Vormarsches zu starten. Es ging zunächst flott vorwärts. Unvermindert strahlte wieder die Sonne auf die glutheiße, staubige Straße. Wir ritten durch bis zum Mittag. Die Karpaten lagen bereits hinter uns, die Gegend war jetzt flach wie ein Brett. Wir ritten durch einen ziemlich breiten Fluß, um die Kolonne zu überholen. Dann ging es in ein Dorf, links und rechts die brennenden Häuser. Wir fürchteten, daß die Pferde scheuten, aber sie nahmen keine Notiz davon. Es war glutheiß, wir hatten schon Angst, die Pferde würden Feuer fangen. Dann ritten wir weiter durch die Nacht. Die Pferde stolperten vor sich hin. Den Reitern fielen die Köpfe auf die Brust. Dazu die fürchterliche Straße.
Es war nun pechschwarze Nacht, zum erstenmal in Polen ist der Himmel bedeckt. Es mochte gegen 23 Uhr gewesen sein, als wir von der Straße in einen Waldweg abbogen, dann wurde gehalten. Es war so kalt, daß die Pferde eingedeckt werden mußten. So blieb uns nichts anderes übrig, als uns auf den blanken Boden zu legen. Wir waren so müde, daß wir trotzdem gleich einschliefen. Ich hatte von 1 bis 2 Uhr ›Stallwache‹, d.h. ich mußte mit dem Karabiner auf die Pferde aufpassen. In der Ferne rollte die ganze Nacht hindurch der Kanonendonner von Lemberg. Während meiner Wache kam gerade die Feldküche, von der ich mir gleich ein Kochgeschirr voll Reis holte. Erst am nächsten Morgen erfuhren wir, daß wir die ganze Nacht mitten zwischen einem polnischen Kavallerieregiment gelegen hatten.
Mit ungeheurem Dusel hatten wir gerade einen feindfreien Waldteil erwischt.«
Am 13. September wird die deutsche 1. Kavalleriebrigade dem I. Armeekorps

unterstellt, sie soll dessen Westflügel nordöstlich von Radzymin erreichen und dort an der Belagerung Warschaus teilnehmen.
Am 14. September ist der erste Ruhetag für das Reiterregiment 1 seit Beginn des Krieges. Die Aufklärung stellt schwache polnische Kräfte in Radzymin fest, dem Regiment gegenüber liegt kein Gegner. So ist es möglich, endlich einmal etwas Wäsche zu waschen und sich auch selbst wieder gründlicher zu säubern. Schwierigkeiten macht jedoch immer noch das Tränken der Pferde: Durch die ungewöhnliche Trockenheit sind die Brunnen erschöpft und die Bachläufe ausgetrocknet.
Am 14. September stößt in der Nähe von Przemysl die berittene Aufklärungsabteilung der 14. Armee auf polnische Kavallerie. Gefreiter Hornes: »Am Morgen kamen wir endlich einmal wieder zu einem warmen ›Mittagessen‹. Es gab wieder den Reis, von dem ich mir das zweite Kochgeschirr voll holte. Was kümmerte es mich, daß bei der benachbarten MG-Postierung ein großer ausgekochter Frosch mit dem Löffel herausgezogen wurde, was gerade noch ein anderer rechtzeitig sah . . . Wohl zum erstenmal seit Überschreiten der Grenze wurden heute die Pferde geputzt.
Um 10 Uhr wurde plötzlich gesattelt. Es hieß, daß ein polnisches Kavallerieregiment von Przemysl her im Anmarsch sei und nach Lemberg durchbrechen wolle. Das hügelige, bebuschte Land, für unvorhergesehene Zwischenfälle wie geschaffen, zwang uns zu vorsichtigem Reiten. Zwei Mann waren auf Sichtweite, im Galopp von einem Hügel zum anderen vorpreschend und den Trupp dann nachwinkend. Auf den Kämmen begleiten einzelne Sicherungsreiter unseren Weg.
Aus dem dicken Staubschleier tauchten plötzlich einzelne Konturen auf: kleine, behende Pferde mit nickenden Köpfen, darauf polnische Ulanen mit grünbräunlichen Uniformen, die langen Lanzen mit dem Ende in den Bügelschuh gesteckt und am Faustriemen über die Schulter gehängt. Die blitzenden Spitzen wippten im Takt der Pferdehufe. Im gleichen Augenblick begann unser Maschinengewehr zu hämmern, krachten die Karabiner.«

Die kostbarste Kriegsbeute

Am Freitag, dem 15. September, läuft auf der ganzen Bzura-Front die von Blaskowitz für diesen Tag befohlene Aktion zur Vernichtung der abgedrängten beiden polnischen Armeen ab. Die Kavallerie hat einen mehrfach überlegenen, motorisierten Gegner vor sich. Über sie sagt der General der Waffen-SS Kurt Meyer (›Panzermeyer‹) von der Leibstandarte ›Adolf Hitler‹ später: »Es würde nicht der Wahrheit entsprechen, wollten wir die Tapferkeit der polnischen Einheiten verneinen. Die Kämpfe an der Bzura werden mit großer Wildheit und Verzweiflung geführt.« Jedoch fehlt es dieser Kavallerie nicht nur an Waffen, Munition oder Verpflegung für Mensch und Tier. Selbst so elementare Dinge wie Karten von der Gegend, in der sie kämpfen, besitzen sie nicht.

Nach der Schlacht um Brochow berichtet Rittmeister Z. Szacherski vom 7. Berittenen Jägerregiment: »Auf dem Weg und zwischen Trümmern lagen überall tote Deutsche. Ich befahl, ihre Karten- und Hosentaschen sorgfältig zu durchsuchen, in der stillen Hoffnung, vielleicht doch noch irgendwo die für uns so bitter notwendige Landkarte zu finden. Endlich war unsere Suchaktion von Erfolg gekrönt: Bei einem toten Unteroffizier fanden wir eine Karte des Raumes Brochow-Sochaczew. Das war für uns die kostbarste Kriegsbeute überhaupt . . .«

Auf dem kleinen Landstrich zwischen der Bzuramündung in die Weichsel, Lowicz und Zychlin liegen nun zusammengedrängt zwölf große Einheiten mit über 170 000 Mann, Tausenden von Fahrzeugen und endlose Flüchtlingstrecks, ständig der deutschen schweren Artillerie und Stuka-Angriffen ausgesetzt. Als sich die Schlacht an der Bzura mehr und mehr zu einer Niederlage entwickelt, ordnet General Kutrzeba am 15. September an: »Die beiden Brygada Kawalerii ›Wielkopolska‹ und ›Podolska‹ bilden von jetzt an die ›Grupa Operacyjna Kawalerii‹ (G. O. Kaw.) unter dem Kommando von General Abraham. Die G. O. Kaw. hat die Aufgabe, die Kampinos-Heide zu säubern und den Armeen den Weg nach Warschau, der seit dem 9. September belagert ist, zu öffnen.«

15. September. Während es im Abschnitt der 4. Schwadron des Reiterregiments 2 und ihrer Nachbarn ruhig ist und nur ab und zu eine weiße Leuchtkugel hochgeht, flammt in der Gegend des Fort XIII, im Warschauer Vorort Praga, ein mächtiger Feuerzauber auf. In der auf dem hohen linken Weichselufer liegenden Warschauer Altstadt leuchtet der Feuerschein zahlreicher Brände. Dazwischen blitzt dauernd das Mündungsfeuer polnischer Batterien aus der Zitadelle und dem Sachsenpark.

Samstag, 16. September. In den Morgenstunden dringt die ›Wielkopolska‹ Brygada Kawalerii mit den sechs Reiterregimentern aus dem Raum Brochow in die Kampinos-Heide ein. Vorn an der Spitze der mittleren Hauptkolonne das 17. Ulanenregiment als Vorhut. Der Boden ist tief und sandig, stellenweise auch Moor mit dürftigem Birkenbestand. Das erste Hindernis: die Försterei Dembowskie. Hier kämpft das 17. Ulanenregiment von 11 bis 16 Uhr nachmittags, bis es ihm endlich gelingt, die Waldlichtung samt Försterei zu beherrschen.

In der Nacht zum 17. September, um 1 Uhr 30, trifft ein Befehl des Oberkommandos des Heeres zum Versammeln der 1. Kavalleriebrigade in der Gegend um Wolomin ein. Die Brigade bezieht im Verlauf dieses Abends Ortsbiwak in den neuen Räumen. Nach der Hitze des Tages wird es im Laufe der Nacht empfindlich kühl. Die Reiter schnallen ihre gerollten Mäntel vom Sattel und machen es sich unter den Birken bequem. Die meisten fallen gleich in einen tiefen Schlaf der Erschöpfung. Nur die Posten streichen am Rande des Gehölzes auf und ab, das Gewehr unter dem Arm, und werfen sehnsüchtige Blicke auf die Uhren, ob es noch nicht Zeit sei, die Ablösung zu wecken.

Ritt durch die Kampinos-Heide

Am Sonntag, dem 17. September, schwärmen die russischen Armeen über die fast ungeschützte polnische Ostgrenze und rollen auf breiter Front weiter nach Westen. Am 18. nehmen sie Wilna, und in Brest-Litowsk treffen sie mit ihren deutschen Verbündeten zusammen. Die Sowjettruppen setzen ihren Vormarsch bis auf die mit Hitler vereinbarte Linie fort.
An diesem Tag dröhnt die Kampinos-Heide vom Lärm des chaotischen Kampfes, der sich von Stunde zu Stunde den vor Warschau liegenden Ausläufern bei Bielany nähert. »Die Kampinos-Heide wurde zum Grab der Armee ›Poznan‹«, sagt später ihr Befehlshaber General Kutrzeba. Die Heide ist eher für Infanterie geeignet als für die schnellen Kavallerieverbände. Die wenigen gewundenen Waldwege laufen oft plötzlich aus oder münden in tiefe Gräben. Die Kavallerieregimenter, die sich hier Schutz vor der allgegenwärtigen Luftwaffe erhoffen, finden einen weglosen, hochgeschossenen dünnen Nadelwald ohne Unterholz vor, ausgedörrt, dazwischen breite Sandflächen, auf denen sie ein ausgezeichnetes Ziel für Bomben abgeben.
820 Kampfflugzeuge, Bomber und Stukas greifen die praktisch ohne jede Flugabwehr ziehenden Truppen Schlag auf Schlag mit bis zu fünf Starts pro Tag an. Allein am 17. September fallen bei 4100 Starts 328 000 Kilogramm Bomben auf die beiden bedrängten Armeen ›Poznan‹ und ›Pomorze‹ zwischen Bzura und der Kampinos-Heide.
In den Wäldern bilden sich vereinzelte Kampfplätze, und über die ganze Heide sind die Kavallerieeinheiten verstreut. Eines der Kavallerieregimenter, die sich nach der Schlacht an der Bzura über die Kampinos-Heide in Richtung Warschau vom Feind abgesetzt haben, ist das 7. Berittene Jägerregiment. Die ›Wielkopolska‹ Brygada Kawalerii stößt weiter vorwärts in Richtung Gorki, wo es dank der bei einem gefallenen Deutschen in Brochow gefundenen Karte möglich ist, den Vorstoß des 7. Berittenen Jägerregiments mit Artilleriefeuer zu unterstützen.
Am Abend des 18. September liegt das 7. Berittene Jägerregiment nahe der Försterei Dembowskie. »Um 21 Uhr sammelte ich das Regiment auf einer Waldlichtung vor der Försterei«, berichtet der neue Regimentskommandeur Rittmeister Szacherski. »Ich ritt am Regiment entlang. Vor mir hatte ich die schweigende Pferdereihe. Es war stockfinster. Über die Lichtung flogen die Blitze der im Wald explodierenden Geschosse. Ich sprach zu meinen Leuten ein paar Worte und wies sie auf das uns gesteckte Ziel hin – Warschau – sowie auf den mühevollen Weg und erwähnte die Notwendigkeit erhöhter Aufmerksamkeit während des Nachtmarsches. Man durfte weder laut reden

noch rauchen. Jeder sollte sich dicht hinter seinem Vordermann halten, alle von der Spitze gegebenen Befehle bis ans Ende der Kolonne leise weitergeben. Die Schwadronen hatten beide Seiten ihres Vormarschweges selbst zu sichern.
Dicht aufgeschlossen, die Nase des einen Pferdes an der Kruppe des vor ihm gehenden, ritt die Kolonne. Ich führte neben der 2. Schwadron das Regiment mit Hilfe der in Brochow eroberten Karte.
Hinter dem 6. Ulanenregiment zogen wir durch hohen Wald. Von Zeit zu Zeit verfiel die Kolonne urplötzlich in Trab und stoppte dann schon einen Augenblick später hart auf der Stelle. Es war eine Strapaze, die sowohl die Menschen als auch die Tiere stark beanspruchte. Das vor uns reitende 6. Ulanenregiment besaß keine Karte; dies machte sich besonders unangenehm bemerkbar.
Der Mond ging auf und tauchte das Land in milchigen Schimmer. Die Büsche nahmen seltsame Formen an und bewegten sich scheinbar im trügerischen Licht des Mondes. Weit im Süden grummelte Artilleriefeuer. An jeder Gabelung machte die ganze Kolonne Halt, um den richtigen Weg nicht zu verfehlen. Die erbeutete Karte und einen Kompaß in der Hand, führte ich die beiden Regimenter bis an den Rand der Heide im Raum Stara Dabrowa.«

Die wundersame Rettung

»Es war der 18. September, und der Morgen dämmerte bereits herauf. Angesichts der erschöpften Männer und Pferde ordnete ich eine Rast an und verteilte das Regiment zum Schutz vor Sicht durch Flieger im Wald. Ich befahl, die Pferde abzusatteln, sie zu tränken und zu füttern mit dem, was gerade da war. Um 11 Uhr gaben die beiden Regimentstrompeter das Signal ›Pferde satteln!‹ – das letzte Trompetensignal, das das Regiment hören sollte ... Die Stimmung war gut, und die fünfstündige Rast tat das Ihre. Wir zogen weiter. In der Höhe des Dorfes Cybulak blieben wir eine Weile stehen – ein Flugzeug flog dicht über die Baumspitzen hinweg, jedoch ohne zu schießen. Wir gingen jetzt im Trab auf das Dorf Duze Cybulice zu. Als wir uns dem Ort näherten, hörten wir auf seiner Ostseite Artillerieeinschläge. Ohne anzuhalten ritten wir durch das Dorf.
Vor uns lag eine gut zwei Kilometer breite sandige Ebene, die bis an das nächste Dorf reichte. Die Deutschen beobachteten uns offensichtlich, da sie ihr Feuer auf die Straße und die zu beiden Seiten liegenden Felder legten. Ich entschloß mich, das Regiment und die Batterie lose gegliedert bis zur nächsten Deckung zu führen. Mit Rücksicht auf die Geschütze mußte ich die Batterie jedoch auf der Straße fahren lassen.
Ich zog den Säbel und gab das Kommando: ›Schwadron mir nach – Galopp marsch!‹, und wir rasten vom Donnern der Kanonen begleitet mit dem Wind

um die Wette davon. Ich blickte nach links. In weiter Ferne erkannte ich das gegenüberliegende steile Weichselufer, das die ganze Umgebung beherrschte; von dort aus feuerte die deutsche Artillerie. Wir hatten erst etwa 200 Meter hinter uns gebracht, als die Deutschen ihr Feuer auf die Straße unterbrachen und eine dichte Feuersperre vor das Dorf Czeczotki, dem wir uns rasch näherten legten.
Ich schaute über die Schulter: Das 7. Regiment entfaltete sich wie auf dem Exerzierplatz und wahrte in mustergültiger Ordnung die Entfernungen und Abstände. Dicht hinter mir an der Regimentsspitze der Stab mit der Fahne des Regiments. Vor mir eine gewaltige Feuersperre, ein sich dröhnend bewegender Wall von Sand, Staub, Feuer und Eisen. Das Regiment näherte sich immer mehr diesem donnernden Hindernis. Die Pferde waren zwar müde, aber die Nervenanspannung bewirkte, daß auch die schwächeren Tiere das Tempo hielten, und die ganze Kavalkade raste direkt auf das Feuer zu. Wir näherten uns, bis wir in ihre Reichweite kamen: noch 200 Meter, nur noch 150 Meter, schon pfiffen aus allen Richtungen Granatsplitter um unsere Köpfe, nach jeder Explosion spritzte uns Sand in die Augen. Plötzlich blieb alles still. In dem Augenblick, als wir dem Tod in die Augen sahen, stellten die Deutschen das Feuer ein. Verwirrt und erstaunt verschwanden wir in dem mit Bäumen umsäumten Dorf.«
Ohne die geringsten Verluste erreichen die beiden Regimenter der ›Podolska‹ Brygada Kawalerii das Dorf Czeczotki. Bis heute ist die wunderbare Rettung dieser Kavallerieregimenter ein Rätsel geblieben.

Auf dem Weg nach Ungarn

Bereits am 19. September trifft eines der Regimenter der ›Podolska‹ Brygada Kawalerii, unter Oberstleutnant Gilewski, an der ungarischen Grenze ein. Er berichtet: »Wir zogen an diesem Herbstmorgen durch das reizvolle Gebirge auf dem Weg ins fremde Land, eine erdrückende Stimmung. Mein Stellvertreter, Major Starnawski, weinte. Stundenlang sahen wir keinen Menschen auf unserem Weg. Nur ab und zu lagen in der Schlucht am Wyszkowskipaß umgekippte PKW oder Busse und Kisten mit verbrannten Dokumenten. Der Regimentsadjutant kam auf dem Krad mit der Meldung zurück, die Straße sei kilometerlang menschenleer. Erst kurz vor der Grenze trafen wir marschierende Abteilungen und Hunderte von Fuhrwerken. Noch ein paar Hügel und Schluchten, und vor uns lag die Grenze. Ein ungarischer Major kam uns entgegen, grüßte und bat, den Ulanen zu sagen, daß sie sich auf ungarischem Boden wie zu Hause fühlen sollten. Um 4 Uhr, am Nachmittag des 19. September 1939, hatten wir den Schlagbaum hinter uns.«
Am nächsten Tag liefert das Regiment seine Waffen an die ungarischen Behörden ab. Das wirkt für viele Ulanen wie ein Signal zur Flucht. Nur die 2., 3.

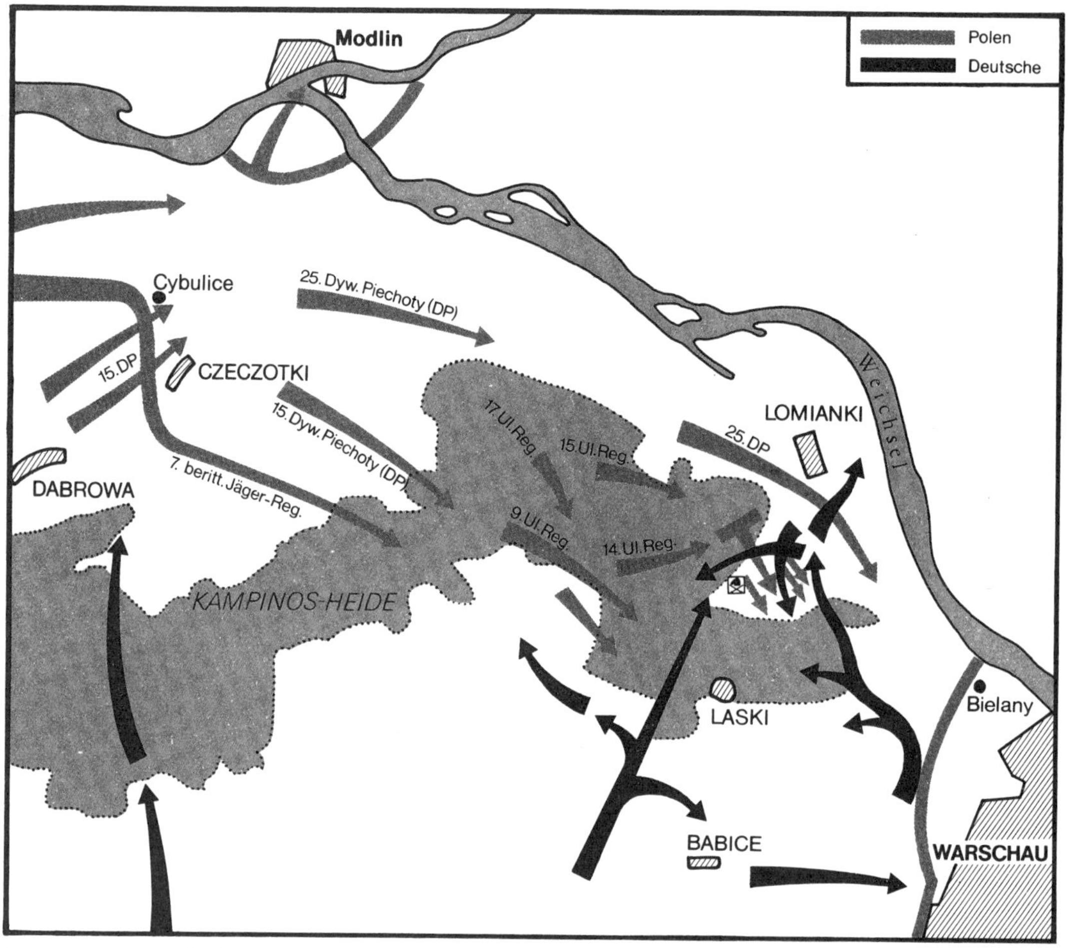

Kampinos-Heide, 17. bis 19. September 1939: Der Weg der polnischen Einheiten in Richtung Warschau

und die 4. Schwadron bleiben noch einigermaßen vollzählig. »Am 21. September wurden wir von dem 3. Ungarischen Husarenregiment nach Munkatsch eingeladen. Vor der Kaserne wartete bereits der Kommandeur des 3. Regiments, der betagte Oberst von Pongratsch, neben ihm das Offizierskorps in Gala. Mein Regiment marschierte mit allen Ehren auf den Kasernenhof.« Als einige Tage später die Ulanen in das Internierungslager nach Putnok abfahren, umarmt der Husarenoberst zum Abschied jeden polnischen Offizier.

»Nehmt die Fahne!«

Drei Tage und Nächte lang tobt der Kampf in der Kampinos-Heide. Am Dienstag, dem 19. September, erreicht Kavalleriegeneral Abraham die östlichen, im Weichbild von Warschau gelegenen Ausläufer der Heide. In der

Nacht erobern seine Ulanen und berittenen Jäger in schweren Gefechten Sierakow und greifen immer wieder die Ortschaft Laski an, das letzte auf dem Weg zur Hauptstadt liegende Hindernis. Trotz des mehrere Stunden andauernden, selbst mit Bajonett und Pistole geführten Kampfes gelingt es den beiden Kavallerieregimentern nicht, den deutschen Widerstand zu brechen. Gegen 17 Uhr entschließt sich der Kommandeur des 14. Ulanenregiments, Oberst Godlewski, zu einer Reiterattacke, um den Ring der deutschen Truppen bei Wolka Weglowa zu brechen. Im Schutz der nahe gelegenen Wälder nimmt das Regiment Kampfaufstellung ein. »Ich zog den Säbel aus der Scheide und drehte mich im Sattel um. Ich sah die bleichen Gesichter meiner Männer rechts und links neben mir.«
Die Säbel blitzen in der untergehenden Sonne - die 3. Schwadron reitet mit wehender Regimentsfahne voraus. Kräftige »Hurraa!«-Schreie und das Dröhnen der Pferdehufe übertönen die MG-Salven und Artillerieeinschläge.
Der dicht hinter dem Regimentskommandeur galoppierende Fahnenträger, Korporal Maziarski, stürzt plötzlich mit dem Pferd zu Boden. »Nehmt die Fahne!« ruft er verzweifelt. Ohne auf den Geschoßhagel zu achten, wendet Korporal Czech sein Pferd, reitet zurück, hebt vom Sattel aus die Regimentsfahne auf und prescht hinter dem Regiment her. Das 14. Ulanenregiment sprengt den deutschen Ring und erreicht im Morgengrauen des 20. September als erste Einheit der Armee ›Poznan‹ Warschau.
Erst nach schweren blutigen Kämpfen gelingt es auch den anderen Reiterregimentern der Grupa Operacyjna Kawalerii des General Abraham, sich nach Warschau durchzuschlagen, wenn auch stark dezimiert. Hier nimmt die Kavallerie, schon abgesessen, an der Verteidigung der belagerten Hauptstadt teil.
An der Bzura, bei den Furten und Notbrücken über den Fluß, an Feldrainen entlang und in Kiefernschonungen liegen neben Tausenden von zusammengeschossenen Fahrzeugen ungezählte gefallene Reiter und Pferdekadaver. Am 18. und 19. September hören die beiden polnischen Hauptarmeen - ›Poznan‹ und ›Pomorze‹ - auf zu bestehen. Die deutschen Generäle Blaskowitz, Kluge und Hoepner geben 170 000 Gefangene an. Die Reste quälen sich weiterhin durch die Kampinos-Heide in Richtung Warschau, an ihrer Spitze die Kavallerie. Einer kleinen Gruppe gelingt es, zur Festung Modlin vorzudringen, die sich seit Tagen zäh verteidigt.
Mit dem 20. September wird die deutsche 1. Kavalleriebrigade wieder dem Armeekorps z. b. V. unterstellt. Sie erhält den Befehl, auf den Ostflügel des Armeekorps zu marschieren und bis zum Abend des 20. September die Gegend um Kaluszyn zu erreichen. Das Armeekorps dreht an diesem Tag mit der 12. und 1. Division über die Straße Minsk-Latowicz nach Westen in Richtung Weichsel ab. Die Brigade tritt an diesem Tag in zwei Marschgruppen, einer motorisierten und einer berittenen Kolonne, an.

Oben: Im Morgengrauen des 1. September 1939. Deutsche Kavallerie dringt in Polen ein: »Marschkolonne zu beiden Seiten der Straße«, hinter jedem Zug zwei Packpferde mit Führern.

Unten: Ein Spähtrupp. *Rechts unten:* Auf einem Feldweg in Polen: eine Einheit des 1. Reiterregiments.

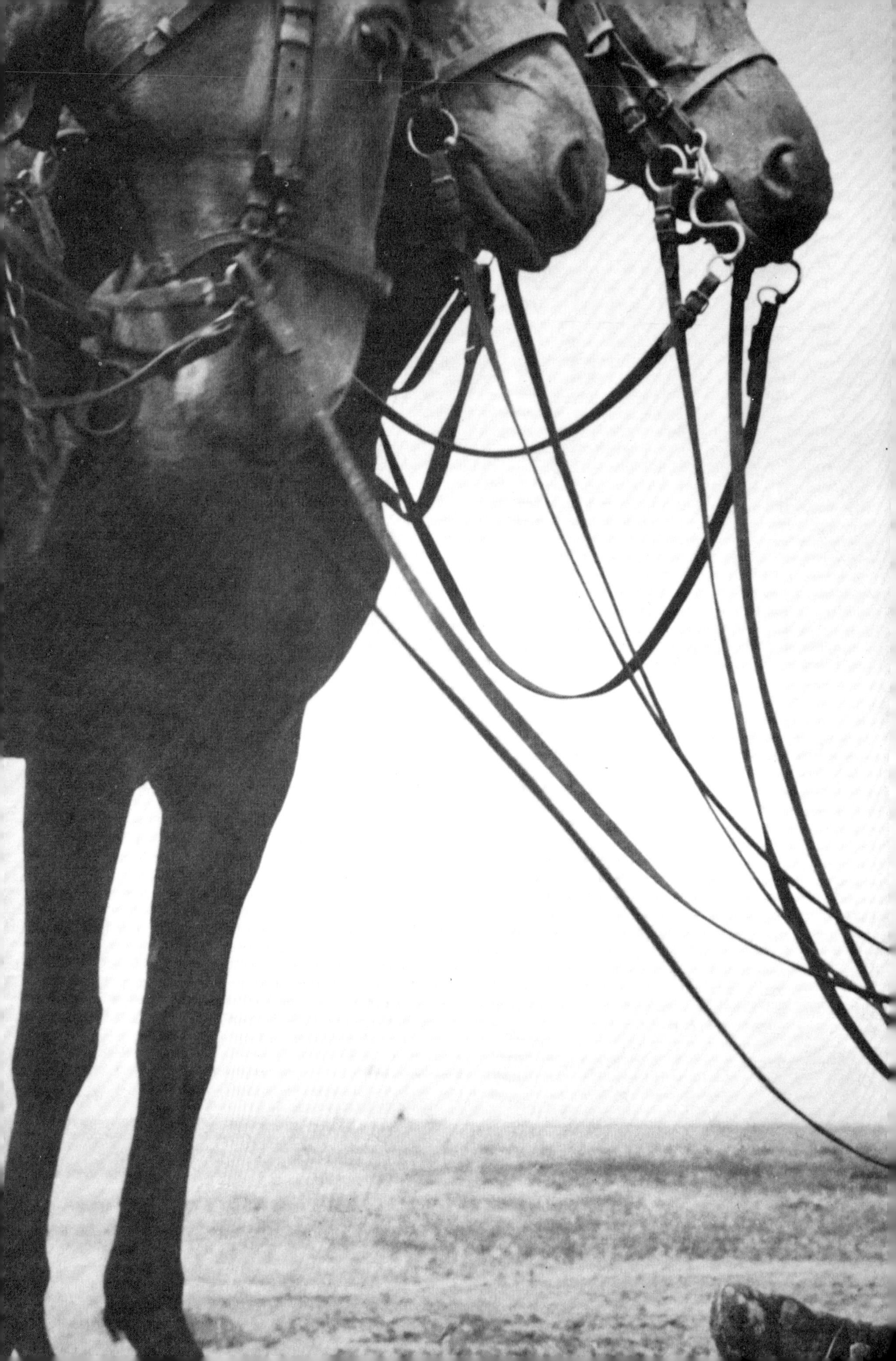

Links oben: Ein Späher. *Rechts oben:* Die Vorhut.

Rast während des Marsches: Ein Gefreiter, mit den Trensenzügeln in der Hand, trägt einen Stahlhelm, Modell 1935, Feldbluse, Reithose, Tragbüchse mit Gasmaske und Seitenwaffe (Bajonett).

'orhergehende Doppelseite: Polnische Kavallerie greift deutsche Panzerspähwagen Sd. Kfz. 232 an.
Szene aus dem Tobis-NS-Propagandaspielfilm »Kampfgeschwader Lützow«, Regie H. Bertram, 1941.)

.inks oben: Die Aufklärungsabteilung einer deutschen Infanteriedivision im Einsatz.

.inks unten: Rast eines Reiterregiments in der Kampinos-Heide: vorn eine Gruppe von Offizieren der
l. Battery Horse Artillery (Col. Dr. W. Dembinski).

)ben und unten: Polnische Kavallerie: eine Waffengattung ohne vernünftige Kampfdoktrin.

Oben: Reiter eines Spähtrupps im Gespräch mit Kradschützen.

Mitte: »Deckung!« Der Handpferdehalter bringt die Tiere in Sicherheit und hat sie aus den Geschirren genommen, damit es schneller geht.

Unten: Kurz vor dem Signal »Aufsitzen«. Die Reiter sind mit Stahlhelmen, Modell 1935, Heeresdienstanzug, Modell 1936 (Feldrock und Reithose) und Reitstiefeln mit Sporen ausgerüstet, dazu als Bewaffnung Karabiner 98k und Seitenwaffe sowie Gasmaske und Brotbeutel. Das Pferd rechts ist ein Ostpreuße mit typischen Schlappohren.

Rechts oben: Nach der polnischen Reiterschlacht an der Bzura: der Weichsel entgegen.

Rechts unten: Kutno, 9. September 1939: Das Ende einer berittenen Batterie.

Mit Lanze und Säbel: eine polnische Kavallerieattacke.

Rechts: Polen, September 1939: ein Pferd inmitten des Infernos.

Links unten: Sochaczew: 60 Kilometer westlich von Warschau.

Rechts unten: Deutscher Reitertrupp im brennenden Wegrow.

Das Ende in Polen: Einmarsch der deutschen Truppen in Warschau. Die Offiziere reiten an dem Befehlshaber eines Armeekorps und seinem Stab vorbei. Schauplatz: die bekannte Warschauer Poniatowski-Brücke.

Links: Warschau: Kesselpauker des Trompeterkorps der SS-Totenkopf-Reiterstandarte 1. Ein Lipizzaner mit typischem Paradekopfgeschirr, mit Zierbrustblatt geführtem Genickstück, die Zügel am Steigbügel befestigt.

Unten: Gestüt Janow Podlaski: Witez, einer der zahlreichen von Deutschen in Polen eroberten Vollblutaraber.

Einmarsch der sowjetischen Kavallerie in Wilna.

Rechts: Der Kesselpauker eines Artillerieregiments. Ein weiteres Beispiel für das Paradekopfgeschirr, diesmal bei einer berittenen Einheit des deutschen Heeres.

Unten: Das Trompeterkorps des 1. Reiterregiments.

Oben: Winter 1939/40 am Niederrhein: einer von der berittenen Artillerie.

Mitte: Eine Reiterschwadron macht auf dem Markt eines Städtchens Rast. Gut sichtbar ist das Vordergepäck an der linken Seite. Inhalt der linken Packtasche: 15 Patronen in der Munitionstasche, 2 Vorderhufeisen mit Hufnägeln, Schraubstollen, 1 Anbindering in der Hufeisentasche, 500 g Feldzwieback, 200 g Fleischkonserven (können auch im Kochgeschirr verpackt werden), 1 Beutel, enthaltend: Handzeug, Nähzeug mit Schere, Löffel, Spiegel und Kamm, Zahnbürste, Seife, Rasiermesser, Rasierpinsel, 1 Kleiderbürste, 1 Pferdeputzzeug, Feldmütze, Gesangbuch, 1 Halfterkette am Boden. In der linken Hilfspacktasche: 1 Paar Unterhosen, 1 Paar Strümpfe, daneben das Gewehr im Karabinerschuh.

Unten: Geländeübungsritt.

Rechte Seite: Norwegen, Herbst 1939: Bilder von den Manövern der Kavallerieregimenter.

Oben: Finnland, Herbst 1939: Kavallerie auf dem Vormarsch. Die Reiter tragen deutsche Stahlhelme, Modell 1918, und Gewehre, Modell 91/27 Mossim-Nagat.

Links: Dragonerregiment von Uusima in Ost-Karelien.

Rechts: Ein Haflinger-Reitertrupp der finnischen Kavallerie. Dieses zähe und intelligente Pferd aus dem Voralpenland hat ein etwas merkwürdiges Äußeres: zu einem arabischen Profil und schön gerundeten harmonischen Formen die klobige Hinterhand. »König vorn, Bauer hinten«, sagt man ihm nach.

Der letzte Treff

Während am Donnerstag, dem 21. September, Lemberg vor der Roten Armee kapituliert, beginnt auf dem Gut Kraczkow südwestlich von Zamose und etwa 130 Kilometer nördlich von Lemberg Punkt 12 Uhr mittags die Lagebesprechung der Befehlshaber der großen polnischen Kavallerieeinheiten, die letzte in der langen Geschichte der polnischen Reiterei. Alle höheren Offiziere der noch existierenden Verbände, die sich in diesem Landstrich versammelt haben, sind daran beteiligt. Die Stimmung ist gedrückt. General Anders, der spätere Befehlshaber der polnischen Exiltruppen und Eroberer von Monte Cassino, leitet die Besprechung, auch Oberst Komorowski, der ehemalige Olympiareiter und spätere Befehlshaber der polnischen Widerstandsbewegung, nimmt daran teil:
»Wir gingen auseinander und begaben uns ohne jeglichen Kommentar zu unseren Einheiten. Dieses unser letztes Treffen war sehr deprimierend. Wir schauten uns nicht einmal mehr in die Augen.«
Bei den Einheiten der noch verbliebenen Kavallerieverbände geht die Munition zu Ende, schlimmer noch, es gibt keine Möglichkeit, sie zu ergänzen. Sie reicht höchstens noch für ein einziges ernsthaftes Gefecht. Die Qual des langen Reitens macht sich unangenehm bemerkbar. Das Gesäß brennt, Knie und Fußgelenke sind eingeschlafen von der immer gleichen Haltung in Sattel und Bügel. Das Kreuz schmerzt von den unablässigen Stößen des Trabes. Den Pferden geht es nicht viel besser. Tagelang schleppen sie nun schon das Gewicht des Sattels und des Gepäcks auf ihren schweißgetränkten Rücken, selbst während der Nacht und der Marschpausen werden sie es nicht mehr los.
Die langen, unaufhörlichen Märsche in glühender Sonne, das karge Futter und die wenigen Rastpausen verbrauchen die letzten Kärfte der Pferde. Reihenweise verlieren sie die Hufeisen, viele von ihnen lahmen bereits. Die Feldschmieden fehlen ganz. Ab und zu gelingt es noch, in Dorfläden Hufeisen zu beschaffen, oder man reißt sie den toten Pferden von den Hufen. Die Karten reichen schon längst nicht mehr aus, und man bedient sich der recht ungenauen Atlanten, die man in Dorfschulen oder Gemeindeämtern findet. Die Reiter sind durch beinahe ununterbrochene, schon mehr als drei Wochen dauernde Märsche und Kämpfe zu Tode erschöpft.
Vor dem Hintergrund des völligen Chaos bewahrt die polnische Kavallerie trotz ihrer Verletzbarkeit durch Luftangriffe, Artillerie oder schwere Infanteriewaffen eine erstaunliche Disziplin. Sie schlägt sich bis zuletzt in geschlossenen Verbänden in Richtung auf die ungarische Grenze durch, wobei sie hin und wieder sogar noch einige Erfolge erzielen kann.
Am 21. September erhält die deutsche 1. Kavalleriebrigade vom Korps z. b. V. den Auftrag, im Rahmen der Einschließung Warschaus die Sicherung am linken Flügel des Armeekorps zu übernehmen. Am Vormittag erreichen die

beiden Reiterregimenter ihre Sicherungsräume. Damit ist der Einsatz der 1. Kavalleriebrigade im Polenfeldzug im wesentlichen beendet.

Kavallerieschlacht bei Krasnobrod

In den frühen Morgenstunden des 23. September findet auf den Feldern um das Städtchen Krasnobrod unweit Lublin die wahrscheinlich letzte Kavallerieschlacht der Kriegsgeschichte statt. Kurz vor Sonnenaufgang nähert sich die ›Nowogrodzka‹ Brygada Kawalerii mit dem 25. Ulanenregiment als Vorhut der Ortschaft. Sie stößt auf deutsche Truppen, die hier ihre Einkreisung abriegeln.

Jetzt rollen die Ereignisse blitzschnell ab: Die 2. Schwadron fegt die in dem dichten Bodennebel angetroffenen deutschen Sicherungen weg und stößt auf Krasnobrod vor. Noch ehe das starke MG-Feuer den Ulanen den Weg versperrt, erreichen sie die ersten Gehöfte. Die von dem unerwarteten Angriff überraschten Soldaten der 8. Infanteriedivision (Generalleutnant Koch) räumten die Ortschaft. Der Chef der 1. Schwadron, Leutnant Gerlecki, schickt seine Ulanen zur Verfolgung hinter den Deutschen her.

Die 1. Schwadron prescht voran, auf kleinen schnellen hellbraunen Pferden, die Lanzen angelegt. ›Urrää‹-brüllend galoppieren sie los, den flachen Stahlhelm im Genick, der gefürchtete Vierkantschliff ihrer Lanzen blitzt. Als die Deutschen auf dem Hügel neben dem Kloster vor den Ulanen Schutz suchen wollen, taucht plötzlich eine Abteilung von ostpreußischen Kavalleristen auf. Die 1. Schwadron mit Leutnant Gerlecki an der Spitze und die hinter ihm galoppierende 2. Schwadron schließen sich dichter zusammen, senken ihre Lanzen und rasen direkt auf die sich gerade auf dem Hügel formierenden deutschen Reiter zu. Es ertönen ein Trompetensignal und der Ruf »Hurraa!« Über den Köpfen der deutschen Kavalleristen blitzen die gezogenen Säbel, und die Masse der Berittenen wälzt sich mit zunehmendem Schwung von der Anhöhe herab. Die Deutschen wollen offensichtlich den Gegner mit ihren schweren Rossen im Bergabgalopp einfach überrennen. Die Polen dagegen sehen ihre Chance in ihren leichten, wendigeren Pferden. Nur einen Sekundenbruchteil später stoßen die Reiter mit ohrenbetäubendem Lärm gegeneinander. Der Schlachtenlärm übertönt die Schreie der verletzten Tiere. Immer mehr Pferde irren mit leerem Sattel durch die umliegenden Felder. Der Lärm legt sich und steigt dann wieder an, unterbrochen von einzelnen Revolverschüssen.

Mitten im Getümmel kämpft ein deutscher Offizier, der gleich zu Anfang mit seinem massigen Hengst das leichte Pferd des Ulanen Lewczuk zu Boden zwingt und mit einem Säbelhieb den Arm des stürzenden Polen trifft. Er muß ein ausgezeichneter Reiter und Fechter gewesen sein, da er ohne Schwierigkeiten mit mehreren polnischen Ulanen, die ihm den Weg verstellen, fertig wird und dann auf Leutnant Gerlecki stößt, in dem er wohl den Anführer der Polen sieht. Man weiß nicht, wie das Säbelduell der beiden ausgegangen wäre, hätte nicht im letzten Augenblick Korporal Mikojalewski, der sich von hinten näherte, den Deutschen mit einem Säbelhieb zu Boden gestreckt. Danach ziehen sich die deutschen Kavalleristen aus dem Kampf zurück und galoppieren zum Kloster hinauf - zwei polnische Schwadronen hinter sich. Die bunt gemischte Gruppe von Verfolgten und Verfolgern wälzt sich am Kloster vorbei in Richtung auf den seitlich des Hügels liegenden Wald zu. Dies wird den Polen zum Verhängnis: Sie geraten hier in das Kreuzfeuer der deutschen MG-Stellungen. Augenblicke später ist die Wiese mit toten Reitern und Pferden bedeckt. Leutnant Gerlecki fällt, und unter den Ulanen bricht eine Panik aus. Korporal Mikojalewski bringt die Kaltblütigkeit auf, die verbliebenen Reiter hinter eine kleine Anhöhe zu führen, wo sie dem MG-Feuer nicht mehr ausgesetzt sind. Nur 30 Ulanen und 25 Pferde können sich retten.

Die Geisterschwadron

Seit dem 18. September zieht das 110. Ulanenregiment von der ›Rezerwowa‹ Brygada Kawalerii, aus der Umgebung von Grodno kommend, hinter dem Rücken der Deutschen in Richtung Warschau und hofft, sich irgendwo einem größeren polnischen Verband anschließen zu können. Jedoch in der Nacht vom 23. auf den 24. September gibt Oberst Dabrowski in Janow, nahe Lomza, auf und läßt das Regiment auflösen. Da teilt Major Henryk Dobrzanski mit: »Ich übernehme das Kommando und bringe das Regiment nach Warschau.« In der Morgendämmerung begibt er sich mit 120 Ulanen auf den Weg.
Major Dobrzanski, ein Liebhaber schneller Pferde, schöner Frauen und eines guten Tropfens, zählt zu den ersten Reitern Polens. Der Sieger der Internationalen Reiterturniere 1925 in Nizza, dann in London und Rom, wird vom englischen König mit der Auszeichnung »The best individual score of all officers of all nations« geehrt.
Als sich die kleine Streitmacht des Major Dobrzanski im Weichbild von Warschau befindet, erreicht sie die Nachricht von der Kapitulation der Hauptstadt. Dobrzanski taucht mit seinen Leuten in den Wäldern entlang des rechten Weichselufers unter, marschiert in Richtung Südwest, geht vor Lublin über den Fluß und verschwindet in den dichten Wäldern der Kielce-Region, einem Landstrich zwischen Weichsel und Pilica. Ihr erster Erfolg: Bei einer Rast in der Nähe des Dorfes Chodkow stoßen sie auf den LKW eines deutschen Nachrichtentrupps, der in dem unwegsamen Gelände steckengeblieben ist. In vollem Galopp stürmen sie das Fahrzeug. Die sich verzweifelt wehrende Besatzung wird niedergemetzelt, nur einem Deutschen gelingt die Flucht. Eigene Verluste: zwei Tote. Seitdem werden die Deutschen sie nicht

mehr los. Der Major und seine Leute schwören sich, die Uniform nicht eher auszuziehen, bis Polen wieder frei ist.

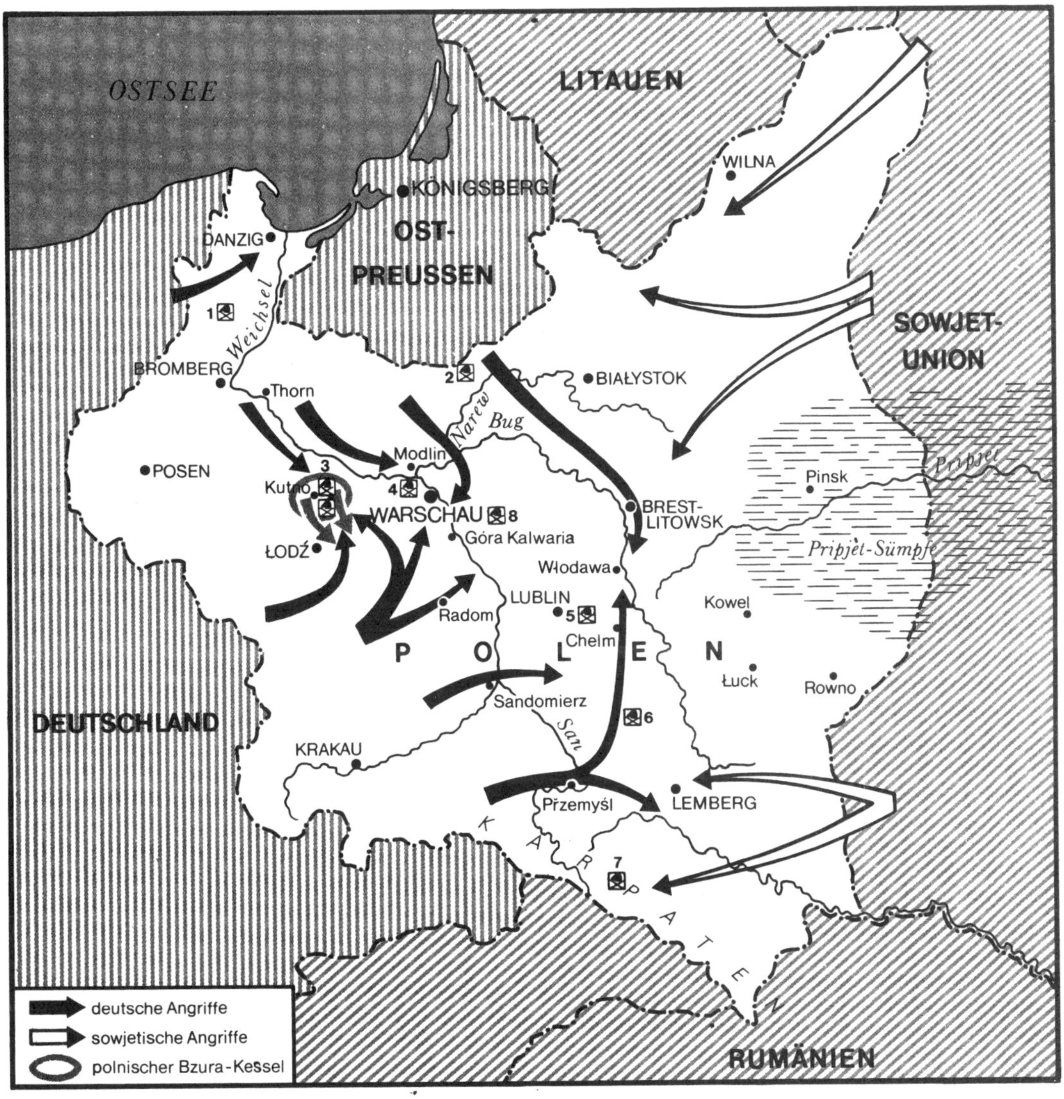

Polen, September bis Oktober 1939: Wichtige Schlachten der polnischen Kavallerie

1 Kavallerieattacke bei Krojanty, 1. 9. 1939
2 Streifzug der polnischen Kavallerie durch Ostpreußen 2./3. und 4. 9. 1939
3 Schlacht an der Bzura, 10. bis 17. 9. 1939
4 Schlacht in der Kampinos-Heide, 18. bis 20. 9. 1939
5 Schlacht bei Krasnobrod, 23. 9. 1939
6 Schlacht bei Morance, 26. 9. 1939
7 Schlacht der Kavallerie Gen. Anders gegen die Rote Armee bei Dernaki, 27. 9. 1939
8 Schlacht bei Kock, 1. bis 5. 10. 1939

Polnische Reiter gegen Rote Armee

Seit Sonntag, dem 17. September, hat die polnische Kavallerie einen neuen mächtigen Gegner: Die Rote Armee rückt mit 24 Infanteriedivisionen, 9 Panzerbrigaden und 15 Kavalleriedivisionen an. Die Reiter der Roten Armee tauchen überall dort auf, wo schlechte Wege den schnellen Vormarsch der sowjetischen Panzer und Infanterie behindern. Den polnischen Truppen wird untersagt, beim Erscheinen der Roten Armee als erste das Feuer zu eröffnen. Dagegen nehmen die Sowjets die polnischen Streitkräfte gefangen und bekämpfen rücksichtslos jene, die sich nicht ergeben wollen.
Die Grupa Operacyjna Kawalerii des General Anders schlägt sich trotzdem weiter in Richtung Ungarn durch. Am 26. September wird die ihr unterstehende ›Wilenska‹ Brygada Kawalerii bei Leszczesnen von den Sowjets überfallen, ihr Kommandeur schwer verwundet und gefangengenommen. Eine der Schwadronen unter Rittmeister Lichtarowicz kann jedoch den Angriff abschlagen und die Gefangenen befreien. In den Morgenstunden des folgenden Tages greifen die Sowjets eine Patrouille des 1. Ulanenregiments bei Pralniki an, zwei Ulanen werden verwundet – die Rotarmisten verlieren ebenfalls einige Männer.
Bei dem Versuch der Sowjets, die ›Nowogrodzka‹ Brygada Kawalerii anzugreifen, werden sie durch das 5. und 10. Ulanenregiment entscheidend zurückgeschlagen.
Am Montag, dem 26. September, stößt die ›Nowogrodzka‹ Brygada Kawalerii, zwei Tage zuvor durch Reste der ›Wilenska‹ Brygada Kawalerii verstärkt, weiter nach Südosten vor und kämpft gegen Teile der deutschen 28. Infanteriedivision (Generalleutnant von Obstfelder). Das 25. und 27. Ulanenregiment versuchen bei dem Dorf Morance mit einer Reiterattacke die drohende Einschließung zu durchbrechen. Die Attacke bricht jedoch in massivem MG-Feuer zusammen. Auf dem Feld bleiben über 80 Reiter, darunter mehrere Offiziere, zurück.
Plötzlich mischen sich in das Dröhnen der Kanonen Trompetensignale. Von Morance her nähern sich drei feldgraue Reiter mit einer weißen Fahne. Die Parlamentäre schlagen den Polen vor, die Waffen niederzulegen, da ihre Lage aussichtlos sei und man Blutvergießen vermeiden wolle. General Anders stimmt unter der Bedingung zu, daß seine Grupa Operacyjna Kawalerii den freien Durchmarsch zur ungarischen Grenze garantiert bekommt.
Oberst Schweizer vom 26. Ulanenregiment fährt mit den Parlamentären zum Stab der deutschen 28. Infanteriedivision und kehrt nach einer Weile mit der schriftlichen Bestätigung des Kommandeurs zurück: »Die 28. Infanteriedivision gewährt der polnischen Kavallerie freien Durchmarsch nach Süden. Dafür gibt die polnische Kavallerie den Einheiten der 28. Infanteriedivision freien Zugang nach Westen. Trifft die Kavallerie jedoch auf andere deutsche Einheiten, wird sie von diesen angegriffen.«

Die Grupa Operacyjna Kawalerii zieht unverzüglich weiter. Zwei Tage später existiert sie nicht mehr, sie wurde von der Roten Armee zerschlagen. Ihr Kommandeur, General Anders, ist verwundet und auf dem Weg ins Lubljanka, das Moskauer Gefängnis.
»Ich beschloß am 26. September nach Süden zu marschieren«, berichtet später General Anders. »Auf der Chaussee Jaworow–Jaroslaw bei dem Dorf Broszki deutsche Stellungen. Es fiel ein einzelner deutscher Schuß – gleich würde das MG-Feuer eröffnet werden. Die Kolonne hatte keine Ausweichmöglichkeit. Ich befahl den Regimentern an der Spitze, dem 25. und 27. Ulanenregiment, Reiterattacken zu eröffnen. Die Deutschen waren völlig überrascht, so daß wir einen großen Teil des Bataillons gefangennehmen konnten. Der Befehlshaber der 28. Infanteriedivision schickte erneut Parlamentäre mit dem Vorschlag, sich nun zu ergeben. Er behauptete, ein weiterer Vormarsch sei unmöglich, da das ganze Land bereits von deutschen Truppen und von den sich nähernden sowjetischen Streitkräften besetzt worden sei.
Im Morgenrot des 27. September entschloß ich mich, trotzdem weiterzuziehen, und bemühte mich, zwischen Sowjets und Deutschen durchzuschlüpfen. Wir stießen dabei auf starke sowjetische Kräfte, die sofort das Artilleriefeuer eröffneten. Die ersten Panzer tauchten auf. Unsere 9. Abteilung der bespannten Artillerie schoß auch jetzt mit ihrer bewährten Zielgenauigkeit. Zusammen mit der Pak vernichtete die 9. Abteilung zwar eine Menge sowjetischer Panzer, aber man erkannte schon mit bloßem Auge die Massen der Rotarmisten aller möglichen Waffengattungen, die uns den weiteren Weg abschnitten.
In diesem Augenblick trennten uns nur noch 40 Kilometer von der ungarischen Grenze. Vom Rücken her griffen uns die Sowjets immer häufiger an. Die Artillerie feuerte die letzten Geschosse ab. Auch die Munition für die Handfeuerwaffen ging zu Ende. Verbandmaterial fehlte völlig. Die Pferde waren seit langem ohne Futter und Wasser. Es gab keine andere Möglichkeit, man mußte sich in kleine Gruppen aufteilen und im Schutze der Nacht und der Wälder versuchen, Ungarn zu erreichen, doch es blieben nur geringe Chancen.«
Nachdem Ostgalizien von der Roten Armee besetzt wird, zieht die 14. Armee (General List) westwärts und marschiert über Przemysl zurück.
»27. September. Wir waren froh, erst um 6 Uhr aufstehen zu müssen«, notiert der Gefreite Hornes. »Wir hatten uns schon lange auf den ersten Marsch durch eine größere polnische Stadt gefreut. Wir wollten uns doch einmal wenigstens als Eroberer in Przemysl zeigen. Aber wir mußten quer durch die ganze Stadt, eine dreiviertel Stunde lang die Pferde führen. Wir kochten. Deutsche Kavallerie führte durch eroberte Städte!«
Am Donnerstag, dem 28. September, kapitulieren die Verteidiger Warschaus (General Rómmel) mit 120 000 Mann, darunter die Kavallerie von General Abraham. Einen Tag später reiten die Ulanen in langen Kolonnen auf ihren

abgemagerten Pferden zu Gefangenensammelstellen. Als die Reiter ihre Waffen abgeben und Gefangene werden, ziehen die herrenlosen Pferde treu und brav hinter ihnen her.
Feldwebel Greifenberg erreicht mit seiner Aufklärungsabteilung am 29. September die deutsch-sowjetische Demarkationslinie: »Um 6 Uhr ritten wir fort, etwa 1 Kilometer bis zur Eisenbahnbrücke über den San und dann genau bis auf die Mitte der Brücke. Dort befand sich eine Straßensperre aus Stacheldraht und Baumstämmen. Wir wollten einmal einen russischen Soldaten sehen. Dann ging es am San entlang von einer Feldwache zur anderen. Sie waren meist in Erdhöhlen, Weidengebüschen oder alleinstehenden Heuschobern untergebracht. Öfter sahen wir drüben auf der anderen Seite des San die russischen Posten. Wir winkten freundlich hinüber und herüber.«

»Kapituliert die Kavallerie?«

Am Freitag, dem 29. September, kapituliert die Festung Modlin an der Weichsel (General Thommeé), und am Sonntag, dem 1. Oktober, ergeben sich die 4000 Mann der polnischen Marineverbände unter Konteradmiral Unrug auf der Halbinsel Hela. Das gesamte polnische Staatsgebiet ist nun von deutschen oder sowjetischen Truppen besetzt. Polnische Streitkräfte existieren praktisch nicht mehr: Ein kleiner Teil kann sich nach Rumänien und Ungarn oder nach Litauen und Lettland retten. Das Gros befindet sich in deutscher, der Rest von etwa 200 000 Mann in sowjetischer Gefangenschaft.
Zu dieser Zeit, Anfang Oktober, beginnt gerade die Samdzielna Grupa Operacyjna (SGO) ›Polesie‹ unter General Kleeberg ihre größte Operation. Zu dieser Einheit gehören auch die Grupa Operacyjna Kawalerii und die ›Podlaska‹ Brygada Kawalerii. Die ihr unterstellten Kavallerieeinheiten sind die Ulanenregimenter 1, 2, 5 und 10, das 3. Leichte Reiterregiment, das 3. und 9. Berittene Jägerregiment, die Kavallerieabteilung des Grenzkorps und die 4. Abteilung der bespannten Artillerie, alles in allem etwa 5000 Mann Kavallerie. Mit der 50. Infanteriedivision ›Brzoza‹ und der 60. Infanteriedivision ›Kobryn‹ sowie einigen veralteten Sportflugzeugen vom Typ RWD als Verbindungsmaschinen zählt die Gruppe ›Polesie‹ etwa 1200 Offiziere und 15 000 Soldaten, kaum mehr als eine deutsche Division.
Die in zahlreichen Schlachten bewährten Truppen denken nicht daran, die Waffen niederzulegen. Die beiden Kavallerieverbände, jetzt in ununterbrochene Kämpfe mit sowjetischen Patrouillen von Osten und deutschen Einheiten von Westen verwickelt, versuchen sich zur ungarischen Grenze durchzuschlagen. Ihre Marschroute führt gegen den Strom der zurückflutenden Flüchtlingstrecks und Soldaten, die von den Deutschen freigelassen worden sind und jetzt nach Hause ziehen. Alles staunt beim Anblick der vorübermarschierenden Kavallerie, die in geordneter Formation, mit blankgeputzten

Waffen, singend auf ihren abgemagerten Rossen Richtung Süden ziehen. Bei Kock, unweit Lublin in Mittelpolen, stößt die Gruppe ›Polesie‹ am 2. Oktober auf die deutsche 13. motorisierte Infanteriedivision (Generalleutnant Otto), die in der letzten Phase der Schlacht die 29. motorisierte Infanteriedivision (Generalleutnant Lemelsen) unterstützen wird. Vor dem Dorf Serokomla kommt es zu andauernden Gefechten. Die abgesessenen Ulanen nehmen im Nahkampf mit dem Bajonett etwa 200 Deutsche gefangen, drei Panzerspähwagen bleiben brennend vor den polnischen Linien liegen.

Am Dienstag, dem 3. Oktober, eröffnen deutsche und polnische Artillerie bereits vor Sonnenaufgang das Feuer. Einige Bataillone der 50. Infanteriedivision ›Brzoza‹ greifen deutsche Vorposten aus Richtung Kock an und schießen bei Pojazdow mit MG die Kanoniere der Batterien zusammen. Die weitere Aktion bleibt jedoch im deutschen Feuer liegen, und die polnische Infanterie muß sich unter schweren Verlusten zurückziehen. Auch die gegen Mittag geführte Attacke der abgesessenen Kavallerie muß abgebrochen werden.

Während am Donnerstag, dem 5. Oktober, in Warschau die deutschen Einheiten zu den Klängen von »Preußens Gloria« in der Siegesparade an Hitler vorbeiziehen, tobt 110 Kilometer südöstlich auf allen Abschnitten des Kessels von Kock der Kampf mit zunehmender Härte und wechselndem Glück. Die Polen, vor allem die abgesessene Kavallerie, erreichen in Nahkämpfen örtliche Einbrüche in die deutschen Positionen. Gegen Mittag jedoch geht bei den Polen die Artilleriemunition zur Neige, die Soldaten sind erschöpft, außerdem wirft der Gegner immer neue Einheiten in den Kampf. Um 19 Uhr 30 gibt General Kleeberg seinen Soldaten den Befehl, die Waffen zu strecken: »Zu den Vorrechten eines Befehlshabers gehört es, die Verantwortung zu tragen. Heute, in dieser schwersten Stunde, nehme ich sie auf mich und befehle, den Kampf abzubrechen, um weiteres Blutvergießen zu vermeiden.«

Die Kommandeure der Kavallerieverbände wollen zuerst von der Kapitulation nichts wissen. Sie meinen, daß für sie immer noch die Chance besteht, sich nach Ungarn durchzuschlagen. Die polnischen Parlamentäre müssen schließlich zugeben, daß es nicht sicher sei, ob die Kavallerie auch tatsächlich kapitulieren werde. Darauf General Otto: »In diesem Fall betrachte ich die Gespräche als nicht stattgefunden, wir werden weiterkämpfen.«

6. Oktober, 10 Uhr morgens. Nach wochenlangem sonnigem Wetter bestimmen nun tiefhängende Wolken das Bild. Die Einheiten marschieren zu den Sammelpunkten und legen die Waffen ab.

»Auf einer Anhöhe schwere schußbereite MG. Darunter befindet sich auch der deutsche General mit seinem Stab. Wir fahren an. General Kleeberg und der Chef des Stabes steigen aus, ich dahinter«, berichtet Oberst Grzeszkiewiecz. »Der deutsche General salutiert. ›General Otto!‹ stellt er sich vor und fragt dann: ›Kapituliert die Kavallerie?‹

Kleeberg: ›Ja!‹«

Am Rhein und in den Ardennen

Der »drollige« Krieg

Bereits im September wird die französische 3e Division Légère de Cavalerie des General Robert Marie Petiet, des früheren Kommandanten der berühmten Reiterschule Saumur, in das luxemburgisch-französische Grenzgebiet verlegt. Die ihm unterstellten Kavallerieverbände sollen aufklären, schwachen Widerstand brechen und - falls es zum Rückzug kommt - umfangreiche Zerstörungen vornehmen, um damit den deutschen Vormarsch zu bremsen. Und das Wichtigste: »Für den Fall, daß das deutsche Heer die Neutralität Luxemburgs verletzt, bricht die verstärkte 3e Division Légère de Cavalerie blitzschnell (... une action à caractère de raid) in Luxemburg ein.«
In der zweiten Oktoberhälfte wird auch die 3e Brigade de Cavalerie aus dem Raum Felbach an der schweizerischen Grenze in die Ardennen nahe der belgischen Grenze verlegt. Sie soll das Gebiet zwischen Carignan und Avioth sichern. Die der 3e Division Légère de Cavalerie unterstellten Dragoner und kolonialen Spahi-Regimenter entfalten eine rege Aufklärungstätigkeit im Vorfeld der Maginot-Linie. Sie haben gelegentlich Feindberührung, wobei es jedoch selten zu ernsthaften Zusammenstößen kommt. Lediglich in zwei oder drei Abschnitten wird das unausgesprochene Stillhalteabkommen zwischen den deutschen und französischen Truppen häufiger verletzt, so bei Apach an der luxemburgischen Grenze und in der Gegend von Forbach. Die deutschen berittenen Aufklärungsabteilungen 16, 26 und 169 halten im Verband ihrer Divisionen an der luxemburgischen Grenze Wacht und die der 6. und 86. Division sind zur Überwachung der lothringischen Grenze bestimmt. Vor einem überlegenen Feind sollen sie über die Linie der Gefechtsvorposten der Division ausweichen. Ausdrücklich ist befohlen, die Grenze nicht zu verletzen und von der Schußwaffe nur dann Gebrauch zu machen, wenn die Gegenseite das Feuer eröffnet.
»Drôle de guerre« - der »drollige Krieg« - macht sich schon im Oktober recht bemerkbar. Mit Lautsprechern und Plakaten berieseln die Deutschen ständig die französischen Truppen an der Front: »Sterben für Danzig, für die Polen, für die Briten?« - »Schießt nicht! Wir schießen nicht, wenn ihr nicht schießt!« Den französischen Truppen längs des Rheins ist es ausdrücklich verboten, auf die Deutschen zu schießen, und General Gamelin meint: »Das Feuer auf deutsche Arbeitsgruppen eröffnen? Die Deutschen würden nur auf uns zurückschießen!« Die »Front« selbst, entlang des Rheins nördlich von

Basel und dann westlich des Flusses weiter nach Luxemburg verlaufend, ist meist still wie ein Friedhof. Nur gelegentlich stört ein Spähtrupp das Schweigen der Nacht, unterbricht das Bersten einer einzelnen Granate die Stille des Tages.
Die französischen Truppen, in miserablen Quartieren im Elsaß und in den Ardennen untergebracht, schlafen in Scheunen auf faulendem Stroh. Tausende von Kavalleriepferden krepieren an einer mysteriösen Krankheit, an der möglicherweise die nachlässige Pflege durch die Mannschaften schuld ist. Das schlechte Wetter erweist sich als ein guter Vorwand, bereits angesetzte Übungen wieder abzublasen und Befestigungsarbeiten zu unterbrechen. Die Soldaten drängen sich in den Kneipen und langweilen sich.
Bereits am 27. September unterrichtet Hitler das Oberkommando des Heeres von seiner Absicht, so bald wie möglich im Westen anzugreifen. Zeitpunkt der Offensive: 12. November. Da veranlaßt plötzlich einsetzender Regen einen Aufschub. Hitler will nur bei gutem Wetter losschlagen, damit Luftwaffe und Panzer die gleichen hervorragenden Erfolge verbuchen können wie in Polen. Der Herbst 1939 aber ist scheußlich. Im November beginnt es in Strömen zu regnen, die Flüsse schwellen an, und die überschwemmten Ebenen bilden weit ausgedehnte Hindernisse für die Panzer.

Die Geisterschwadron gibt nicht auf

Das trübe herbstliche Wetter und die pausenlose Verfolgung machen auch die »letzten« Ulanen um Major Dobrzanski in den Wäldern von Kielce mürbe. Nach und nach suchen sie das Weite, und als die Abteilung die Försterei Zychy, unweit Radoszczyce, erreicht, zählt sie nur noch zehn Unentwegte. Aber selbst diese wenigen, in voller Uniform von Dorf zu Dorf reitend – so, als wäre alles beim alten – hinterlassen bei der Bevölkerung einen tiefen Eindruck.
»Anfang November 1939 tauchten Nachrichten darüber auf, daß sich in den Wäldern ostwärts der Pilica eine Gruppe berittener polnischer Soldaten aufhielte, die ihren Stützpunkt im Kloster Heiligkreuz in der Lysa Gara hätte ... Mitte November kamen weitere Gerüchte, die von dem Erscheinen uniformierter Polen in Walddörfern bei Kronskie wissen wollten«, berichtet Dr. Heinrich Schreihage, der für die Feststellung der Feindlage bei der 372. Infanteriedivision zuständige Offizier.
Die Hubal-Abteilung nimmt ständig zu: Erst sind es vier Mann aus der Umgebung und eine Dorfschöne, die zwanzigjährige Marianna Cel (Tereska). Mit diesem Kader gründet Major Dobrzanski, der sich jetzt Hubal nennen läßt, die ›Oddzial Wydzielony Wojska Polskiego‹ (Sonderabteilung des polnischen Heeres). Mitte November 1939 beschließt Hubal, die Verbindung mit den offiziellen Chefs des Untergrunds aufzunehmen. Er leiht sich von einem

"CAN'T YOU SEE WE WISH FOR PEACE?"

Förster dessen Sonntagsanzug und reist mit falschen Papieren nach Warschau. Die Abteilung ist ebenfalls unterwegs: ein Teil in Urlaub, die anderen haben sich in der Nähe von Spala, der Residenz des Befehlshabers Ost, General Blaskowitz, in den tiefen Wäldern verkrochen.

Der Winterkrieg beginnt

Der Ehrensalut

Finnland, 30. November 1939. Sowjetische Kampfgeschwader erscheinen über Helsinki und bombardieren die Stadt ohne vorausgegangene Kriegserklärung. Dieser unprovozierte Angriff der UdSSR gegen ein kleines, friedliches Nachbarland ruft in der Welt Entrüstung hervor. Die Wucht des sowjetischen Angriffs richtet sich zunächst gegen die Grenzbefestigungen der Finnen auf der Karelischen Landenge, der »Mannerheimlinie«, die von Norden nach Süden in einem tief verschneiten Waldgebiet verläuft. Die 140 Kilometer lange Verteidigungsanlage hat jedoch eher symbolische Bedeutung.

Am 1. Dezember feiert Leutnant Toiviainen von der Finnischen Kavallerie an der Grenzstation in der Nähe von Artahuhta den 45. Geburtstag. Seine Reiter sind gekommen, um ihm zu gratulieren. Der Kommandeur hat soeben seine Dankesrede beendet, als von Myllyjärvi MG-Feuer ertönt. »Genosse Molotow hat sicherlich Befehl gegeben, mir zu Ehren Salut zu schießen. Laßt uns gehen«, meint Toiviainen. Seine Kavallerieabteilung galoppiert los, um sich der 15. Verteidigungsgarde bei Myllyjärvi anzuschließen. Aber es erweist sich schon bald, daß sie nicht in der Lage sind, den sowjetischen Angriff aufzuhalten. Beim Rückzug nach Artahuhta geraten sie immer wieder in sowjetisches MG-Feuer. Ein Kavallerist schleicht sich hinter die feindlichen Linien, tötet den MG-Schützen, nimmt dessen Platz ein und feuert eine Nacht lang gegen die Sowjets, bevor sein Täuschungsmanöver entdeckt wird.

Die ›Nurmo‹-Schwadron

Am Abend des 1. Dezember zieht auch der Kavallerieleutnant Kaarlo Parvianinen, Chef der ›Nurmo‹-Schwadron, mit seinen Leuten in den Krieg. »Wir ritten am Straßenrand entlang, an uns vorbei die Bevölkerung Kareliens, Greise, Frauen und Kinder, auf der Flucht vor dem Feind. Der Rauch färbte den Himmel grau. In den ersten Dezembertagen hatte sich unsere Schwadron wieder in Oravankyto versammelt und wurde von dort Mitte des Monats nach Hirvisaari verlegt.«

Am 5. Dezember führen die Sowjets ihren Angriff gegen die Landenge zwischen dem Suulasee und dem Perksee fort. Das zur Sicherung der Landenge

eingesetzte Hämeen-Kavallerieregiment muß am nächsten Tag nach erbitterten Kämpfen seine Stellungen räumen.
Finnland, mit nur 3,5 Millionen Einwohnern, einem Friedensheer von drei Infanteriedivisionen, einer Kavalleriebrigade, 96 einsatzbereiten Kriegsflugzeugen und wenig Flak-Artillerie, setzt sich entschlossen zur Wehr. Viele seiner Kämpfer sind wortkarge, ausdauernde Bauernsoldaten, denen die Nächte in der Taiga bei 30 bis 40 Grad minus nichts ausmachen. Sie bewegen sich auf struppigen Pferden, Schneeschuhen oder Rentierschlitten lautlos durch das wegearme Gelände, verfertigen Brandflaschen (›Molotow-Cocktails‹) und suchen, wo sich die Gelegenheit bietet, den Nahkampf mit Maschinenpistole und Puukkidolch. Ihr Oberbefehlshaber, der 73jährige Feldmarschall C.G. Mannerheim, ein ehemaliger General des Zaren und erfahrener Stratege, weiß, daß er die Sowjets nicht schlagen, sondern bestenfalls aufhalten kann. Schon zu Anfang stellt die Sowjetunion rund 45 Divisionen, über 650 000 Rotarmisten, 1000 Kampfwagen und 2500 Flugzeuge, zu denen bald noch Verstärkungen stoßen. Zwar ist es für die sowjetische Division, die Petsamo angreift, leicht, die 700 Finnen in jenem Gebiet zurückzuwerfen, der Angriff auf die engste Stelle Finnlands aber erweist sich für die Eindringlinge als katastrophal. Das leicht gewellte Gelände ist mit dichten Tannenwäldern bedeckt und zu jener Zeit mit einer harten, hohen Schneeschicht überzogen, die Kälte grausam. Die Finnen sind mit Skiern und warmer Kleidung gut versorgt, während den Russen hingegen beides fehlt. Zudem zeigen sich die Finnen als angriffslustige, individuelle Kämpfer und glänzende Patrouillengänger, die hervorragend für den Waldkrieg ausgebildet sind. Das Land erlebt den härtesten Winter seit 1892/93. Der strenge Frost und die folgenden Schneefälle behindern die sowjetischen Kampfwagen, eine oft tiefliegende Wolkendecke erschwert das Zusammenwirken zwischen Fliegern und Infanterie.
Da die »Mannerheim-Linie« insgesamt nicht einzunehmen ist, greifen die Sowjets nun längs der finnischen Ostgrenze an, die sich über 1600 Kilometer zwischen dem Ladoga-See und dem nördlichen Eismeer hinzieht. Am 17. Dezember hat es den Anschein, als würde der sowjetische Plan doch glücken, aber die weit auseinandergezogenen sowjetischen Kolonnen werden gestoppt. Gegen Ende Dezember ist der sowjetische Plan, durch die engste Stelle Finnlands gegen die »Mannerheim-Linie« auf der Karelischen Landenge durchzustoßen, endgültig gescheitert. Nördlich des Ladoga-Sees erleidet ein Umgehungsversuch von etwa zwei Sowjetdivisionen das gleiche Schicksal wie die Operationen weiter im hohen Norden.
In Hirvisaari, einem kleinen Ort dicht an der »Mannerheim-Linie«, verbringt die finnische Kavallerieschwadron ›Nurmo‹ unter Leutnant Kaarlo Parvianinen das Weihnachtsfest. Am Heiligen Abend, die Sturmlichter sind schon gelöscht, ertönt der Ruf: »Alarm!« In wenigen Minuten ist die Schwadron in den Ställen und sattelt die Pferde. Der Vollmond scheint von einem sternklaren Himmel herab, das Thermometer zeigt 44 Grad minus an. Auch die Pfer-

de sind alle grau vom Reif. Es war jedoch Fehlalarm, wie sich später herausstellte. In der Nacht zum 2. Feiertag reitet die Schwadron über Kiviniemi nach Sakkola Pannusaari und wird dort einquartiert. Die Sowjets haben bereits über Suvanto in Richtung auf Kelja angegriffen. »Wir kamen jedoch nicht zum Einsatz, da auch der Feind eine Ruhepause brauchte«, berichtet Leutnant Parvianinen. »Wir blieben in Pannusaari und beteiligten uns an den Feldbefestigungsarbeiten. Einige von uns nahmen an einem einmonatigen Waldkampflehrgang teil, der im Gebiet von Konitsa abgehalten wurde.«
Stalin erkennt nun, daß der Sowjetunion ein ganz anderer Feind gegenübersteht als erwartet. Er faßt den Entschluß, die Anstrengungen auf die »Mannerheim-Linie« zu konzentrieren, wo sich die Wucht massierter schwerer Artillerie und Panzer voll auszuwirken vermag. Das erfordert umfangreiche Vorbereitungen. Dadurch erlischt gegen Jahresende längs der ganzen finnischen Front jegliche Kampftätigkeit.

Weihnachtsfeier der Geisterschwadron

Am 24. Dezember kehrt Major Dobrzanski-Hubal aus Warschau zurück, wo er sich mit dem Chef des Widerstandes, General Tokarzewski, getroffen hat. In der Försterei Bielawy setzt sich seine Kavallerieabteilung zum festlichen Mahl mit viel Alkohol und Musik an den reichgedeckten Tisch unter den Weihnachtsbaum, an der Wand die weiß-rote Nationalfahne. Das Ganze spielt sich unweit Spala ab, dem alten Jagdschloß des Zaren, dem heutigen Quartier von General Blaskowitz.
Um Mitternacht marschieren einige Hubal-Leute in voller Montur durch den tiefen Schnee zur Messe in das einige Kilometer entfernt liegende Kloster von Poswietny, wo auch die deutsche Gendarmerie Außenposten hat. Pater Mucha, der die Andacht hält, ist so beeindruckt, daß er am nächsten Tag beschließt, Abteilungskaplan zu werden.
Um die Jahreswende 1939/40 verlegt die Hubal-Gruppe ihren Standort nach Galki, etwa 15 Kilometer östlich von Opoczno. Die nahegelegene Kreuzung der Chausseen Petrikau Radom und Nowe Miasto Konskie bietet gute Verkehrsverbindungen nach allen Richtungen; das Dorf selbst ist durch seine Lage in dem unwegsamen Waldgebiet und den nach Norden vorgelagerten Höhen gegen überraschende deutsche Aktionen hervorragend gesichert.
Hubal, der erste Partisanenführer des Zweiten Weltkrieges (von den Deutschen »Schimmel-Major« genannt), betrachtet sich stets als kommandierenden Offizier einer regulären Einheit der polnischen Armee. Wie er selber gesagt hat, soll seine Reitergruppe die »Brücke vom Herbst zum Frühling« bilden und das weiterkämpfende polnische Heer symbolisieren, bis im Frühling 1940 die französischen Streitkräfte am Rhein ihre Offensive gegen Deutschland beginnen und Hitlers Reich niederwerfen werden.

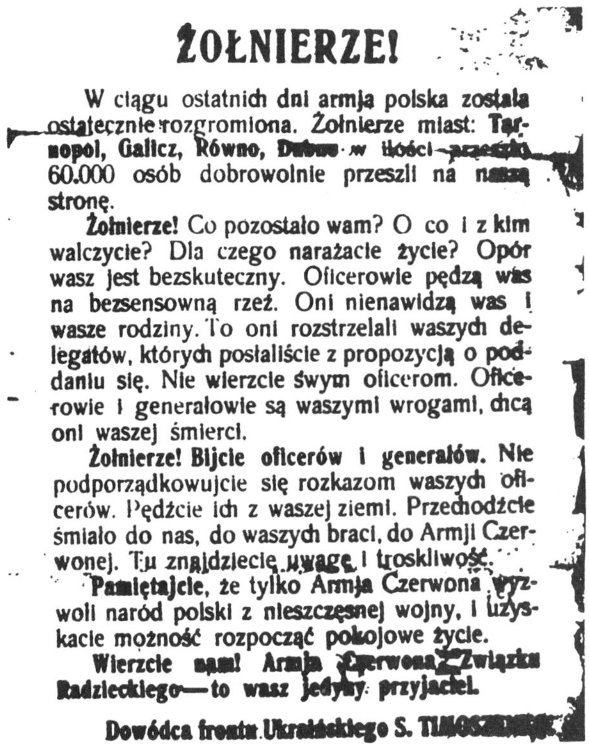

ŻOŁNIERZE!

W ciągu ostatnich dni armja polska została ostatecznie rozgromiona. Żołnierze miast: Tarnopol, Galicz, Równo, Dubno w ilości przeszło 60.000 osób dobrowolnie przeszli na naszą stronę.

Żołnierze! Co pozostało wam? O co i z kim walczycie? Dla czego narażacie życie? Opór wasz jest bezskuteczny. Oficerowie pędzą was na bezsensowną rzeź. Oni nienawidzą was i wasze rodziny. To oni rozstrzelali waszych delegatów, których posłaliście z propozycją o poddaniu się. Nie wierzcie swym oficerom. Oficerowie i generałowie są waszymi wrogami, chcą oni waszej śmierci.

Żołnierze! Bijcie oficerów i generałów. Nie podporządkowujcie się rozkazom waszych oficerów. Pędźcie ich z waszej ziemi. Przechodźcie śmiało do nas, do waszych braci, do Armji Czerwonej. Tu znajdziecie uwagę i troskliwość.

Pamiętajcie, że tylko Armja Czerwona wyzwoli naród polski z nieszczęsnej wojny, i uzyskacie możność rozpocząć pokojowe życie.

Wierzcie nam! Armja Czerwona Związku Radzieckiego—to wasz jedyny przyjaciel.

Dowódca frontu Ukraińskiego S. TIMOSZENKO

Ein sowjetisches Flugblatt für die polnischen Truppen:

»Soldaten! In den letzten Tagen wurde die polnische Armee endgültig zerschlagen. – Soldaten! Schlagt eure Offiziere und Generäle tot. – Denkt nach, daß nun die Rote Armee die polnische Nation von dem unseligen Krieg befreit. – Glaubt uns! Die Rote Armee der Sowjetunion ist euer einziger Freund.«

Befehlshaber der Ukrainischen Front S. Timoschenko

1940

In den Wäldern

Alltag

»Gegen 12 Uhr mittags, am 10. Januar 1940, als wir nach dem Verpflegungseinkauf in den umliegenden Dörfern schon im Weichbild von Smogorzowo auf dem Wege zu unserem Bataillon waren«, meldet Feldwebel Wolfgang Leirich, I. R. 650, »tauchte plötzlich aus dem Wald neben der Landstraße eine Gruppe von etwa neun Berittenen auf und stoppte unter Androhung von Waffengewalt unser Kfz. Die Banditen trugen sämtlich polnische Uniformen mit Rangabzeichen, Feldmützen mit Adler, einer von ihnen das Offizierskoppel. Die Bewaffnung: acht Karabiner 98 b, ein leichtes MG, mehrere deutsche Stielhandgranaten, alle Reiter hatten Kavalleriesäbel polnischer Art. Sie forderten uns auf, das Kfz zu verlassen, und bemächtigten sich unserer Waffen (drei Gewehre 98 b, eine Pistole 08 mit der dazugehörenden Munition). Meine Bemerkung, daß den Polen der Besitz jeglicher Waffen unter Todesstrafe verboten sei, blieb unbeachtet. Weitere Verluste: 555 frische Landeier, 23 Pfund Butter, 10 Pfund Weißkäse, ein Topf Honig (etwa 2,5 Liter). Die berittenen Banditen ließen uns stehen und verschwanden in westlicher Richtung.«

Die Hubal-Abteilung zieht Anfang des Jahres nach Anielin und von dort aus im Februar nach Galki. Die Reiterpatrouillen schwärmen aus – auf der Suche nach Waffen und Ausrüstung. Viel davon liegt noch in den umliegenden Wäldern, hier in der Gegend kapitulierte im September 1939 die Armee ›Prusy‹. Der scharfe, schneereiche Winter macht das abgelegene Dorf Galki einem Wehrlager gleich. Es ist ausschließlich mit Schlitten, und selbst das nur mit größter Mühe, erreichbar.

Der Major führt seine Leute mit starker Hand. Aus den losen Gruppen werden Unterabteilungen gebildet, die Wachen und Patrouillen sind rund um die Uhr auf den Beinen. Jeder muß sich täglich frisch rasieren und saubere Uniform tragen, nur der Major läßt sich einen Bart wachsen. Der Schriftwechsel und die Tagesbefehle werden mit effektvollen Stempeln versehen. Langsam läuft die Organisation des Nachschubs und der Verpflegung für Menschen und Pferde an, dank eifriger Mithilfe der Bevölkerung selbst aus den entlegensten Orten. Sein Operationsgebiet zwischen Kielce im Süden und dem Bogen des Flusses Pilica im Nordwesten ist in Luftlinie etwa 100 Kilometer breit.

Es gibt übrigens den Befehl, die Deutschen nicht anzugreifen. Die Ulanen

sind in ihren geliehenen Pelzmänteln, die sie über den Uniformen tragen, von den Zivilisten nicht zu unterscheiden.
Eines Tages treffen sie mit drei Schlitten voller Waffen in meterhohem Schnee auf einem schmalen Fahrweg mit Schlittenbreite auf deutsche Soldaten, die ihnen entgegenkommen. Sie befehlen ihnen zurückzufahren und den Weg freizugeben. Einer der Deutschen packt sein Gewehr und will den Fahrer des ersten Schlittens mit dem Kolben niederschlagen. Während die Hubal-Leute schon dabei sind, ihre Waffen zu holen, kehren die Deutschen um, als hätten sie etwas geahnt, und räumen den Weg.
Die Verbindungsleute zu der etwa 200 Kilometer nördlich liegenden polnischen Hauptstadt sind zwei Studentinnen aus Warschau. Sie versorgen die Abteilung mit Medikamenten, warmer Wäsche und vor allem mit Uniformen. Die Uniformen stammen aus einem großen Lazarett, in dem polnische Soldaten liegen, die dafür Zivilgarderobe bekommen haben, in der sie nach der Genesung untertauchen können.
Die Deutschen haben den ganzen Winter hindurch keine Aktionen von Bedeutung unternommen. Erst im März, als es wärmer wird und der Schnee schmilzt, kreisen ab und zu Aufklärungsflugzeuge. Der erste Tote fällt keineswegs durch eine deutsche Kugel, er ist das Opfer eines ungewollten Treffs zweier Hubal-Patrouillen, die im Nebel aufeinandertreffen und das Feuer eröffnen.
Das Leben in Galki bekommt den Rhythmus des Kasernenlebens. Der Zapfenstreich ist recht früh, so daß bei Sonnenaufgang die Abteilung schon für tägliche Aufgaben oder zur Abwehr eventueller deutscher Angriffe bereitsteht. Die Feldübungen beginnen nach dem Frühstück sowie nachmittags, danach der Tagesbefehl und Freizeit, anschließend Zapfenstreich. Es gibt keine Feldküche, jeder brutzelt sich etwas in seinem Quartier aus der zugeteilten Verpflegung. Meist springen die Bauern ein, dafür helfen die Soldaten mit ihren Pferden in ihrer freien Zeit den Landwirten. Die langen Winterabende vergehen mit Disputen bei Schnaps und Kartenspiel. Weit verbreitet ist bei der Abteilung die Vorliebe zum Fotografieren, und so manches ›Gruppenfoto‹ erleichtert noch Jahre danach die Arbeit der Radomer Gestapo.

Die letzten der ›Nurmo‹-Schwadron

Bereits Ende Januar 1940 ist es der Roten Armee gelungen, tief in den Norden Finnlands vorzudringen. Nur auf der Karelischen Landenge versuchen sie vergeblich, die »Mannerheim-Linie« zu durchbrechen. Mit einem orkanartigen Trommelfeuer aus tausend Geschützen startet am 11. Februar die Zweite Offensive der sowjetischen Armee zwischen Muolaa- und Kuolema-See. Über die kräftige Eisdecke an beiden Küsten der Landenge führen die sowjetischen Kampfgruppen, durch Kavallerie verstärkt, nächtliche Flankenangrif-

fe. Bei Summa gelingt ihnen der Durchbruch; dies zwingt die Finnen zur Zurücknahme ihres Südflügels in den Raum östlich von Wiborg.
Am Südufer des Vuoksi lauscht die Schwadron ›Nurmo‹ dem fernen Donner der sowjetischen Artillerie, die die finnischen Stellungen hinter dem an der Hauptlinie liegenden Wald seit Stunden unter Feuer hält. »Erst Ende Januar wurde unsere Schwadron nach Vuosalmi verlegt«, berichtet Leutnant Parvavinen, »diesmal standen wir in Himotunkangas, wo für die Pferde nur Sichtschutz bietende Feldställe sowie zwei, drei kleinere Unterstände gebaut wurden. Schon ein paar Tage später kam der Befehl zum Abmarsch. Die Pferde blieben jedoch mit den Handpferdehaltern ›zu Hause‹.
Es lag eine ganze Menge Schnee; wir arbeiteten uns auf Skiern am Vuoksiufer entlang und dann in Richtung Muolaa-See. Die Abteilung hatte die Aufgabe, den Rückzug der eigenen Truppen von Muolaa zu decken. Hier bekam die ›Nurmo‹-Schwadron ihre erste Feindberührung, jedoch kehrten alle ›Nurmo‹-Männer aus dieser Patrouille unversehrt zurück. Inzwischen hatten nun die feindlichen Flugzeuge unsere Stellungen ausgemacht und griffen sie tagelang mehrmals an. Am Abend des 1. März, als wir die Gegend am Ufer des Kleinen Vuoksi verließen und neue Quartiere bezogen, war unsere Schwadron noch vollzählig, lediglich ein Pferd wurde durch Bombensplitter verletzt.«
Am 3. März beginnt die 7. sowjetische Armee die neue Großoffensive auf die Karelische Landenge mit Schwerpunkt gegen Wiborg. Tags darauf bekommt die ›Nurmo‹-Schwadron wiederum den Befehl, auf Skiern nach Vuosalmi abzumarschieren. Die Pferde bleiben mit ihren Pflegern am Ufer des Kleinen Vuoksi zurück.
Es ist ein sonniger Frosttag, die Rote Armee hat soeben im Abschnitt von Vuosalmi ihren ersten bedeutenden Erfolg: Sie hat die Hügel von Äyräpää besetzt und damit die Möglichkeit, Vasikkasaari vom Rücken her anzugreifen. Die Schwadron von ›Nurmo‹ soll zusammen mit der Leichten Abteilung 8 den Hügel von Äyräpää zurückerobern. Der Angriff beginnt am Morgen des 5. März. Es entbrennt ein heftiger Nahkampf mit großen Verlusten auf beiden Seiten. Meter für Meter arbeiten sich die ›Nurmo‹-Leute vorwärts. Der schneebedeckte Hang wird bis auf das schwarze Schlammgelände aufgewühlt. Beide Seiten geben kein Pardon. Auch die Sowjets kämpfen tapfer und weichen nicht von der Stelle. Unnachgiebig schlagen sie zurück und halten die wichtigste Stellung auf dem Hügel von Äyräpää. Dann hat die finnische Artillerie keine Munition mehr. Die Schwadron muß sich zurückziehen, sie hinterläßt auf dem Hügel 44 Gefallene, unter ihnen auch der Chef der Schwadron, Olavi Peltola. In der strengen Frostnacht des 6. März schleppt sich eine Schar über die Karelische Landenge, nur der Mond und die feindlichen Leuchtkugeln erhellen ihren Weg. Es ist die Schwadron von ›Nurmo‹, die ihre Pferde aus dem Kampfgebiet herausführt.
Bis zum 7. März 1940 ist jeder fünfte finnische Soldat tot, verletzt oder ver-

mißt. Alle verfügbaren finnischen Reserven liegen nun im Kampf. Die kleine Nation kämpft zwar mit dem Mut der Verzweiflung gegen die Riesenübermacht, doch das Ende ist bereits abzusehen. Feldmarschall Mannerheim empfiehlt die Aufnahme von Verhandlungen mit Moskau, da eine Fortdauer des aussichtslosen Kampfes nicht mehr zu verantworten sei.
Am 8. März stellen die Finnen aus den überlebenden Reitern eine noch knapp dreißig Mann zählende Einheit zusammen, die weiterhin die ›Schwadron von Nurmo‹ heißt. In der Nacht zum 9. März geht diese über das Eis des Vuoksi und übernimmt die Verteidigung des etwa einen halben Kilometer langen Frontabschnitts. Obwohl ermüdet und ausgehungert, schlagen sie alle Angriffe ab.
Am Abend des 13. März 1940 sitzt eine Gruppe ermüdeter, unrasierter Männer beim Lagerfeuer am Nordufer des Vuoksi: Die letzten zehn der Kavallerieschwadron von ›Nurmo‹, die einzigen Überlebenden der zweihundertköpfigen Reiterschwadron. Als nach dem Waffenstillstand die Rotarmisten in ihre Stellungen kommen, will keiner glauben, daß diese Männer einem ganzen Regiment standgehalten haben.

Die Stille vor dem Sturm

Anfang März 1940 zählt die ›Sonderabteilung‹ des Major Hubal ganze 312 Soldaten. Man bereitet gerade die Vereidigung der Rekruten vor, als am 13. März völlig unerwartet der Abgesandte der Hauptkommandantur des ZWZ, einer damals schon gut etablierten großen Widerstandsorganisation, Oberst Okulicki, in Galki eintrifft mit dem Befehl, die Hubal-Abteilung aufzulösen. »Es ist noch zu früh für irgendwelche Partisanenaktionen, die bei der großen Anzahl deutscher Streitkräfte im Generalgouvernement unweigerlich zu scharfen Repressalien gegen die unschuldige Bevölkerung führen würden.«
Nachdem der Demobilisationsbefehl bekannt wird, schrumpft die ›Sonderabteilung‹ bis auf 70 Mann zusammen. Diese Unentwegten ziehen mit dem tief betroffenen Major Hubal, bis an die Zähne bewaffnet, mit 18 MG und Kisten voller Handgranaten in die neuen Quartiere des einige Kilometer entfernt liegenden Dorfes Hucisko.
Noch einmal schickt Warschau Hubal einen Emissär mit dem gleichen Befehl; diesmal hätte ihn das Überbringen der Botschaft beinahe das Leben gekostet: Der Schimmelmajor, in Zorn geraten, will den Mann erschießen, überlegt es sich jedoch anders und wirft ihn mit dem Zitat des Götz von Berlichingen hinaus.
Die Gestapo des Distrikts Radom ist auch nicht untätig. Sie legt über das ganze Gebiet ein dichtes Netz von Provokateuren, nicht selten in polnischen Uniformen, und V-Männern, meist Volksdeutsche aus den benachbarten Dörfern, und bereitet den entscheidenden Schlag gegen die Hubal-Leute vor.

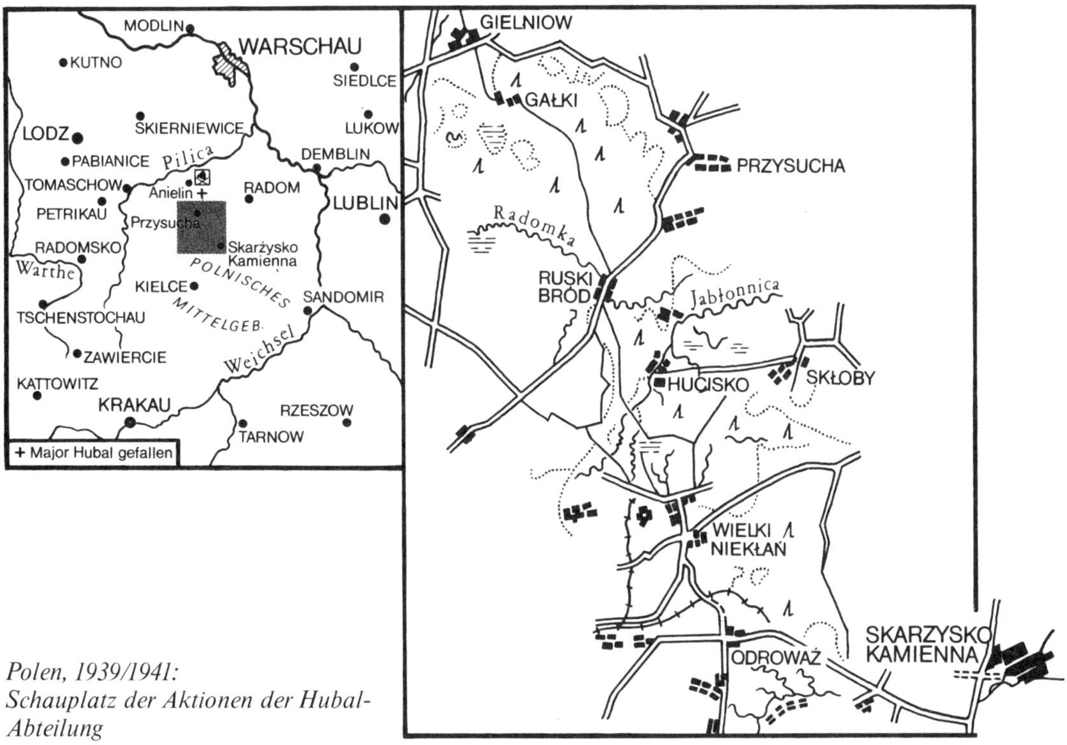

Polen, 1939/1941:
Schauplatz der Aktionen der Hubal-Abteilung

Das Osterfest wird von der Abteilung, die nicht ahnt, daß sich die Wolken über ihr zusammenbrauen, gemeinsam mit der Bevölkerung festlich gefeiert. Pater Mucha hält am Ostersonntag, dem 24. März, in der geräumigen Schule von Hucisko die Messe und eine patriotische Predigt. Auch wird erstmals der Sold ausbezahlt - 75 Zloty pro Kopf ohne Unterschied des Dienstgrades -, einige Leute werden mit Beförderungen bedacht.
Während die Hubal-Abteilung das traditionelle Osterfest feiert, treffen im benachbarten Chlewiska die ersten Fahrzeuge mit den Einheiten der SS und der Polizei ein. Schon am Morgen des 30. März kommt es zum ersten Gefecht zwischen den Ulanenpatrouillen und der deutschen Vorhut.

»Eine politische Angelegenheit«

Die Ulanen können nicht wissen, daß es ihretwegen schwere Differenzen zwischen dem SD und der Wehrmacht geben wird. Der Sicherheitsdienst bekommt nämlich Wind von den Vorbereitungen des Infanterieregiments 650 für die Aktion gegen Major Hubal. Am 12. März erscheint ein Beauftragter des SD beim Kommandeur des 372. Infanterieregiments, Generalmajor Fritz von der Lippe, und verlangt kategorisch das Stoppen der Aktion. »Die Bekämpfung der Hubal-Abteilung ist eine politische Angelegenheit und fällt unter die Zuständigkeit der höheren SS- und Polizeiführung.« Man einigt sich schließlich darauf, daß die Wehrmacht rechtzeitig durch die SS von deren Vorgehen unterrichtet wird.

Noch am Abend des 30. März erhält die 372. Infanteriedivision die Nachricht, der SD sei klammheimlich am Tage zuvor auf eigene Faust gegen die ›Sonderabteilung‹ vorgegangen und habe dabei eine Schlappe erlitten. Daraufhin verlangt die SS nun für ihre weiteren Aktionen die Unterstützung der Luftwaffe und der Heeresartillerie. Da die Wehrmacht diese nur unter der Bedingung, daß sie selbst diese Aktion führen wird, bereitstellen will, unternimmt die SS in der Nacht zum 31. März und am darauffolgenden Tag einen Großangriff aus eigener Kraft: die 8. und die 12. motorisierte SS-Standarte, eine SS-Reiterstandarte der Totenkopfverbände, zwei Polizeibataillone und motorisierte Gendarmerieeinheiten mit vier Panzerwagen. Die SS-Reiterstandarte befehligt Hermann Fegelein, der bekannte Turnierreiter und spätere SS-General sowie persönliche Vertreter Himmlers im Führerhauptquartier, der die Schwester Eva Brauns, Gretel, geheiratet hat.

Diese Streitmacht führt frontale Einzelvorstöße, die im Feuer der Ulanen zusammenbrechen. An dem Gefecht nimmt auch die einzige Frau der Abteilung, Tereska, mit der Pistole in der Hand teil. Und während sich die SS mit einem Teil der Abteilung herumschlägt, stoßen die Hubal-Ulanen, die von einer Fernerkundung zurückreiten, zufällig auf eine parkende LKW-Kolonne, die SS-Truppen zum Einsatz gebracht hat. Die Ulanen sitzen ab, überrumpeln die überraschten Deutschen, und bald stehen die Fahrzeuge in Flammen.

Die Hubal-Reiter sprengen in der Nacht vom 1. zum 2. April in vollem Galopp den Einschließungsring, voran der Major auf seinem Lieblingspferd, dem englischen Vollbluthengst »Dämon«, hinter ihm seine Ulanen. Sie verschwinden in den unübersichtlichen Wäldern. Die SS verliert dabei grob geschätzt 15 Mann. »Anlage und Durchführung der Aktion ließen erhebliche Führungs- und Ausbildungsmängel der eingesetzten SS-Verbände erkennen«, notiert der Ic-Offizier der 372. Infanteriedivision, Dr. H. Schreihage.

Die Skole-Eskadronen

Im Morgengrauen des 9. April 1940 greifen die Deutschen Dänemark und Norwegen an. Die an der Ostseite des Fjords in der Nähe von Oslo an Land gehenden Truppen stoßen unverzüglich in Richtung Hauptstadt vor, die kurz danach eingenommen wird.

Noch bevor die deutschen Spähtrupps die ersten Häuser der Vororte von Oslo erreichen, gelingt es einer der wenigen berittenen Einheiten, die Norwegen hat, der sogenannten Skole-Eskadronen (die Reserveoffiziersschule), der deutschen Umfassung zu entkommen. Die kleine Reiterkavalkade, genau 52

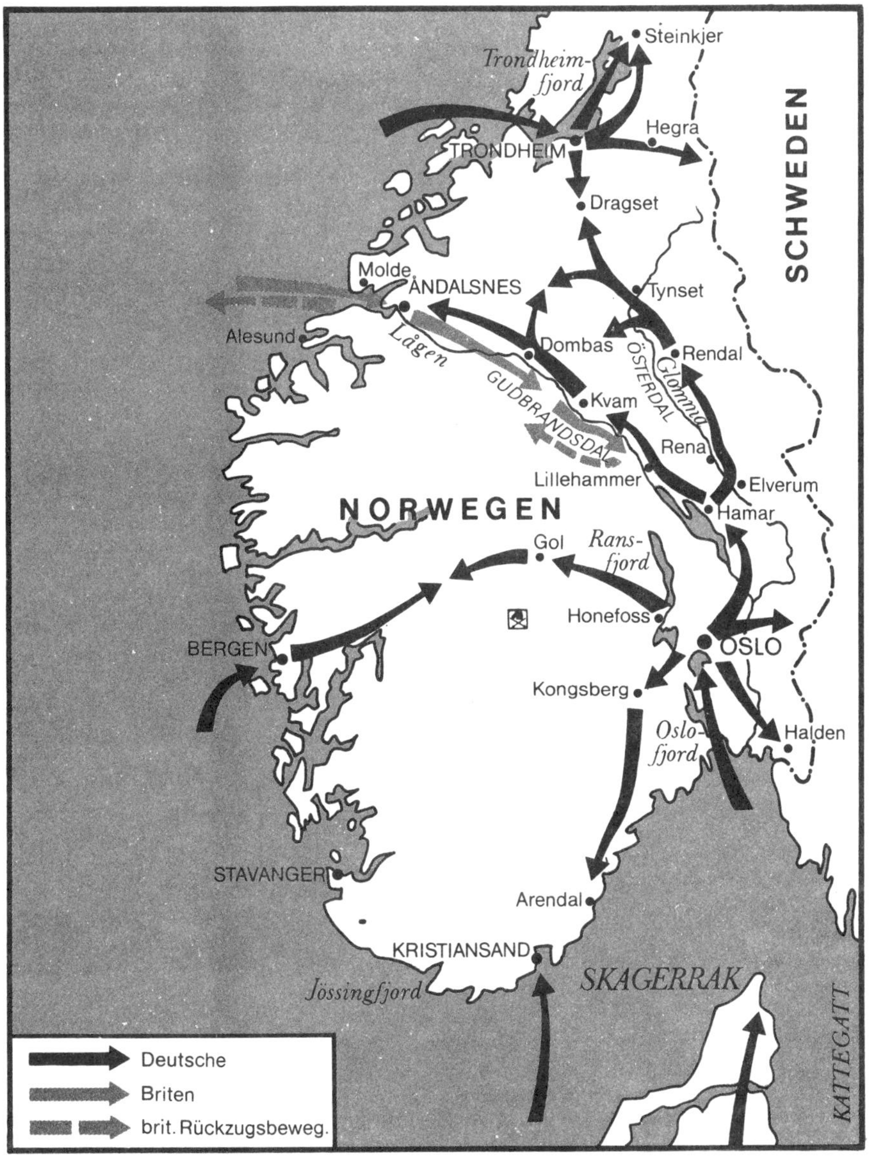

April 1940, Süd-Norwegen: Die deutsche Invasion

Mann, trabt über Ekeberg zum Südende des Gjer-Sees. In Tronhjemsveien teilen sie sich, 22 Reiter versuchen über Gjellerasen Gardermoen zu erreichen. Jedoch gleich hinter Böler, auf der Nordseite von Gjellerasen, werden sie von einer deutschen Abteilung überrascht und gefangengenommen.

Die Schwadron, die am Gjer-See geblieben ist, bekommt von der 2. Division den Befehl, nach Lilleström zu marschieren. »Wir ritten über Ostensjö, und erst um 22 Uhr kamen wir in Ellingsrud an, wo wir übernachteten. Pferde und Mannschaften erhielten Platz in Stall und Scheune, die Offiziere in einem geräumigen Bauernhaus. Die ganze Nacht hindurch hörten wir das Dröhnen

der deutschen Flugzeuge. Um 3 Uhr morgens waren wir schon auf den Beinen und ritten weiter nach Nannestad, gemäß der neuen Order von der 2. Division.«
Im Raum Nannestad-Andelva wird die Schwadron als Sicherungs- und Spähtrupp eingesetzt, eine ziemlich schwierige Aufgabe für Mensch und Tier, da die Wege entweder mit tiefem Schnee oder blankem Eis bedeckt sind. Die Pferde verlieren nach und nach die Hufeisen, und es gibt kaum eine Möglichkeit, diese während der anstrengenden Märsche zu ersetzen, da auch der Hufschmied der Schwadron in dem Durcheinander in Oslo hängengeblieben ist.
»Einmal zogen wir gerade über die offene Straße zwischen Lillehammer und Gausdal, als plötzlich ein Pulk deutscher Flugzeuge aus den umliegenden Bergen auftauchte und uns mit MG-Feuer und Bomben angriff. Wir waren noch nicht abgesessen, als fast sämtliche Pferde durch den fürchterlichen Lärm erschreckt durchgingen. Mein Wallach riß mir die Zügel aus der Hand und verschwand in wildem Galopp hinter der nächsten Kurve. Es dauerte noch Tage, bis wir alle unsere Tiere zusammenfanden, Gott sei Dank war keinem von ihnen etwas passiert.«

»Regimentsübung mit scharfem Schuß«

Die SS, wütend über ihre Niederlage bei der Bekämpfung der Hubal-Sonderabteilung, brennt die Dörfer Galki und Hucisko nieder und erschießt die männliche Bevölkerung. Noch zwei weitere Dörfer gehen in Flammen auf. Nun übernimmt die 372. Infanteriedivision den Kampf gegen Hubals Ulanen. Die Aufklärung stellt fest, daß sich die Abteilung nach dem Ausbruch aus dem SS-Kessel in der Nähe ihres ersten Winterverstecks aufhält. Zwei Infanterieregimenter, das 650. und das 651., werden in den letzten Apriltagen dorthin in Marsch gesetzt. Um Scherereien mit der SS zu vermeiden, wird die Aktion als »Regimentsübung mit scharfem Schuß« deklariert.
Den polnischen Bericht darüber findet man zufällig erst im Jahre 1955 auf einem Speicher in der benachbarten Stadt Kielce: »Am 29. April 1940 war die ›Sonderabteilung des polnischen Heeres‹ Hubal in den Wäldern beim Dorf Wolka Kuligowska im Kreis Opoczno durch die Übermacht deutscher Truppen eingeschlossen worden. Die Abteilung zog sich im Schutz der Nacht in die Wälder der Försterei Brudzewica bei dem Dorf Anielin zurück, ohne einen Schuß abgegeben zu haben. Am 30., um 5 Uhr 30, griffen die Deutschen aufgrund eines Verrats die Abteilung unerwartet an. Durch Gebüsche gedeckt, hatten sie uns umgangen und uns auf wenige Meter Boden zusammengedrängt. Nach dem ersten Schuß von unserer Seite eröffneten die Deutschen mit Salven den Angriff und erschossen unsere Führer, Major Henryk Hubal-Dobrzanski, Korporal Rys und den Ulanen Koska.«

Das alles spielt sich in einem kleinen Waldstück ab, das an den Bauernhof der Familie Laskowski grenzt. »Auf einmal galoppierten vom Wald her vier gesattelte Pferde ohne Reiter auf den Hof zu, verharrten einen Augenblick vor dem Stall, drehten um und verschwanden in Richtung des Dorfes. Nach einer Pause tauchten aus dem Wald deutsche Soldaten auf, eine leblose Gestalt mit sich schleppend. Alle paar Schritte blieben sie stehen, warfen den Getragenen zu Boden und traktierten ihn mit dem Gewehrkolben. So erreichten sie den Hof. Der Mann mit dem roten Bart lebte noch und atmete schwer, die aufgerissene Uniformjacke war mit Blut bedeckt. Es war unser Major. Einer der Soldaten nahm den Fotoapparat aus der Tasche, die anderen zogen den sterbenden Major hoch und machten Witze. Es erinnerte mich an Jäger, die sich mit dem erlegten Wild in Pose stellen.«

Am Tag darauf, dem 1. Mai, kommt der Befehlshaber des Grenzabschnitts Mitte, General der Kavallerie Kurt Freiherr von Gienanth, mit seinem Stab nach Tomaschow, um dem toten Major in der Blaskowitz-Kaserne den letzten militärischen Gruß zu erweisen. Der General steht in Gedanken versunken eine Weile vor dem offenen Sarg und legt dann einen Tannenzweig auf Hubals Brust. Am Abend wird der Schimmelmajor in aller Heimlichkeit irgendwo in den umliegenden Wäldern verscharrt, und bis heute hat man sein Grab nicht finden können.

Nur bei Anielin markieren ein großer Felsbrocken und die verblichenen Knochen seines Lieblingspferdes »Dämon« die Stelle, wo der Kommandeur der letzten Ulaneneinheit des Polenfeldzuges und sein Roß den Tod fanden.

Die Skole-Eskadronen legen die Waffen nieder

Noch drei Tage vor ihrer Kapitulation führt die norwegische berittene Skole-Eskadronen heftige Kämpfe gegen die deutsche Infanterie bei Gausdal. Am 29. April 1940, drei Wochen nach dem Verlassen der Hauptstadt, legen sie zusammen mit anderen Streitkräften im Raum Gausdal die Waffen nieder. Am nächsten Tag, dem 30. April, ist die »Weserübung« – so der Tarnname für den Angriff auf Norwegen – entschieden.

Links oben außen: Polen, Fryszerka bei Kamienna, Januar 1940. Links: Tereska (Maria Cel), in der Mitte (mit Schal): Major Hubal.

Links oben innen: Fryszerka, Januar 1940. Von links: Rittmeister J. Walicki (Walbach), Wachtmeister R. Rodziewicz (Roman).

Links unten: Auf der Straße nach Kamienna, März 1940: Eine deutsche Patrouille zu Pferd sucht nach Hubal-Leuten.

Rechts: Anielin, 30. April 1940: der tote Major Hubal und Soldaten des 650. Infanterieregiments.

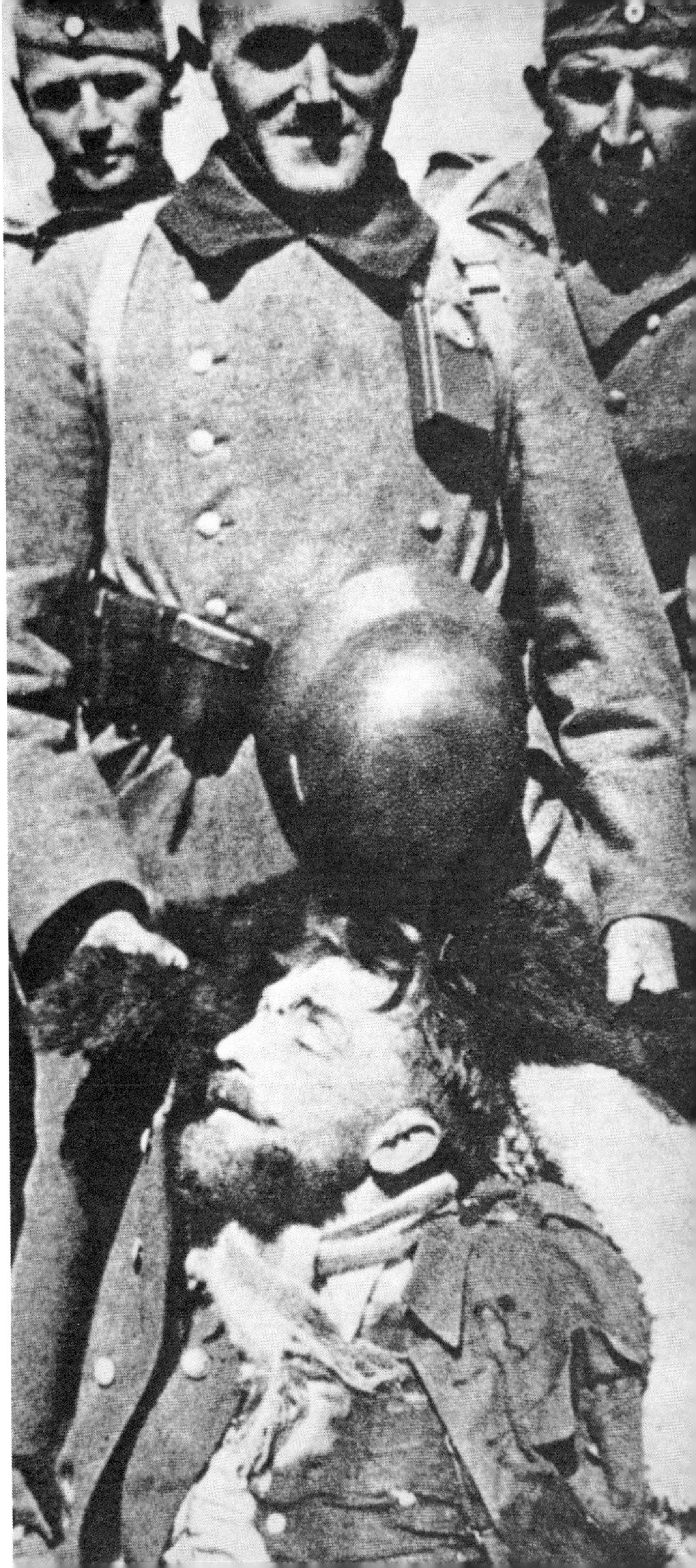

Oben: 10. Mai 1940, Frankreich-Feldzug: Einsatz in vollem Galopp, ein bespanntes Zwillings-MG.

Unten: Der Gnadenschuß für ein verletztes Pferd.

Rechts außen: Kampfpause: Alte Freundschaften werden erneuert. Ein Hannoveraner (Mitte), umgeben von Ostpreußen. Die Hannoveraner sind ein berühmter alter deutscher Warmblüterschlag. Anfang des 18. Jahrhunderts, als das Haus Hannover auf den englischen Thron kam, wurde der bestehende Typ stark mit Englischem Vollblut veredelt.

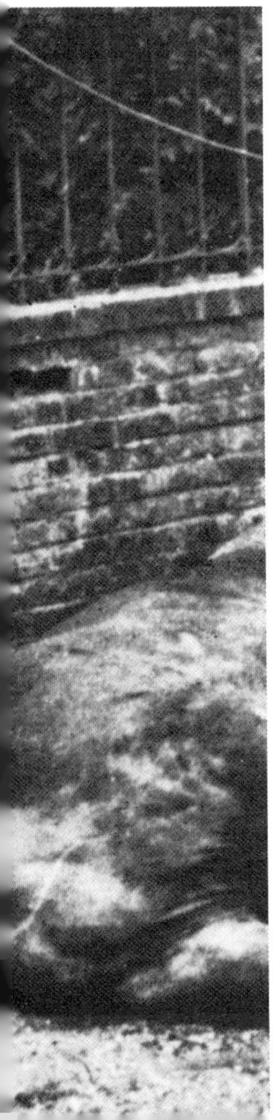

15. Mai 1940, im Raum von Sedan: eine berittene Aufklärungsabteilung. Besonders gut zu erkennen: das Vordergepäck der Reiter, die sogenannte linke Packtasche, dazu die linke Hilfspacktasche.

Rechts: Ein Meldereiter prescht durch den Wald: am langen Zügel, im leichten Sitz.

Unten: Die berittene Aufklärungsabteilung einer Infanteriedivision auf dem Vormarsch in den Ardennen.

Oben: Ein Cuirassiers-Trupp im Vorbeimarsch mit »Säbel-Auf«.

Unten: Deutsche bespannte Artillerie auf dem Vormarsch: das vordere Pferd ein Trakehner mit seinen typischen hängenden Ohren. Es ist ein edles Tier mit araberähnlichem Kopf, schön geschweiftem schlanken Hals und langem hohen Widerrist.

Oben: Ein Troßgespann der französischen Armee während des Rückzuges.
Unten: Französische Kavallerieeinheit.

Oben: Die Straße nach Laon (Aisne), Juni 1940: eine französische Reiterpatrouille nach dem Feuerwechsel mit deutschen Kavalleristen.

Unten: Das gleiche Schicksal teilen Pferd und Reiter.

Oben: In einem Städtchen irgendwo bei Paris: Deutsche Reiterabteilung mit leichtem Infanterie-Geschütz (LIG), Kal. 7,5 cm.

Unten: … auf dem Marktplatz: Das blieb von einer französischen Batterie nach einem deutschen Angriff.

Oben: Paris, 14. Juni 1940: die Siegerparade.

Links: . . . entlang der Atlantikküste.

Rechts: Ein deutscher Reitertrupp in Paris, Place du Palais Royal: Mittagspause für die Rösser mit gelockerten Gurten und übergeschlagenen Steigbügeln.

Oben: Spätsommer an der französischen Küste: eine kleine Erfrischung für die Troßpferde ...
Unten: Unternehmen ›Seelöwe‹, die Landung in England, wird geübt.
Rechts: Ein deutscher Reiter unter dem Arc de Triomphe.

Oben: Kanalküste, Sommer 1940: Übung einer Artillerie-Abteilung mit leichter Feldhaubitze 18 (LHF).
Unten: England, Dartmoor, August 1940: berittene Women Patrol für den Einsatz gegen die erwartete deutsche Invasion.

Oben: Boulogne-sur-Mer, Sommer 1940: Die Invasion Englands wird geprobt.

Unten links: England, Sommer 1940: ein Tragpferd der Gebirgstruppen mit dem kompletten 3-Inch-Mörser.

Unten rechts: England, Winter 1940: Gasalarmübung für Pferd und Reiter. Auch das Pferd, ein Vollblutaraber, trägt den Gasbeutel.

Oben links: England, Dezember 1941: mit Munitionskisten bepackte Tragtiere des Northern Command.
Oben rechts: England, Wales: Eine berittene Funkstation der Gebirgsartillerie.
Unten: Training der Scottish Cavalry.

Oben: Kanalküste, Sommer 1940: Reiterappell.
Unten: Sommer 1940: in den Sanddünen der Kanalküste mit Zweieranspannung.

Von Flandern bis zum Golf von Biskaya

»Ist das nicht die Offensive?«

Im Osten färbt sich der Himmel fahlgrau, ein leichter Wind zerreißt die Nebelschwaden am Boden: Freitag, der 10. Mai 1940, bricht an. Im Gefechtsstand des 6. Korps der französischen Armee, nahe Luxemburg, weckt das dumpfe Echo der Explosionen niedergehender deutscher Bomben die Offiziere. Baron d'Huart vom 3. Bureau stößt vor seinen »Gemächern« auf den Stabschef des Armeekorps, Colonel de Villaret: »Nun, Monsieur Colonel, wird es diesmal wirklich ernst?«
»O nein, noch nicht.«
»Ist das nicht die Offensive?«
»Nein, wir haben keine Befehle . . .«
Erst nahezu drei Stunden nach dem deutschen Angriff gibt die französische Regierung den Befehl zum Gegenangriff. An der Südgrenze Luxemburgs steht die 3e Division Légère de Cavalerie (DLC) – ein verstärkter Kavallerieverband – in Bereitschaft. Schon im März 1940 hat der General der Kavallerie Petiet, früherer Kommandant der Reiterschule Saumur, den Auftrag erhalten, mit seiner Division nach Luxemburg vorzustoßen. Die ihm unterstellten Einheiten: Kavallerieverbände, Panzerspähwagen, Dragoner- und Spahi-Regimenter. Ihre Aufteilung in vier Kolonnen soll ein blitzschnelles Vorstoßen aus der 40 Kilometer breiten Südfront ermöglichen.
Die Zeitspanne zwischen dem verspätet eingelaufenen Alarmbefehl und dem Befehl zum Angriff ist jedoch zu kurz, und nur einige Einheiten sind marschbereit. Gegen Mittag stehen die Spahis vor der Stadt Luxemburg. Die 1. Spahi-Brigade, eine hervorragende Kavallerieeinheit, setzt sich aus dem 4. Marokkanischen und dem 6. Algerischen Spahi-Regiment zusammen. Die todesmutigen Reiter, die in den Wiesen von Zolver und Sassenheim auf die gut verschanzten Soldaten der Wehrmacht losgaloppieren, erinnern uns an ihre heroischen Vorgänger von 1914.
Die Kavallerieschwadron des Capitaine de St. Quentin pirscht sich durch nach Limpach. Sie nähert sich, nach Spahi-Brauch, im Galopp unter Abgabe von Schüssen der Ortschaft und erkundigt sich bei den Bewohnern nach dem Feind. Ein Reiterzug sitzt ab und sichert die Ortsausgänge; die beiden anderen Züge traben in Richtung Bettingen und Reckingen davon. Der Schwung

der Spahis hat noch nicht nachgelassen; ihr Vorstoß östlich von Limpach führt sie bis 10 Kilometer an die Stadt Luxemburg heran. Auf der Straße nach Reckingen reitet Spahi Hamadi ben Hadj mit gezogenem Säbel auf einen Kradfahrer los, wirft ihn um und nimmt ihn gefangen.
Die Flanken des Stoßkeils der algerischen und marokkanischen Truppen werden überall von den Vorausabteilungen der Behlendorffschen Division bedroht. Nach deutschen Berichten kämpfen die Spahis zäh und geschickt. Endlich, gegen 11 Uhr, traben französische Reiterschwadronen über die Grenze und besetzen die Höhen auf luxemburgischem Gebiet. Bei ihrem Erscheinen ziehen sich die deutschen Vorposten aus dem Südteil des Stahlwerks von Düdelingen zurück. Ohne auf starken Widerstand zu stoßen, besetzen die unter dem Jubel der Bevölkerung vordringenden Franzosen die Stadt. Am frühen Morgen des 11. Mai räumen jedoch die Franzosen, Algerier und Marokkaner mit ihren Araberponys die Stadt.

Deutsche Reiter in Holland

Der der deutschen 18. Armee (General der Artillerie v. Küchler) unterstellten 1. Kavalleriedivision zugeteilte Frontabschnitt entlang der nordholländischen Grenze ist gut 100 Kilometer lang: vom Dollart bis südwestlich Lingen. Ihr 1. Reiterregiment soll die niederländischen Grenzstellungen bei Coevorden durchstoßen und zur Küste vorgehen.
Mehrere große Kanalsysteme, das in den teilweise unter dem Meeresspiegel gelegenen Poldern an der Westküste überall von großen und kleinen Gräben durchschnittene Gelände, sowie die eingezäunten Koppeln lassen einen raschen Vormarsch zu Pferde meist nicht zu. Die ersten Kämpfe finden nach Überwinden der ungefähr 20 Kilometer tiefen Verteidigungszone um Straßen und Kanalübergänge statt. Die umfangreichen Brückenzerstörungen behindern die berittenen Einheiten. Die Straßen haben meist nur schmale Bankette und keine Sommerwege. Das Traben auf den harten Klinkersteinen beansprucht die Pferde sehr.
Trotz aller dieser Schwierigkeiten gelingt es der 1. Kavalleriedivision, an einigen Stellen im Galopp bereits 20 Minuten nach Angriffsbeginn bis zu 3 Kilometer tief nach Holland vorzustoßen, in einem für motorisierte Fahrzeuge unpassierbaren Gelände. Nach Durchbrechen der Grenzbefestigungen wird am 10. Mai abends das Tagesziel, die Linie Groningen–Assen–Beilen–Meppel erreicht. Die Marschleistungen für die Reiterregimenter betragen im Durchschnitt 180 Kilometer in den ersten beiden Tagen.
Am Nachmittag des 11. Mai liegt auf dem Tisch von Major Heidkämpers von Rommels Panzerdivison eine Karte mit den Bewegungen der Kavallerie der 9. Französischen Armee. Die Kradfahrer haben sie bei einem Offizier gefunden, der mit zehn Reitern bei La-Roche-en-Ardenne gefangengenommen

worden ist. Das Dokument ist aufschlußreich. Die beiden Kavalleriedivisionen, die 1er und die 4e Division Légère de Cavalerie haben weder den Auftrag noch die Mittel, am rechten Ufer der Maas echten Widerstand zu leisten. Ihre Schwadronen sollen lediglich Zeit gewinnen, um den deutschen Vormarsch zu verlangsamen und sich dann auf das linke Maasufer zurückzuziehen.

Der Rückzug beginnt

Pfingstsonntag, der 12. Mai. In den Morgenstunden fluten aus den Ardennenwäldern bei Bouillons die ersten Reitergruppen der Division Chanoine zurück. Die berittenen Truppen ziehen langsam in kleinen Gruppen in Richtung Chiers und die Maas. Seit einigen Stunden nähern sich die deutschen Panzerspitzen Sedan. Kurz vor 20 Uhr 30 läßt eine fürchterliche Detonation die Stadt erzittern. In der herabsinkenden Nacht erleuchtet ein fahler Schein den Bezirk Martinage. Kurz darauf fliegt die Turennebrücke in die Luft. Alle anderen Brücken von Donchéry bis Rumilly, die dem Schutz der Pioniere der französischen 2. Armee anvertraut sind, hat man nach dem Übergang der letzten Reiter der Abteilung Colstoun von der 5e Division Légère de Cavalerie (DLC) zerstört.
Für das alliierte Oberkommando ist der Montag, der 13. Mai, ein Tag der schweren Kämpfe um die Verteidigungsstellungen von der Maas bis zur Dyle. Die Hauptbedrohung erwartet man an der Dyle-Linie, zu der die Truppen der 1. Französischen Armee in Gewaltmärschen vorstoßen. Die belgische Armee gruppiert sich neu vor Antwerpen und Löwen. Das Kavalleriekorps ›Prioux‹ führt gemeinsam mit dem 16. Armeekorps zwischen Tirlemont und Huy ein heftiges Gefecht. Bei Stonne steht die ›Gruppe Roucaud‹ mit der 1er Division Infanterie Colonial (DIC) und der 2e Division Légère de Cavalerie (DLC). »Infanterie und Kavallerie kämpfen in bestem Einvernehmen«, notiert Oberleutnant Dalat, »die Kavalleristen zögern nicht, sich zu opfern, um den Rückzug der Schützen zu decken. Die spontane Kameradschaft ist bewunderswert.« Während des ganzen 13. Mai verteidigt die ›Gruppe Roucaud‹ hartnäckig die Hügel von Stonne und Mouzon.
Die Reiter der 2e Division Légère de Cavalerie (DLC) und die Kolonialsoldaten der 1er Division Infanterie Colonial (DIC) führen gleichfalls eine Abriegelung durch, die durch den überstürzten Rückzug der 71. Division Baudet erforderlich ist. Für die Reiter der 1. DLG ist das Dörfchen Morville schon der dritte Sammelplatz seit dem Morgen. Der Ort ist bereits Ziel der deutschen Bomber gewesen: tote Pferde, ausgebrannte Lastwagen und explodierte Munitionskisten liegen herum.
Auf dem linken Maasufer bei Dinant mischen sich die Salven der deutschen Panzergeschütze mit Detonationen aus dem Osten. Plötzlich, kurz vor 11 Uhr, hört man dumpfen Lärm von der Straße nach Givet. Es sind galoppie-

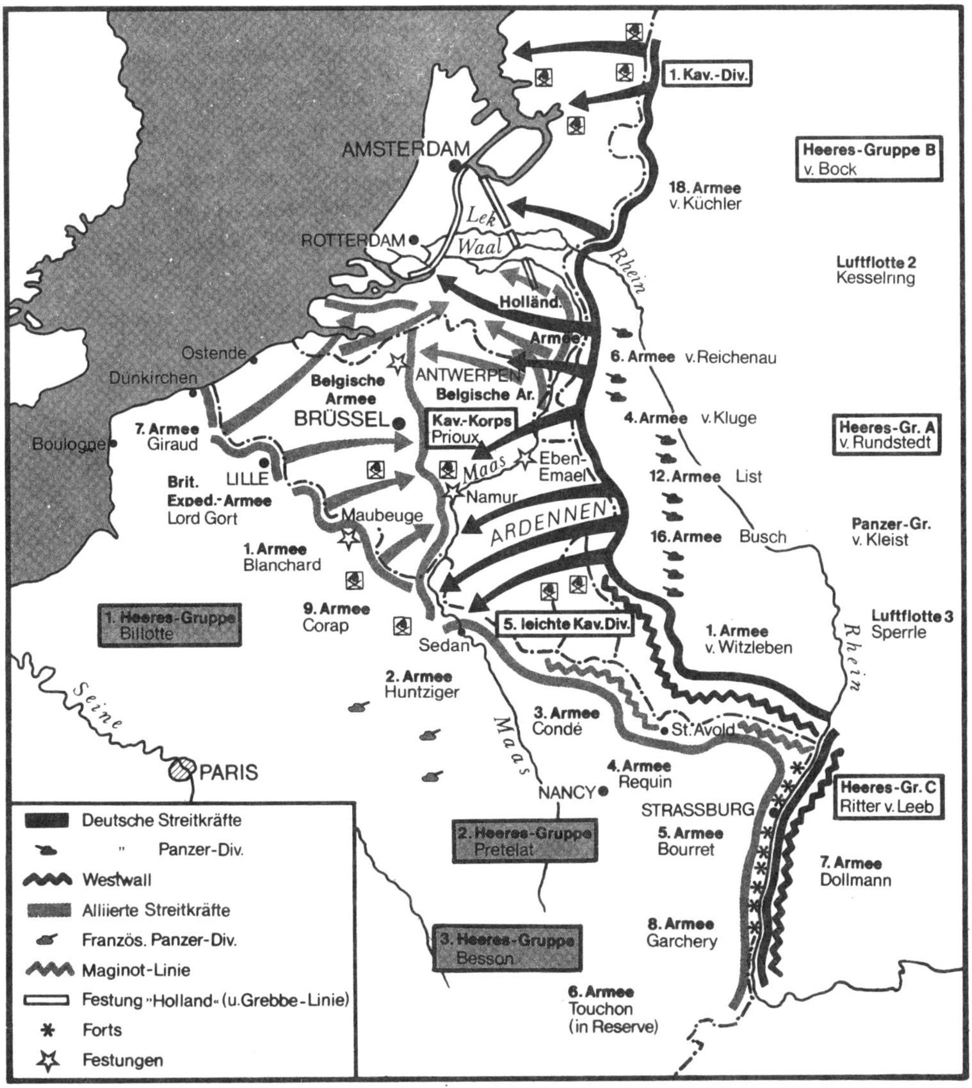

Westfront, 10. bis 15. Mai 1940:
Die Lage der deutschen und französischen Kavallerieeinheiten in den ersten Kriegstagen

rende Pferde. Weitere Reiter tauchen auf, dazwischen reiterlose Pferde. Scheu gewordene Tiere stoßen gegeneinander. Viele schleppen Sättel, Sattelzeug und Gepäck hinter sich her, das auf der Straße liegenbleibt. Mit dumpfem Klang rollen Helme über den Asphalt. Auf dem Hügel zeichnet sich eine graue Masse ab: die Panzer. Die Reiter sind in Richtung Givet im Wald verschwunden. Die ersten deutschen Kradfahrer tauchen auf. Das XV. Panzerkorps (General der Infanterie Hoth) hat die Maas bei Dinant überschritten. 14. Mai. Die Kampfwagen der deutschen 9. Panzerdivision stehen vor Rotterdam. Girauds 7. Armee geht in Richtung der belgisch-niederländischen Grenze zurück. Das Kavalleriekorps ›Prioux‹ hat sich in der Nacht hinter die Linie Wavre–Namur zurückgezogen.

Die Dragoner der Königin

Auch das 6e Regiment de Dragons (La Reine) des Colonel Jacottet war eine der unter General Maillards zum Vorstoß nach Luxemburg aufgestellten Einheiten. Die Kommandeure des Regiments, das seit Ludwig XIV. besteht, nominierte die Königin ab 1675 persönlich. Es schlug sich unter Napoleon bei Marengo und Austerlitz. »Le 6e Dragons s'est couvert de gloire«, meinte Marschall Bessieres im Jahre 1806.

In der Nacht vom 13. auf den 14. Mai 1940 wird das durch den Rückzug etwas lädierte 6e Regiment de Dragons nach Ablösung durch ein Infanteriebataillon hinter der Maginot-Linie bei Anderny neu aufgestellt. Am Abend des 15. Mai verlassen die Dragoner des Dorf Anderny, um ihren neuen Abschnitt zu übernehmen. Er liegt an der Somme bei Aumale, 550 Kilometer westwärts. Die Sollstärke des Regiments: 39 Offiziere, 184 Unteroffiziere, 832 Dragoner, 1010 Pferde. An Material sind zu den 52 schweren und leichten LKW 25 Kräder, zum Teil mit Beiwagen, und 4 Panzerabwehrkanonen 25 hinzuzurechnen. Das Regiment legt den Weg nach Aumale in 14 Etappen zurück.

Das zweite Regiment der 5e Brigade de Cavalerie (BC), das 4e Regiment de Hussards, ist nicht weniger traditionsreich: In ihm begann einst Napoleons Marschall Ney seine Karriere als einfacher Husar.

Am 4. Juni wird der 5e BC mitgeteilt, daß sie zwei Regimenter der 5e DIC ablösen soll. Genau am 5. Juni um 3 Uhr 30, als die Ablösung noch nicht beendet ist, setzt der deutsche Angriff ein. Die Senegalesen, die das Gelände nicht kennen und erstmals im Feindfeuer stehen, kommen ins Wanken. Der Zug Lajeune der Schwadron ›Lévèque‹, der auf der Angriffslinie steht, schlägt sich hartnäckig, muß sich aber auf Hangest zurückziehen, wo Lieutenant Dulac von den 6. Dragonern das Kommando der Kompanie Senegalesen übernimmt, da deren Capitaine ernsthaft verwundet worden ist. Den ganzen Tag über verteidigen Dragoner und Senegalesen das Dorf. Und um 16 Uhr ist nur noch ein Häuflein von ungefähr 40 Mann übrig, eingeschlossen im Gefechtsstand der Schwadron. Um 17 Uhr 45 ist es unter den Geschossen der in nur 45 Meter Entfernung stehenden Panzer gezwungen, sich zu ergeben.

Am 6. Juni um 8 Uhr hat Colonel Jacottet, Kommandeur des 6e Regiment de Dragons, den Befehl erhalten, den Abschnitt bei Cavillon zu übernehmen. Die Deutschen greifen zugleich von Osten und Westen an. Um 18 Uhr beschließt man den Rückzug der Reste der 1. und 4. Schwadron auf Oissy, das von der 3. Schwadron gehalten wird. Ehe sie in einem Wald in Deckung gehen können, wird Lieutenant de Balincourt mit einem Teil seiner Schwadron von deutschen Flugzeugen angegriffen. Dabei wird die Hälfte der Reiter und Pferde getötet oder verwundet.

Gegen 10 Uhr 15, als die Deutschen im Osten über das Dorf Bougainville hinaus gelangt sind, melden die nach Molliens gerittenen Aufklärer, daß die Einheiten der 5e DIC dieses Dorf den deutschen Panzern bereits überlassen haben und daß der Feind Saint-Aubin erreicht hat. Darauf befiehlt Colonel Jacottet, die Pferde umgehend mit LKW nach La Cuillère zu evakuieren. Da plötzlich die Gefahr besteht, daß das 6e Regiment de Dragons zum weiteren Rückzug gezwungen wird, beordert Colonel Jacottet seinen Schwadronschef, die Pferde doch wieder zurückzuschaffen. Von nun an sind die 3. und die 4. Schwadron durch den deutschen Vormarsch entlang der Linie Poix-Grandviller-Beauvais von ihrem 6. Regiment abgeschnitten und nicht mehr zu finden. Alle Anstrengungen seitens Colonel Jacottet, mit seinen verschiedenen zersprengten Einheiten Verbindung aufzunehmen, sind vergebens. Am Abend des 6. Juni fehlen dem Regiment 23 Offiziere, 510 Unteroffiziere und Dragoner, dazu ist die gesamte Ausrüstung verlorengegangen. Am 8. Juni, um 1 Uhr morgens, werden die Dragoner nach Rebets beordert. Schon am 9. Juni, um 3 Uhr, geht es weiter nach Pinterville, hier werden am Vormittag aus den geretteten Regimentsteilen zwei kleine Schwadronen neu gebildet. Anschließend befiehlt General Maillard dem Colonel Jacottet mit seinen Dragonern, verstärkt durch Reste des 4. Husarenregiments, die Deutschen bei Les Andelys zu stoppen »und sie um jeden Preis an der Überquerung der Seine zu hindern«.

Die ersten über der Seine

Am gleichen Tage, gegen Mittag, erhält die deutsche 6. Infanteriedivision den Befehl, die Brücke über die Seine bei Les Andelys im Handstreich zu nehmen. »Jeder Offizier und Mann der Division muß sich bewußt sein, daß es am heutigen Tag darauf ankommt, unter Einsatz des Letzten, das für die Gesamtführung entscheidende Ziel zu erreichen«, lautet der Tagesbefehl. Bereits gegen 12 Uhr sind die motorisierten Spitzen der Vorausabteilung des Major Allert und die der verstärkten Aufklärungsabteilung unter Major Machholz bis auf 10 Kilometer an die Seine herangekommen.
Die Reiterschwadron der Aufklärungsabteilung unter Oberleutnant Georg von Boeselager hat die Aufgabe, den Brückenkopf zu bilden. Der Tag ist drükkend heiß, die Feldblusen und Reithosen mit dem dicken Lederbesatz kleben schweißdurchtränkt am Körper. Die Schwadron vernimmt den brodelnden Lärm des Feuers. Ein kurzes Gefecht flammt auf, dann zerreißt ein gewaltiges Donnern die Luft. Die Franzosen haben die Brücke gesprengt.
Oberleutnant von Boeselager macht sich mit zwei seiner Späher auf, um die Lage am Seineufer zu erkunden. Im Bereich der Brücke sieht man frisch aufgeworfene Stellungen, dürftig getarnte MG-Nester und zwei Geschütze älterer Bauart. Der Uferstreifen einige hundert Meter nördlich scheint überraschenderweise sogar gänzlich feindfrei zu sein. Zwölf der besten Reiter des Oberleutnants melden sich, um mit ihm die Seine schwimmend zu überqueren.

Vorsichtig geht der Rest der Schwadron am Hang der Uferböschung in Stellung, um den Kameraden Feuerschutz zu geben. Die Schwimmenden laden ihre Gewehre, einen Streifen mit fünf Schuß halten sie im Mund, das Gewehr tragen sie auf dem Rücken. Der MG-Trupp verpackt das MG in eine Zeltplane. Von Boeselager hält das Magazin seiner Maschinenpistole zwischen den Zähnen.
Sobald die Pferde in dem tiefer werdenden Wasser der Seine keinen Boden mehr finden, sitzen die Reiter blitzartig ab, halten sich mit der rechten Hand an der Mähne fest, in der linken die Zügel. Die Seine ist hier reißend und tief, das Wasser kalt. Dann läßt die Strömung nach, der Fluß wird flacher, und Sandbänke kommen zum Vorschein. Aber das andere Ufer ist noch ein gutes Stück entfernt. Die französischen Posten scheinen etwas bemerkt zu haben, und vereinzelte Gewehrschüsse peitschen über das Wasser. Nun antwortet die Schwadron vom anderen Seineufer mit Störfeuer. Die Pferde schwimmen brav, und als sie wieder Boden fassen, wird blitzschnell aufgesessen. Drei Männer des MG-Trupps erreichen das Ufer nicht.
»Los, die Böschung hoch!« ruft von Boeselager. Das ist der kritische Augenblick, doch auf dem Ufer rührt sich nichts. Die Reiter erstürmen den Steilhang und gehen oben in Stellung. Genau um 14 Uhr 30, am 9. Juni 1940, haben deutsche Reiter als erste schwimmend die Seine überquert.
Ein kleiner Brückenkopf wird gebildet, und während in Schlauchbooten weitere Soldaten übersetzen, nutzt von Boeselager die Überraschung aus und reitet mit seinen Männern weiter bis Villers; dort nimmt er eine französische Batterie und eine bespannte Artilleriekolonne samt Besatzung gefangen. Den Dragonern des Colonel Jacottet ist das Kriegsglück bei der Verteidigung der Seinebrücke bei Les Andelys nicht hold.
So hat unterhalb von Paris die 6. Infanteriedivision als erster und einziger deutscher Verband am Nachmittag des 9. Juni die Seine überquert. Den völlig überrumpelten Franzosen wird somit die Errichtung einer Verteidigung an der operativ wichtigen Flußlinie genommen sowie das Halten von Paris unmöglich gemacht.

Die 1. Kavalleriedivision kommt nach Frankreich

Mit Beendigung der Schlacht um Flandern wird die deutsche 1. Kavalleriedivision dem Armeeoberkommando 4 unterstellt und nach Frankreich verlegt. Um 10 Uhr morgens, am 7. Juni, überschreitet die Vorhut der 1. Kavalleriedivision die Somme nordwestlich von Amiens. Am nächsten Tag hat das Reiterregiment 1 die erste Feindberührung in Frankreich. Die 1. Kavalleriedivision kämpft jetzt im Rahmen des XXXVIII. Armeekorps. Es hat die Aufgabe, dessen linke Flanke zu schützen und Aufklärung bis zur Linie Gisors-Clermont vorzutreiben.

»Seit einigen Tagen reiten wir hinter dem zurückweichenden Gegner«, erzählt Unteroffizier Hauptvogel von der 1. Kavalleriedivision. »Die Wickelgamaschen und Stahlhelme der Franzosen, die roten Turbane der Kongo- und Senegaltruppen flattern kunterbunt zwischen fortgeworfenen MGs und Munition herum. Müde erreichen wir mit der 5. Schwadron einen großen Bauernhof.
Roß und Reiter bedürfen der Ruhe, aber länger als 3 bis 4 Stunden dauert diese nicht. Ich tränke gerade mein Pferd, da schallt es laut: ›Unteroffizier H. zum Zugführer!‹
Kurz der Befehl: ›Sie reiten mit vier Mann auf Spähtrupp.‹ Es ist 24 Uhr durch, als wir in die dunkle Nacht hinausreiten. Hohl klingen die Hufe der Pferde auf dem Pflaster, einige Hunde bellen uns an, aber sonst ist alles wie ausgestorben. Ungehindert erreichen wir unseren ersten Bestimmungsort Jou-sur-Thelles. Wir traben durch die Ortschaft, sitzen an einer Feldscheune ab und beobachten nach allen Seiten. Querfeldein geht es unserem nächsten Bestimmungsort entgegen. Wir reiten auf einen Wald zu und kommen bis auf etwa 400 Meter heran. ›Herr Unteroffizier, rechts unter dem Baume schlafen welche!‹ flüstert mir mein Nebenreiter zu. Ich sehe hin, und richtig, da schnarchen wie im Frieden zwei Franzosen. ›Guten Morgen‹, sage ich und staune, als ich auf deutsch meinen Morgengruß erwidert bekomme. Der eine ist Lothringer und berichtet mir, daß sie ein Feldposten seien und die im Walde ruhende Truppe sichern müßten.«

30 Kilometer vor Paris

Nachmittags, am 10. Juni, geht ein Zug der Aufklärungsabteilung der 1. Kavalleriedivision auf Patrouille. »Neben mir ritt der Wachtmeister auf einem großen Trakehnerfuchs. Weit und breit kein Artilleriefeuer, kein Gewehrschuß zu hören. Trotzdem waren unsere Nerven gespannt. Wir trabten hier als vorgeschobene Spitzen der 1. Kavalleriedivision kaum 30 Kilometer vor Paris. Versprengte Teile des Gegners irrten noch überall umher. Unser Ziel war Meulan an der Seine. Wir suchten drei Reiter, die gestern von einem Spähritt nicht zurückkamen. Unsere Hoffnung, sie noch lebend zu finden, war nicht sehr groß. Sprungweise galoppierten zwei Sicherer von Höhe zu Höhe voraus, um zu beobachten.
Vor uns lag das letzte Dorf vor Meulan. Ausgestorbene Straßen, nur ein paar herrenlose struppige Köter drückten sich an den Häusern entlang. Die Hufe klapperten im Galopp über das Steinpflaster. Vorne sah man schon Meulan. Auf einer Parallelstraße links über uns am hohen Seineufer erkannte man jetzt eine endlose Reihe von Pferdewagen und Autos, die sich bis nach Meulan hinzog: eine große Flüchtlingskarawane, die seit gestern vor der gesprengten Seinebrücke festliegt. »Absitzen zum Gefecht!« befahl der Wachtmeister.

Die Pferdehalter führten die Pferde in Deckung zurück. Mit schußbereiten Karabinern und Maschinenpistolen ging es die Dorfstraße entlang.

Die Minen vor Meulan

Die 1. Kavalleriedivision hat auch am 11. Juni weiterhin die linke Flanke des XXXVIII. Armeekorps zu sichern. Die Straße nach Meulan ist von Flüchtlingskolonnen, die wegen der Zerstörung der Seinebrücke nicht weiterkönnen, völlig verstopft. Die Aufklärungsschwadron geht daher über die Hügel westlich der Straße von Norden auf Mézy vor. Da wiederholt französische Panzer nach Meulan hineingestoßen sind, verminen die Pioniere der Division die Osteingänge der Stadt. Die Franzosen haben davon offenbar Wind bekommen und treiben in den Morgenstunden mehrere ungesattelte Pferde gegen die Sperre.

»Die Feldküche mit Frühstückskaffee kam gerade angefahren, als die Detonation der hochgehenden Minen die Luft zerriß und sich mit dem markerschütternden Schrei der wunden Tiere mischte. Dutzende durch Schrecken und Schmerzen wildgewordene Pferde rasten hin und her durch das Minenfeld, bis eines nach dem anderen zerfetzt wurde. Augenblicke später war das ganze Vorfeld mit einer blutigen, zuckenden Masse von Pferdeleibern bedeckt. Das Frühstück schmeckte uns nicht mehr!«

Am 15. Juni erhält das 6. Dragonerregiment den Befehl, den Fluß bei Mayenne zu überschreiten, um die Wälder in der Gegend von Noircoup zu erreichen, wo die 2ᵉ Division Légère de Cavalerie (DLC) neu aufgestellt werden soll. Der 80 Kilometer lange Weg wird für das Regiment ein wahres Spießrutenlaufen. Die Luftwaffe greift ständig an, und die deutschen Panzerspitzen sitzen ihnen im Nacken. Sie sind über die allgemeine Lage im unklaren, da sie lediglich Befehle über den Stellungswechsel, aber keine Aufklärungsmöglichkeit haben. Jeder einsatzfähige Mann muß dabei mehrere Pferde mit sich führen. So trifft das Regiment mit dem Rest der Brigade am 20. Juni in den Wäldern bei la Guerche ein. Schon bald wird das ganze Gebiet von deutschen Truppen umzingelt.

Die Ehre Frankreichs

Nach einem Gewaltmarsch von etwa 200 Kilometern, dicht hinter den sich zurückziehenden Franzosen, erreicht um 3 Uhr morgens, am 19. Juni, die Vorausabteilung der deutschen 1. Kavalleriedivision den Raum von Saumur mit der Aufgabe, die Loire schnellstens zu überschreiten.

Dem Handstreich gegen die Brücke südwestlich von Boureuil ist kein Erfolg

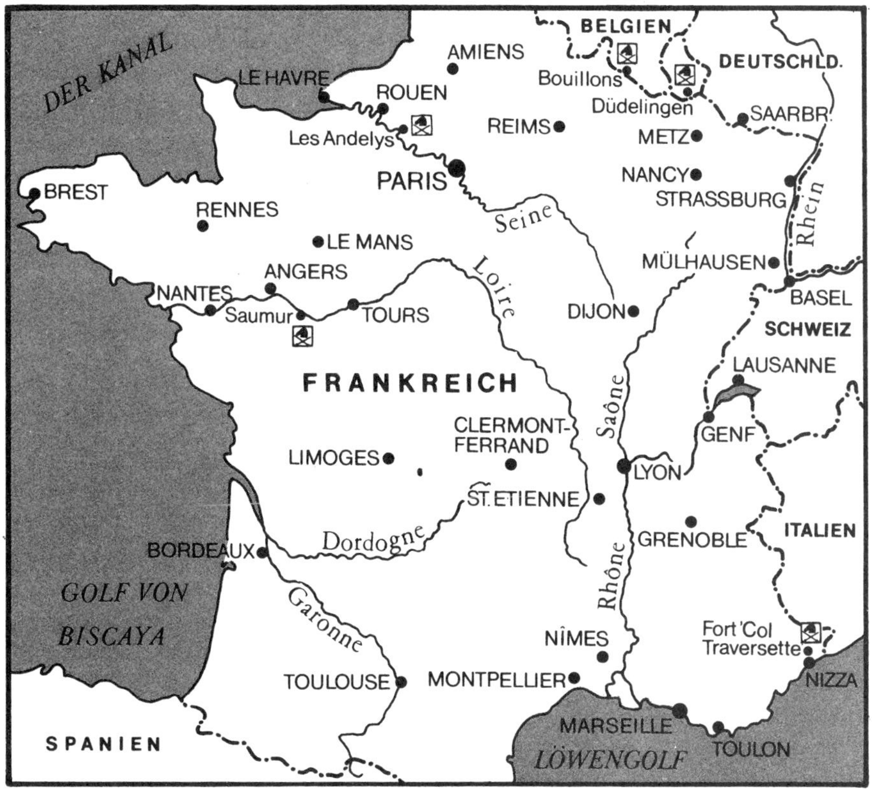

Frankreich, Mai bis Juni 1940:
Die Schlachten, an denen die französische Kavallerie teilnahm

beschieden: In dem Augenblick, als der Spähtrupp auf die Brücke fährt, geht sie mit ihm in die Luft.

Auch die Brücken in Saumur sind gesprengt; die deutsche Kavallerie stößt auf unerwarteten Widerstand, der ihnen das linke Loireufer bis Tours hinaus verwehrt. Besonders in Saumur selbst wird sie zwei Tage lang in erbitterte Kämpfe verwickelt. Hier in Saumur an der Loire befindet sich die berühmte im Jahre 1768 gegründete Kavallerieschule. Viele bedeutende Männer der jüngsten französischen Geschichte gingen durch die exklusive Ausbildungsstätte: de Gaulle, Leclerc, de Lattre, de Tassigny, US-General Patton. Es ist nicht verwunderlich, daß gerade die Kadetten von Saumur in den heißen Junitagen von 1940 hier die Ehre Frankreichs retten wollen.

Unter ihrem mitreißenden Chef, dem Colonel Michon, sind die 2200 jungen Leute anmarschiert, um die Loirebrücken von Monsoreau bis Gennes auf einer Front von 25 Kilometern zu verteidigen. Als Ausrüstung haben sie nur ihre Ausbildungswaffen: vier veraltete Hotchkiss-Panzer, drei MG-Panzerwagen, vier 75-mm-Kanonen aus dem Ersten Weltkrieg, zehn 25-mm-Kanonen, einige leichte Mörser und Handfeuerwaffen. Zusammen mit drei nordafrikanischen Bataillonen und Teilen der 3. Panzerdivision nehmen an der

Schlacht noch die Kadetten der Anstalten von Saint-Maixent, Poitiers und Fontainebleau teil.
Am 18. Juni, um 20 Uhr, wird der Feind in 20 Kilometer Entfernung gesichtet. Man verteilt eiserne Rationen und schickt Spähtrupps aus. Um 21 Uhr ruft der Bahnhofsvorsteher vom benachbarten Château-du-Loire aufgeregt an und meldet das Eintreffen starker deutscher Einheiten, von denen sich einige auf Saumur zu bewegen. Es ist die deutsche 1. Kavalleriedivision auf ihrem Vormarsch. Um 0 Uhr 20 beginnt man in Saumur damit, die Brücken zu sprengen: zuerst die Napoleonbrücke, dann die Montsoreaubrücke und schließlich die Eisenbahnbrücke.

Saumur

»Sie schicken mich doch in den Tod, Monsieur le Lieutenant.« – »Betrachten Sie es als eine Ehre, Monsieur«, antwortet während des Kampfes um die Verteidigung der Loire Lieutenant de Galbert einem Kadetten von Saumur. Alle Kadetten der Kavallerieschule gehören jungen Jahrgängen an und haben noch keine Feuertaufe erlebt. Man teilt sie in 28 Brigaden ein zu je 25 bis 30 Mann, von einem Instrukteuroffizier kommandiert. Die manchmal vorsintflutlichen Waffen werden hinter phantasievollen Tarnungen verborgen und die wichtigsten Bauwerke der Stadt in Stützpunkte verwandelt: Eine Brigade bezieht Stellung vor dem Theater, eine andere in einem Hotel, ein MG wird an einem Denkmal für die Gefallenen von 1914–18 postiert.
Vor der Bresche in der Napoleonbrücke taucht ein Wagen mit weißer Fahne und zwei Offizieren, einem deutschen und einem französischen, aus der Dunkelheit auf. Sie bringen die Aufforderung zur Übergabe der Stadt. Die Kadetten, die zum erstenmal in ihrem Leben ein Ziel vor ihren Waffen sehen, haben entweder nicht verstanden oder die weiße Fahne nicht bemerkt. Eine MG-Salve und ein Schuß aus dem Geschütz töten die beiden Insassen und vernichten das Auto. Eine deutsche Ambulanz kommt, um die Toten zu bergen. Nachdem sie weg ist, eröffnet die deutsche Artillerie das Trommelfeuer, und am Nachmittag erscheinen Stukas über der Stadt. Die Kadetten antworten mit dem wenigen, worüber sie verfügen.
Der Angriff beschränkt sich jedoch nicht auf Saumur. An den Brücken von Gennes, die von der Brigade Desplats und einer Section Tirailleurs verteidigt werden, nehmen die Kampfhandlungen dramatische Formen an. Lieutenant Desplat ermutigt seine Kadetten: »Ein Soldat muß bereit sein, sein Leben zu opfern.« Um 24 Uhr wird die zweite, die Südbrücke, befehlsgemäß in die Luft gesprengt. Damit ist die Brigade Desplats isoliert. Sie hat keinen Rückzugsweg mehr und ist entschlossen, eher an Ort und Stelle zu sterben, als den Kampf aufzugeben.
Zwei Tage lang, am 19. und 20. Juni, schlagen sie sich mit der Erbitterung ihrer

Jugend am Rande der Verzweiflung und machen den Deutschen die Ufer der Loire streitig. Erst nach einem Gefecht Mann gegen Mann werden die Brigade Desplats und die Tirailleurs bezwungen.
Um 16 Uhr, am 20. Juni, verlangt General Pichon von Colonel Michon einen Rückzug in Richtung auf die Vienne, »damit die junge Elite der Kavallerie in Saumur nicht niedergemetzelt wird«. Um 21 Uhr erreicht sie der Befehl zum Absetzen, und die deutsche Kavallerie überquert die Loire.

Das Ende: In Frankreich ...

In den Westalpen überschreitet die italienische Heeresgruppe unter Kronprinz Umberto am 21. Juni die Grenze und greift die schwache französische Alpenarmee des General Olry an. Zwei italienische Kavallerieeinheiten: ›Nizza Cavalleria‹ und ›Cavalleggeri di Monferrato‹ beteiligen sich an dieser Offensive. Die Italiener nehmen das Fort »Col Traversette« ein und stoßen bis nach Mentone vor.
Die Vorausabteilungen der deutschen 1. Kavalleriedivision erreichen am 23. Juni früh La Rochelle und Royan. Nachts erhalten sie die Nachricht vom Abschluß des Waffenstillstandsvertrages. Von ihren ersten Kämpfen in Nordholland bis zum Golf von Biskaya haben die Reiter und Pferde, ohne die Einsätze auf dem Gefechtsfelde gerechnet, im Durchschnitt 2000 Kilometer zurückgelegt.

... und bei Kielce

Zwischen Kielce, Radom und Warschau verstreut sammeln sich nach und nach die Überlebenden der deutschen Säuberungsaktion gegen die Hubal-Sonderabteilung. Es sind rund 42 Ulanen, die am 25. Juni 1940 bei einem Forsthaus in der Nähe von Kielce zum Appell antreten. Der Rittmeister, von dem sie sich erhofft haben, daß er sie jetzt führen werde, zieht einen Zettel aus der Tasche und liest ihnen den Befehl vor, den letzten: die endgültige Auflösung der Sonderabteilung durch das Oberkommando der Widerstandsbewegung. Drei Tage zuvor hat Frankreich kapituliert, dessen Sieg die ganze Hoffnung und der beflügelnde Sinn ihres vor neun Monaten begonnenen Kampfes gewesen war.

In den Bergen

Der Ritt nach Kassala

Der Krieg in Ostafrika beginnt Anfang August 1940 mit der Eroberung von Britisch-Somaliland durch die Italiener, die damit ihre Kontrolle über den südlichen Zugang zum Roten Meer verstärken. Auch die im Sudan liegende Provinzhauptstadt Kassala, als Grenzfestung 1840 von den Ägyptern gegen Abessinien gegründet, ein wichtiger Handelsplatz an der Bahn Khartum–Port Sudan und der Wasserstraße des oberen Nil, ist das Ziel des italienischen Streifzuges. Zu den Einheiten, die gegen Kassala vorstoßen, gehören auch die farbenprächtigen berittenen Truppen ›Raggruppamento di Cavalleria per L'Africa orientale Italiana‹, bestehend aus den Gruppen ›Cavalleria Coloniale‹ und ›Cavalleria di Neghelli‹.

»Zu Mittag hielten wir an einer Stelle, die wie ein verwilderter Garten aussah und an dem unsere Pferde sich eine Stunde gütlich taten«, notiert Unteroffizier Francesco Stella von der ›Cavalleria Coloniale‹. »Nachmittags trübte sich das Licht, die Hitze nahm zu, es wurde drückend und schwül. Der Wind schlug plötzlich um. Eine Flut von Staub und prasselnden Sandkörnern tobte in heftigen Stößen und Wirbeln um uns her. Wir hatten unsere Pferde gegen

Ost-Afrika, 1940/1941: Schauplatz der Kämpfe der italienischen Kavallerie

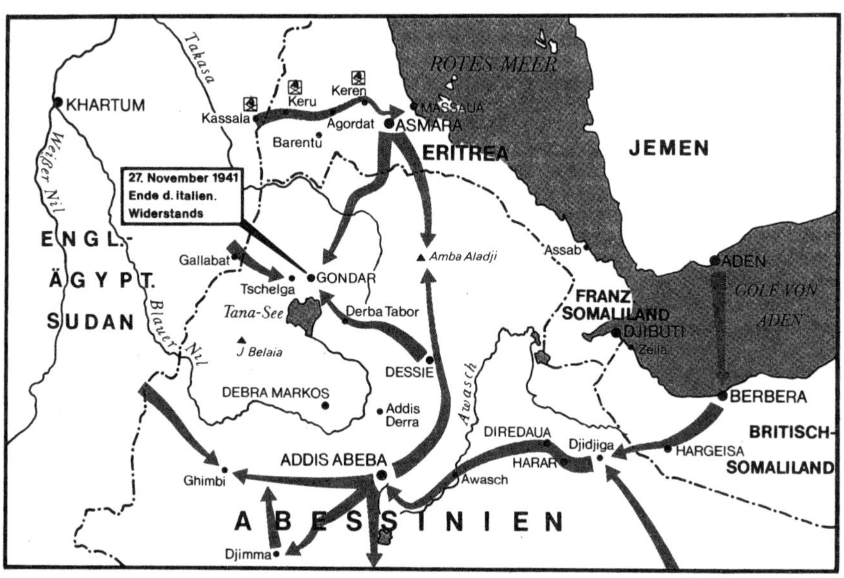

den Sturm gedreht. Sträucher und große Grasbüschel fegten über unsere Köpfe hinweg. Der Sturm verschwand ebenso rasch, wie er gekommen war. Während wir noch in Staub gehüllt waren, der unsere Uniformen und Pferde von oben bis unten mit einer dichten gelblichen Schicht bedeckte, brach ein strömender Regen los, der uns völlig mit einer Lehmkruste überzog.«
Am 27. Juni 1940 kommt es zum ersten Feuerwechsel zwischen englischen Panzerwagen und italienischer Kavallerie. Ein Zug der 2. Schwadron, der im Morgengrauen zur Erkundung in Richtung Kassala reitet, bekommt plötzlich, während der Durchquerung einer Oase, MG-Feuer von Panzerfahrzeugen. Die Reiter lassen sich nicht beeindrucken, sondern schwärmen im Galopp aus und erwidern das Feuer. Die 3. Schwadron der XV. Gruppe hört die Schüsse, sitzt auf und greift in das Gefecht ein. Als die Engländer immer neu auftauchende Reiter sehen, ziehen sie sich, aufs Geratewohl schießend, schleunigst in Richtung Kassala zurück.
»Bei Sonnenuntergang zogen wir weiter in Richtung Kassala. Trotz der klaren Nacht war es sehr dunkel, denn das schwarze Gestein am Boden verschluckte das Mondlicht. In zwei langen Reihen schlich sich unsere Kavallerietruppe einen gewundenen Pfad hinab, nahezu geräuschlos. Kein Sattel knarrte, kein Ausrüstungsstück klapperte. Die Stille ließ die Dunkelheit noch unheimlicher erscheinen.
Am nächsten Morgen regnete es unaufhörlich; wir waren froh, die Wasservorräte ergänzen zu können. In der erfrischten Luft ritten wir dann das breite Tal hinab. Das Talbett bestand aus feinem Quarzkies und weißem Sand. Sein Glitzern blendete uns, der ganze Boden schien zu tanzen, wenn der Wind die Spitzen des Grases bewegte. Der nackte Fels zu beiden Seiten des Weges strahlte Hitze aus, die uns Schwindel und Kopfschmerzen brachte. Wir ritten vier Meilen weiter und lagerten in einem dichten Dornendickicht. Man hörte das Stampfen und Schnauben der Pferde, gepeinigt von Fliegen auf ihrem Stand draußen unter dem Schatten der Bäume. Plötzlich kamen drei Reiter in vollem Galopp heran und meldeten, daß englische Truppen im Anmarsch seien. Kurz danach tauchte ein Flugzeug über uns auf und warf Bomben: eine, zwei, drei - daneben; die vierte schlug mitten zwischen uns ein. Zwei Mann stürzten. Ihre Pferde, eine blutige Masse, wanden sich am Boden. Noch zwei Bomben, und dann eine Erschütterung, die mein Pferd herumwirbelte und mich halb aus dem Sattel warf.«
Am 4. Juli greifen die Italiener Kassala an. Der Kavallerieverband rückt mit weit auseinandergezogenen Schwadronen in drei Wellen mit vorausgeschickten Spähtrupps und Flankenpatrouillen vor.

Paß Monte Mocram

Um 8 Uhr 15 gerät die Vorhut, die den Paß Monte Mocram erreicht hat, in schweres MG-Feuer, das sie zum Absitzen zwingt. »Wir gingen sofort in Dekkung und erwiderten das Feuer. Die Gewehrläufe wurden von der Sonne und vom Schießen so heiß, daß sie uns die Hände versengten; dabei mußten wir, um Munition zu sparen, lange und sorgfältig zielen. Das glühende Felsgestein, auf dem wir ausgestreckt im Anschlag lagen, verbrannte uns Brust und Arme, so daß später die Haut in Fetzen herabhing. Wir trösteten uns mit dem Bewußtsein, daß es der Gegner da unten ja noch heißer hatte als wir auf unseren freien Höhen.«
Die Italiener, überzeugt, daß die Engländer mit ihrem hartnäckigen Widerstand nur Zeit bis zum Eintreffen ihrer Verstärkungen gewinnen wollten, beschließen Kassala im Handstreich zu nehmen, koste es, was es wolle. Da es eilig ist, wird die Kavallerie mit dieser Aufgabe betraut. Die farbenfrohen Schwadronen der ›Cavalleria Coloniale‹ formieren sich nach und nach, ihre Offiziere an der Spitze. Der Ruf »Savoia« hallt über den steilen Paß. Mit wehenden Burnussen und in gestrecktem Galopp reiten die Schwadronen los. Ein Geschoßhagel geht von den Bergen um Kassala auf die Angreifer nieder.

Kavallerie gegen Fort Kassala

»Wie besessen jagten wir unsere Pferde den Hang hinunter. Er war steil genug, um bei diesem tollen Galopp jede Herrschaft über das Tier zu verlieren. So brachen wir überraschend und von der Flanke her in das Vorfeld der englischen Stellungen ein. Ein Angriff einer Reitertruppe, die mit einem Tempo von fast dreißig Kilometern die Stunde heranbraust, ist nicht aufzuhalten. Die Engländer schossen zwar heftig, aber es ist nicht leicht, ein Pferd in vollem Galopp zu treffen.
Ich feuerte mit meinem Revolver, da strauchelte plötzlich mein Pferd und brach wie von einer Axt getroffen zusammen. In großem Bogen wurde ich aus dem Sattel durch die Luft geschleudert und landete mit einer Wucht auf dem Boden, die mir fast die Sinne raubte. Ich dachte, wie meine zerquetschte Masse aussehen würde, wenn die ganze Pferdeflut über mich dahingebraust wäre.«
Etwa 500 Meter vor dem Fort Kassala bricht die Kavallerieattacke im englischen Feuer zusammen. Im selben Augenblick taucht urplötzlich im Galopp von Norden her die 2. Schwadron auf und greift kurz entschlossen, teils zu Pferde, teils abgesessen, das Fort an. Nach einer Weile gelingt es einem Reitertrupp, in das Fort einzudringen; um 11 Uhr weht die italienische Flagge auf dem Mast.

Maos Rote Reiter

Mitte 1940 halten die Japaner in China außer 35 Infanteriedivisionen und 1 Luftwaffenformation auch eine starke Kavalleriegruppe. In den besetzten Gebieten beherrschen die Japaner die Verbindungswege und die Flußübergänge. Die Hauptstützpunkte der Nationalrevolutionären 8. Armee werden von ihnen in eine Vielzahl kleinerer Stützpunkte aufgesplittert. Im Norden geben die Japaner ihre Versuche auf, in die Shensi-Provinz vorzudringen, und somit bleibt Mao Tse-tung in seiner Nordwest-Grenzregion, dem sogenannten Sondergebiet mit der Hauptstadt Yenan, ungestört. Der weitsichtige Mao errichtet in den Bergregionen zwischen den von Japanern gehaltenen Verbindungswegen Partisanenstützpunkte. Die Partisanen sollen den regulären Truppen unterstellt werden.
Im Sommer 1940 sind Maos Truppen kampfbereit. Er ist entschlossen, den Ruf seiner Roten Armee ein für allemal zu festigen, und startet die sogenannte ›Hundred Regiments Campaign‹, die einzige ernsthafte strategische Offensive, die während des ganzen Krieges von den Roten gegen die Japaner geführt wird. Die ›Hundred Regiments‹ werden schlagartig gegen japanische Stützpunkte und Verbindungswege in Nordchina eingesetzt.
Die Roten Kavallerieregimenter spielen dabei eine wichtige Rolle. Sie durchkämmen unwegsame Gebiete und beunruhigen die Okkupanten mit ihrer »Nadelstich«-Taktik. Oft sind sie wochenlang auf ihren kleinen, zottigen Pferdchen zu ihren Einsatzzielen unterwegs.
»Es herrschte trockenes Wetter, und jede Reiterabteilung, ja sogar jeder einzelne Reiter wirbelte einen ganzen Vorhang aus Lößstaub auf. Hinter uns und ringsumher Maultiere, Reiter, knöcheltiefer gelber Staub und Kamele. Die Berge sahen aus, als hätte sie jemand mit einem Riesenmesser geradegeschnitten. Die öden flachen Gipfel waren vom Wind zerpeitscht, an den Hängen undurchdringliches Gesträuch und Steinhaufen, in denen sich die Schlangen wohlfühlten. Aus der Wüste Gobi kamen böige Winde, die Sonne schien trübe. Wir trugen Gazemasken. Bei der Windstille war es wiederum heiß, sogar drückend. Dank unseren kleinen Pferdchen! Sie trugen uns vorsichtig über die gefährlichen Berghänge. Ich war völlig mit dem Geruch des Pferdschweißes behaftet. Der Weg war stellenweise so gefährlich, daß man das Pferd nur am Zügel führen konnte.« Die ›Hundred Regiments Campaign‹ wird von Mao als großer Erfolg gewertet, aber es war ein teuer erkaufter Sieg.

Die Entscheidung am Pindus

Im August 1940 fordert Mussolini, Griechenland solle die von Großbritannien gegebene Unabhängigkeitsgarantie zurückweisen. Als die Griechen dies ablehnen, beschuldigt er sie der Neutralitätsverletzung und beginnt, an der

albanisch-griechischen Grenze eine Streitmacht von 162 000 Mann zusammenzuziehen. Noch am 17. August rät von Ribbentrop dem italienischen Botschafter, von einer militärischen Aktion gegen Griechenland abzusehen. Jedoch um 5 Uhr 30 morgens, am 28. Oktober 1940, eine halbe Stunde vor Ablauf des Ultimatums, überschreiten die italienischen Truppen die griechisch-albanische Grenze.
Am 30. Oktober wird die griechische Kavalleriebrigade dem Kommando der Armee ›Westmakedonien‹ unterstellt und setzt sich zusammen mit einer leichten Kavallerieschwadron des motorisierten Kavallerieregiments und einer Batterie Skoda-Geschütze in Richtung Koniza in Marsch. In der Nacht zum 31. Oktober ist sie im Gebiet von Grevena dem im Raum Pindus operierenden 3. Heereskorps angegliedert. Anschließend werden das 1. Kavallerieregiment und die 2. Aufklärungsgruppe der Kavalleriebrigade unterstellt.
Die dem italienischen Oberkommando Albanien zugehörigen Kavallerieeinheiten ›Lancieri di Aosta‹, ›Lancieri di Milano‹ und ›Cavalleggeri Guide‹ überschreiten am 28. Oktober die Grenze in Richtung auf den Kalamas, der sich jedoch als unüberwindbar erweist. Erst mit dem Eintreffen von Material zum Brückenbau wird es möglich, am 5. November den reißenden Fluß zu überqueren, der infolge anhaltender, starker Regenfälle Hochwasser führt.
Die griechische Kavalleriedivision wird in aller Eile in den Raum Metsovon beordert, samt einem Infanterieregiment und einer Artilleriebatterie. Die Kavalleriedivision erhält den Befehl, die Linie Janina–Kalambaka zu sichern. Dabei hat sie die Verbindung zwischen der 8. Division und dem II. Armeekorps herzustellen und den Angriff gegen Koniza zu unterstützen. Die Kavalleriedivision soll, nachdem die Lage bei Distraton bereinigt ist, die Kampfgruppe ›Aoos‹ aufnehmen, die die rechte Flanke der 88. Division im Raum Vryssochori deckt. Am 2. November treffen in Doutsikon die ersten Abteilungen des 1. Kavallerieregiments auf LKWs ein und marschieren sofort nach Skourtza. Dichter Nebel bedeckt bereits seit den frühen Morgenstunden das Gebiet, die Sicht ist gleich Null. Dann setzt Regen ein. Er tropft von allen Zweigen und Blättern, rinnt über die Hälse der Pferde und vom Rande des Stahlhelms ins Genick, macht die Uniformen naß und klebrig und drückt auf die Stimmung. Blitze zucken in weiter Ferne über den grau verhangenen Himmel, ohne daß Donner zu hören ist. Langsam hellt es auf. Die Truppen reiten ohne Feindberührung. Lediglich die leichte motorisierte Kompanie besetzt nach kurzem Gefecht um 15 Uhr 30 Samarina und macht 11 Gefangene des 8. Alpini-Regiments. Später fallen ihr eine große Anzahl MGs und 4 Funkgeräte in die Hände. Gleichzeitig kommen die 3. Aufklärungsabteilung und das 1. Kavallerieregiment nach Wousion, wo sich bereits vorgeschobene Einheiten des 1. Kavallerieregiments befinden. Inzwischen greifen die Italiener mit ihrer 3. Alpini-Division ›Julia‹ im Tal des oberen Aoos an und stoßen nach Metsovon vor. Damit kreisen sie das griechische Heer in Epirus ein. Am 2. November nehmen sie Distraton ein und tags darauf Vovuza.

Am 3. November setzt das II/4-Bataillon um 11 Uhr seinen Marsch in Richtung Vovuza zu Fuß fort. Starker Regen, Dunkelheit und die Unerfahrenheit seiner Offiziere führen dazu, daß der größte Teil des Bataillons sein Einsatzgebiet nicht rechtzeitig erreichen kann. Die Aufklärungsschwadron der B-Aufklärungsabteilung ist die erste, die die Truppen am Pindus unterstützt. Zur gleichen Zeit dringt das 8. Alpini-Regiment der Italiener von Distraton aus in das Dorf Vovuza ein. Hier werden sie von einer Infanteriekompanie der Abteilung ›Pindos‹ so lange in schwere Kämpfe verwickelt, bis das II/4-Bataillon eintrifft. Das Gefecht ist hart. Um 16 Uhr 30 nimmt die italienische Artillerie die Verteidiger aus kürzester Entfernung unter Direktbeschuß. An diesem Tag treffen im Gebiet von Metsovon auch die ersten Truppen des motorisierten Kavallerieregiments ein.
In den frühen Morgenstunden des 4. November erobert die Aufklärungsabteilung das Gebiet von Romios und macht eine große Anzahl Gefangene. Durch die Einnahme von Samarina und das Gebiet von Romios wird einer der Verbindungswege der Italiener völlige abgeschnitten.

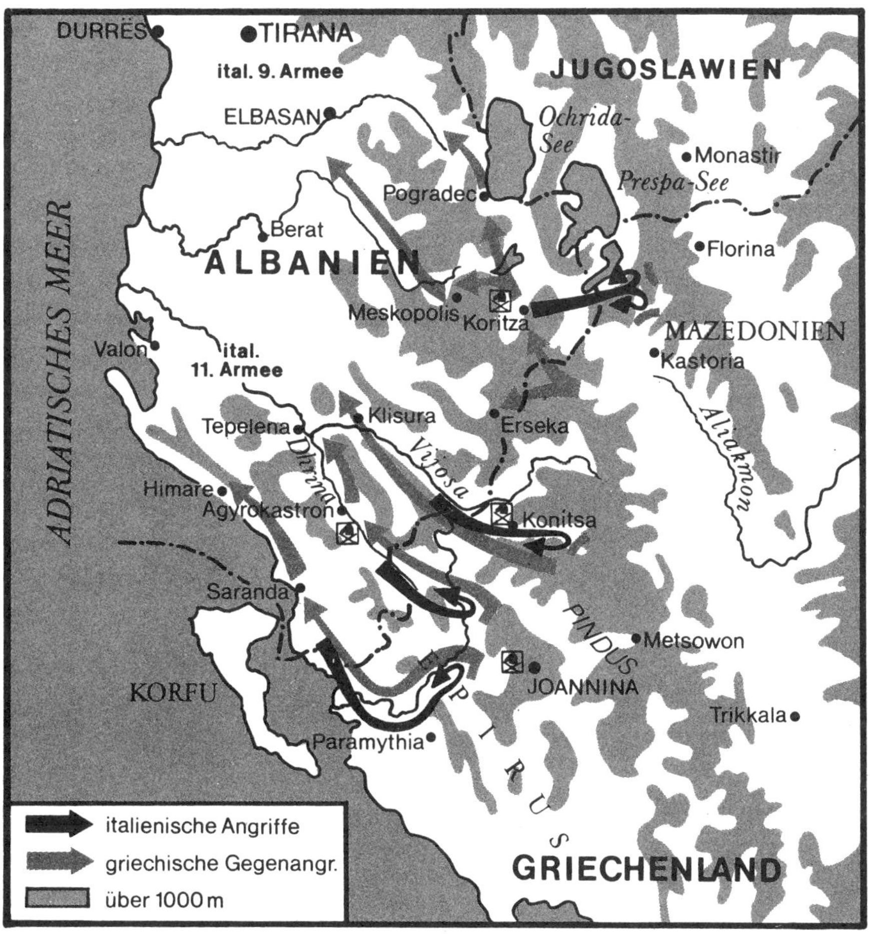

November 1940: Griechische Kavallerie im Kampf gegen italienische Streitkräfte

An diesem Tag gewinnen die griechischen Truppen die Oberhand und zwingen die Italiener zum Rückzug. Vovuza ist der südlichste Ort, den die Division ›Julia‹ im Raum des Pindus-Kamms erreichen kann. Hier dringen die italienischen Truppen am weitesten auf griechisches Gebiet vor. Die Kämpfe um den Pindus-Kamm haben für die Griechen eine besondere Bedeutung: Hier wurde den stark überlegenen italienischen Kräften eine schwere Niederlage zugefügt. In diesem ungewohnten Kampfgebiet, bei andauerndem Schneefall und Regen, bewährt sich die Kavallerie bestens.
Vom Nachmittag des 4. November an befindet sich die Kavalleriedivision nunmehr auf der gesamten Linie auf dem Vormarsch.
Zwischen dem 5. und 8. November greift die Kavalleriebrigade Distraton an und unterbindet den letzten Rückzugsweg der Italiener nach Armata-Pades. Um die strategisch wichtige Höhe Smiliani entbrennen heftige Kämpfe, bis das 1. Kavallerieregiment sie in einem mutigen Gegenangriff endgültig einnehmen und halten kann.
Am 9. November wehrt die berittene X. Aufklärungsabteilung in den Bergen von Smolika heftige feindliche Angriffe ab.
Nachdem es den Italienern nicht gelungen ist, die griechische Verteidigung zu sprengen, zwingt sie die zunehmende Kälte in den frühen Morgenstunden, fluchtartig und unter Zurücklassung des schweren Geräts den Rückzug anzutreten.
Am 16. November wird durch einen kombinierten Angriff des linken Flügels des II. Armeekorps im Norden und der Kavalleriedivision im Osten Koniza trotz feindlichen Widerstandes zurückerobert. Anschließend stößt die Kavallerie weiter vor, wehrt den Vormarsch der frisch aus Italien eingetroffenen 47. Infanteriedivision ›Bari‹ ab und kann am 3. Dezember 1940 Premet besetzen, dann weiter nach Norden vorrücken.
Am 28. Dezember bittet Italien um deutsche Unterstützung für seinen Krieg gegen Griechenland. Hitler erwägt zunächst die Entsendung einer Gebirgsdivision, nimmt aber schließlich Abstand davon.

1941

Ohne Kavallerie geht es nicht

Eine Ehrenrunde

»Das weitläufige Tal, durch das ich mit einem meiner Soldaten zu einer Erkundung ritt, strahlte an diesem Januartag Ruhe und Frieden aus«, so Leutnant Francesco Stella. »Ich wollte mir gerade eine Zigarette anzünden, als ich von fern ein leises, schnell anwachsendes Motorenbrummen vernahm. Eine Hawker-Doppeldecker-Jagdmaschine erschien am Horizont. Es war nicht schwer, uns in dem flachen, kahlen Tal ausfindig zu machen. Augenblicke später dienten wir dem Engländer als lebende Übungsscheibe. Wir konnten uns nur retten, indem wir der Hawker in scharfem Galopp entgegenritten und jedesmal in dem Moment, wenn wir die MG-Garben der uns anfliegenden Maschine erwarteten, mit einem plötzlichen Haken aus ihrer Schußlinie ausbrachen. Der Engländer gab schließlich auf, drehte eine Ehrenrunde, winkte uns zu und verschwand so schnell, wie er kam.«
Die Hawker mit ihrem sportlichen Piloten ist der erste Vorbote der Streitmacht des Generals Sir William Platt, des Befehlshabers im Sudan, der sich anschickt, die Italiener aus seinem Machtbereich und aus Abessinien zu vertreiben.
Die Engländer wiegeln die Gebirgsstämme auf, greifen vereinzelte Stützpunkte an, verbreiten überall in den italienisch besetzten Gebieten Unsicherheit und kündigen die Rückkehr von Kaiser Haile Selassie an. Mussolini selbst macht sich keine allzu großen Illusionen. Er hat dem Kommandierenden der italienischen Truppen, Herzog von Aosta, freie Hand gegeben, als er sagt, das Schicksal Italienisch-Afrikas werde in Europa entschieden.
Am 19. Januar räumen die beiden italienischen Divisionen und Kavallerieeinheiten nach einem Luftbombardement Kassala. Ohne auf ernsthaften Widerstand zu treffen, wird die Verfolgung von hier aus weitergeführt. Die Truppen des Generals Platt marschieren nach Keru in Italienisch-Eritrea. Ganz besonders macht den Italienern die englische weitreichende, motorisierte Artillerie zu schaffen, da sie ihnen nichts Gleichwertiges gegenüberstellen können. Auch hier muß die Kavallerie einspringen: Ein Teil der ›Gruppo Bande Amara‹, unter Oberleutnant Togni, wird der britischen Artilleriekolonne aus Keru entgegengeschickt. Togni verliert keine Zeit mit seinen hundert Reitern. Nachdem sie einen kleinen Wald, die vermutliche Marschroute der britischen Artillerie, erreicht haben, sitzen sie ab und warten, bis die Kolonne auftaucht. Die Kanoniere, nichts ahnend, beziehen hier Stellung und bereiten

sich darauf vor, das Feuer auf das Fort Keru zu eröffnen. Dann greift die Kavallerie, die Überraschung ausnutzend, die gegnerische Stellung in vollem Galopp mit Handgranaten an. Oberleutnant Togni fällt, als er sich gerade an einen Panzer klammert, auch mehrere seiner Reiter werden getötet.
Die Briten ziehen sich zwar zurück, tauchen aber bald wieder vor Keru auf. Trotz des hartnäckigen Widerstandes der abgesessenen Kavallerie der III. Schwadron von Major Segreto, die sich mit dem Säbel in der Hand in das Kampfgetümmel wirft, wird die Festung Keru schließlich eingenommen.

Bevor Keren fiel

Engländer, die Legion Etranger, Südafrikaner und sogar eine belgische Einheit des Generals Gilliaert, die unter unbeschreiblichen Strapazen vom Kongo aus ganz Afrika durchquerte, die einheimischen Guerillas nicht gerechnet, kämpfen jetzt gegen die Italiener.
Anfang Februar steht General Platt vor der starken Gebirgsstellung bei Keren. Hier verschanzen sich die beiden feindlichen Divisionen zu hartnäckigem Widerstand. Als die Angriffe keine Erfolge zeigen, beschließt Platt sich Zeit zu nehmen, um den Sturmangriff gründlich vorzubereiten. Inzwischen wird der Aufstand in Abessinien weiter geschürt.
Das Kommando über Keren übernimmt der energische General Carnimeo, der die Verteidigung der 30 Kilometer breiten Abwehrfront »bis zum letzten Blutstropfen« fordert.
Mitte März 1941 reitet an einem späten Nachmittag aus Keren die XX. Gruppo unter Capitano Zana in Richtung Agordat. Sie soll erkunden, ob der Gegner tatsächlich versuchen wird, auch den Paß Aful zu überqueren. Der Weg zum Paß führt durch eine enge, cañonartige, tiefe Schlucht. An eine Flankensicherung ist überhaupt nicht zu denken; nur eine Vorhut, die II. Schwadron, bahnt sich mühevoll den Weg durch das Geröll.
Nach vier Stunden, als die erschöpften Reiter ein Nachtlager errichten, gerät in der Dämmerung ihr Spähtrupp plötzlich in massives Feuer einer südafrikanischen Einheit, die hier auf der Lauer liegt. Die Reiter gehen sofort in Dekkung. Es entbrennt ein Gefecht in der Schlucht, das mit einem Nahkampf endet. Die Reiter, von der Gefahr einer Umkreisung bedroht, räumen den Platz. Der schwerverwundete Capitano Zana wird von den getreuen Askari mehr als 25 Kilometer auf der Bahre getragen, bis sie ihren Stützpunkt wieder erreichen können.
Keren wehrt sich zäh. »Die Schlacht wurde hartnäckig«, notiert Churchill. »Der Feind hat wiederholt wütende Gegenangriffe geführt und zeigt keine unmittelbaren Schwächezeichen.« Die Kavallerie, noch nicht mit der Infanterie zusammen im Kampf eingesetzt, meldet trotzdem hohe Verluste an Pferden: Zweimal täglich müssen die Tiere, insgesamt etwa 400, an den einen

Kilometer entfernten Brunnen geführt werden, der unter dem Artilleriefeuer der Engländer liegt.
Noch einmal, am 16. März um 5 Uhr früh, meistert die Kavallerie eine bedrohliche Lage: In vollem Galopp bricht die XV. Gruppo aus dem Abschnitt von Fort Dologorodoc aus, um den Feind, der dort eingedrungen ist, wieder zu vertreiben.
Der massive Angriff auf Keren wird am 25. März wiederholt. Zwei Tage später bricht die italienische Verteidigung zusammen, am 27. März fällt Keren. Die Verfolgung ist scharf, die Überreste der italienischen ›Erythrea-Armee‹ und ihre Kavallerie ziehen sich rund 370 Kilometer südwärts durch die Berge zurück und verschanzen sich bei Amba Alagi. General Platt folgt ihnen hart auf den Fersen.

Auf dem Balkan

Am 6. April 1941, um 5 Uhr 15, beginnt ohne Kriegserklärung der deutsche Angriff auf Jugoslawien und Griechenland.
Ein Teil der deutschen Kräfte stößt bei Vranja und am oberen Ibar auf Widerstand, den sie bis zum Ende des Feldzuges nicht brechen kann. Die drei deutschen Divisionen, die die griechische Brigade ›Nestos‹ angreifen, werden sofort gestoppt. Im Rupelengpaß erleidet die 5. Gebirgsdivision schwere Verluste, und die 6. kommt auf den Kämmen westlich der Struma nur langsam vorwärts. Drei Tage dauern die heftigen Land- und Luftangriffe auf die Metaxaslinie, die aber nirgendwo nachgibt.
Erdrückende Truppenmassen werden gegen Griechenland in Marsch gesetzt, um das schwache griechische Heer niederzuwerfen, das schon seit Oktober 1940 mit 24 italienischen Divisionen im Kampf liegt. Eine britische Panzerbrigade und zwei Infanteriedivisionen stehen Griechenland zur Seite. Generalleutnant Sir Maitland Wilson, »Jumbo« genannt, befehligt dieses kleine Expeditionskorps.
Im Augenblick des Überfalls, am 6. April 1941, befindet sich die jugoslawische Armee mitten in der geheimen Mobilmachung. Nur elf nicht vollzählige Divisionen liegen in der Nähe ihrer Bereitstellungsräume und werden von 30 deutschen, 14 italienischen und etwa 5 ungarischen Divisionen angegriffen. Die Grenzschutzeinheiten leisten stellenweise hartnäckigen Widerstand, doch unter dem Ansturm deutscher Panzerkolonnen beginnen die Fronten zu brechen. Nun kann die Kavallerie nicht mehr voll eingesetzt werden.
Das jugoslawische 7. Reiterregiment, aus dem Bestand der 2. Division in Skopje gebildet, nimmt bereits am 7. April an den Kämpfen teil. Durch starke Luftangriffe gehindert, kann das 7. Reiterregiment den Vormarsch nicht aufhalten, und die deutschen Panzer rücken schon gegen 17 Uhr in Skopje ein. Während sich der Zusammenbruch der jugoslawischen Kräfte abzeichnet,

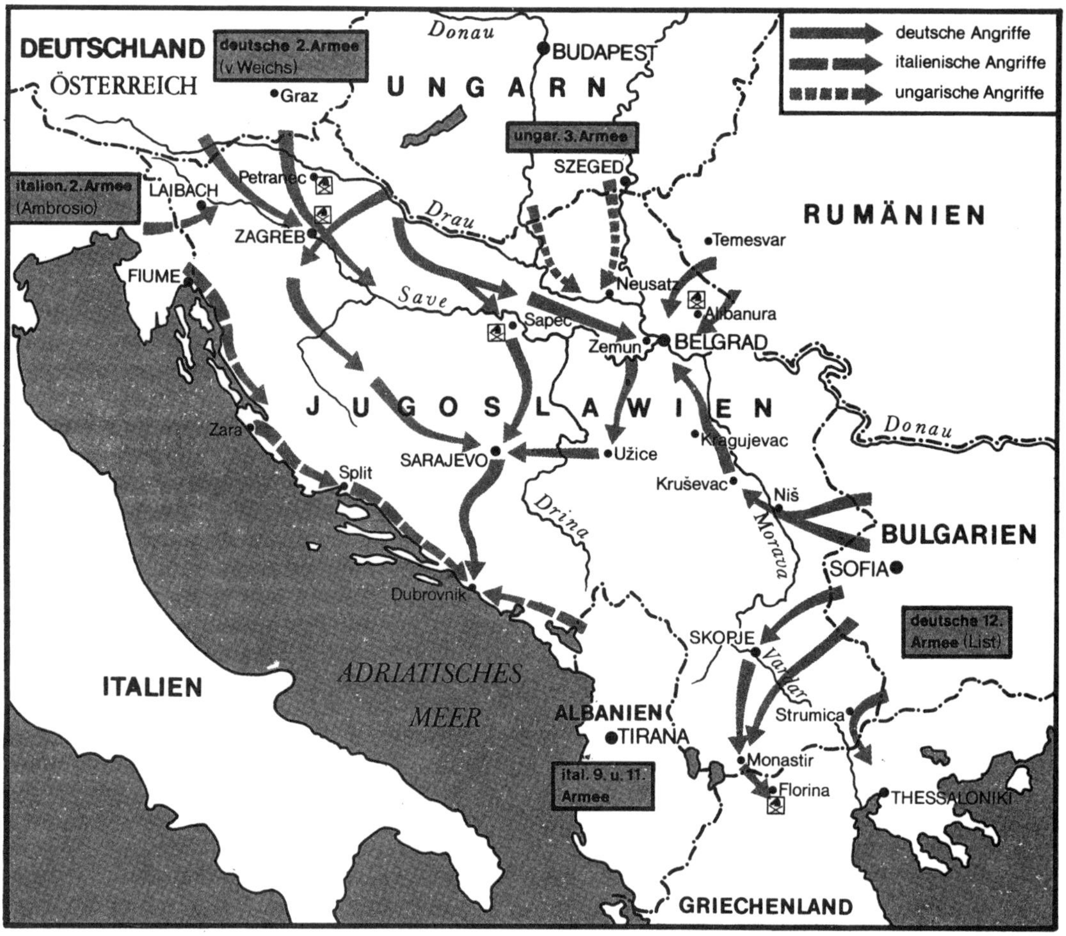

Balkan, April 1941: Die Schlachten der jugoslawischen und griechischen Kavallerie

wird die griechische Kavalleriedivision am 8. April zur Armee ›West-Makedonien‹ abkommandiert. Dort erhält sie den Befehl, sich in den Raum Varnou-Vernon in Marsch zu setzen, um die nahe gelegenen Bergzüge zu verteidigen. Danach nimmt die Kavalleriedivision mit den auf ihrem rechten Flügel operierenden britischen Truppen Verbindung auf und soll zugleich den für die Versorgung der griechischen Streitkräfte in Albanien unerläßlichen Bahnknotenpunkt Florina sichern.

Die Einheiten der jugoslawischen 1. Kavalleriedivision kämpfen vom 7. bis 10. April nördlich von Zagreb. Das 2. und das 81. Reiterregiment führen auf offenem Feld, im Tal des Flusses Drave, trotz des heftigen Beschusses feindlicher Artillerie und der Luftangriffe einen Gegenangriff nach dem anderen. Die Reiter übernachten vom 8. zum 9. April im Dorf Petranec und vereinigen sich hier mit den übrigen Truppen. Diese beiden Reiterregimenter, sich selbst überlassen und ohne Unterstützung, kämpfen im Laufe des 9. April gegen eine starke deutsche Übermacht.

Aus Teilen des jugoslawischen 1. und 61. Reiterregiments wird in aller Eile in der Gegend von Nisa die sogenannte berittene Abteilung ›Marmor‹ gebildet. Dank der Sprengung der Brücke über den Fluß Moravi und der hartnäckigen Verteidigung der Reiter wird an dieser Stelle der deutsche Vormarsch am 9. April ganze zehn Stunden aufgehalten. Die jugoslawische 3. Kavalleriedivision zieht sich ohne Feindberührung aus Backa und dem Banat in Richtung Srem zurück. In der Nacht vom 10. zum 11. April überqueren sie den Fluß Save bei Sremske Mitrovice. An dem Kampf bei Sapec nimmt außer der 3. Kavalleriedivision auch das 66. Reiterregiment teil. Die schwache Brückensicherung über die Save ermöglicht den deutschen Panzern, in Sapec einzudringen. Ein Gegenangriff der Reiter der 3. Kavalleriedivision bricht mit starken Verlusten im deutschen Feuer zusammen.
Das aus Rumänien vordringende deutsche 41. motorisierte Korps stößt in der Nähe der Stadt Alibunara im Banat auf harten Widerstand der jugoslawischen Truppen. Das 5. Reiterregiment stellt sich hier.

Kavallerieschlacht bei Florina

Am 10. April behindern dichter Nebel, Regen und gelegentliche Schneeschauer die Sicht. Ein Spähtrupp des griechischen 3. Kavallerieregiments hat bereits am Nachmittag einen Feuerwechsel mit einer deutschen motorisierten Einheit. Von diesem Augenblick an versucht der Gegner, mit motorisierten Truppen die Straße Florina–Pisoderion abzuschneiden, wird jedoch vom 3. Kavallerieregiment zurückgeworfen. Um 21 Uhr 45 unternehmen die Deutschen einen nächtlichen Angriff mit Artillerie-, Mörser- und MG-Unterstützung. Nach dreistündigem Kampf werden sie jedoch gezwungen, sich in ihre Stellungen zurückzuziehen.
Das deutsche XXXX. Panzerkorps (Gen d. Pz. Tr. Georg Stumme), dessen linker Fügel aus dem Raume von Monastir angetreten ist, wird hier bei Florina durch griechische Kavallerie und eine britische Panzerbrigade drei Tage lang in schwere Kämpfe verwickelt.
Im Laufe des 11. April werden die deutschen Angriffe gegen die von der griechischen Kavallerie gehaltenen Stellungen immer heftiger. In der Nacht gelingt es trotz schweren Artilleriefeuers und der Nahkämpfe den Reitern, ihre Stellungen auszubauen. Das 3. Kavallerieregiment wehrt auf dem Pisoderion-Paß alle Angriffe ab und fügt den Deutschen erhebliche Verluste zu. Am 12. April durchbrechen zwar starke deutsche Panzerverbände die Linie Kiru-Derven, doch die Kavalleriedivision behält ihre Stellungen und kämpft unbeirrt weiter. Um die vorstoßenden deutschen Truppen abzuschneiden, bekommt das 1. Kavallerieregiment Befehl, mit Unterstützung durch eine MG-Abteilung einen Angriff durchzuführen.
»Im Raum Florina–Vevi stehen unsere Truppen im harten Verteidigungs-

kampf gegen die Deutschen«, gibt um Mitternacht des 12. April das Oberkommando in Athen bekannt. Hinter diesen wenigen lapidaren Zeilen steckt eines der dramatischsten Ereignisse des Balkan-Feldzuges: der Kampf der griechischen Kavallerie gegen das deutsche XXXX. Panzerkorps.
Die griechische Kavallerie, ähnlich wie ehemals die polnische ohne jegliche motorisierte Einheiten, stürzt sich todesmutig zu Pferde mit Säbel und Gewehren gegen die Geschütze der deutschen Elitetruppen.
Die Wirkung der Granatsplitter ist entsetzlich, sie mähen die Pferde nieder und zerreißen die Reiter in ihren Sätteln in Stücke. Einzelne Pferde, deren Gedärme aus den zerfetzten Bäuchen quellen, irren im Gelände herum, traben den umliegenden Hügeln zu. Das ganze Tal ist mit Pferdeleibern bedeckt. Die Tiere schreien markerschütternd, vom Todesschmerz gequält. Sie wälzen sich übereinander oder schlagen, auf der zerschossenen Hinterhand sitzend, mit den Vorderläufen wie wahnsinnig in die Luft.
Trotz der enormen Verluste an Mensch und Tier gelingt es, den Vormarsch auf der Straße Florina–Pisoderion zu stoppen, lange genug, um den griechischen und britischen Streitkräften eine kurze Atempause zu geben und das Nötigste aus dem vollgestopften Nachschubbahnhof Florina wegzuschaffen.
Florina fällt, und damit wird der griechischen Armee der wichtigste Verbindungsweg im nördlichen Sektor der albanischen Front abgeschnitten.
Am 16. April sammeln sich den ganzen Tag über die Reste der Kavalleriedivision in den Bergschluchten von Skalochori. Die Ausrüstungen und Fahrzeuge der Division, die man nicht mitnehmen kann, werden zerstört. In der engen Schlucht zwischen den verlassenen Resten steht ein elender griechischer Armeegaul, abgemagert und abgeschirrt, am Ende seiner Kraft, eine geschundene, erbarmungswürdige Kreatur. Er rührt sich nicht. Er steht wie ein Denkmal des Zusammenbruchs, und jeder macht einen Bogen um ihn.
Die griechische Kavalleriedivision soll beim Rückzug den östlichen Flügel bilden, um die anderen Truppen zu sichern. Die Verbindung mit dem Stab der Armee ›West-Makedonien‹, jetzt in C-Heereskorps umbenannt, funktioniert nicht mehr, so daß die Kavalleriedivision erst am Mittag des 20. April von den Kapitulationsverhandlungen erfährt, die bereits seit einiger Zeit geführt werden.
In elf Tagen ist der Krieg zu Ende, und in Jugoslawien hat die Wehrmacht einen ihrer billigsten Siege errungen: sie hat nur 151 Tote, 15 Vermißte und 392 Verwundete zu beklagen. Aber schon bald werden hier ganze Divisionen ihren Blutzoll zahlen. Die Reste des jugoslawischen Heeres nämlich, die sich mit ihren Waffen der Gefangenschaft entzogen haben und untergetaucht sind, organisieren sich zu unzähligen Partisanenverbänden, die aus den schwer zugänglichen Gebieten Bosnien, Montenegro, dem Velebit-Gebirge und der Ravna-Gora den Besatzern jahrelang empfindliche Verluste zufügen.
Während Haile Selassie, Kaiser von Abessinien, am 5. Mai 1941 »von den Hügeln herab«, hoch zu Roß in Addis Abeba erscheint und »seine Hauptstadt

wieder in Besitz nimmt«, ist der ausgedehnte englische Feldzug in Ostafrika gegen die Italiener keineswegs beendet. Herzog Amadeo d'Aosta zieht seine übriggebliebenen Kräfte, darunter auch einige dezimierte Reiterschwadronen, in dem schwer zugänglichen Gebirge um Gondar und Amba Aladschi zusammen und wird dort noch monatelang zähen Widerstand leisten.

›Groupment Collet‹

Mit der Kapitulation Frankreichs im Juni 1940 stellen seine Mandatsgebiete Syrien und Libanon eine für England ernstzunehmende Bedrohung dar. Immerhin, in den Händen der Vichy-Truppen, die mit den Deutschen liebäugeln, können sie jederzeit für Hitler ein Sprungbrett in Richtung der reichen Ölfelder des Nahen Ostens sein. Als im Iran und Syrien, Mitte Mai 1941, die Maschinen der deutschen Luftwaffe auftauchen, sehen die Engländer ihre Zeit für gekommen und beschließen, notfalls mit Waffengewalt die Vichy-Kontrolle über die Mandatsgebiete auszuschalten.
Nachdem der französische Colonel Collet, ein Reiter durch und durch, von der Anwesenheit der deutschen Flugzeuge auf den Pisten von Rayak und Damaskus erfährt, entscheidet er sich zu schnellem Handeln. Seine Kavallerie, ›Groupment Collet‹ genannt, ist von ganz besonderer Art: eine Schwadron von Tscherkessen, die besten Reiter und Schützen eines kaukasischen Bergstammes, die einst die Wirren der Zeit in die Levante verschlagen haben. Von klein auf an den Umgang mit ihren rassigen Pferden gewöhnt, bilden sie eine Einheit, der Feder eines Tolstoi würdig. Da sie jetzt in den Grenzlandstrichen beheimatet sind, ist es für Colonel Collet nicht allzu schwer, sie über die Bergpfade von Syrien in das englisch besetzte Palästina einzuschleusen.
Colonel Collet und seine Frau wiederum erreichen das Heilige Land auf ganz friedliche Art und Weise: Eines Nachts fährt die dicke, schwere Limousine – Madame am Steuer – mit voll aufgeblendeten Scheinwerfern unter lautem Hupen zum Grenzübergang, der Posten reißt die Schranke hoch und salutiert für die Vorbeifahrenden.
Die Engländer, froh über solch eine Vermehrung ihrer Streitkräfte, richten für die Tscherkessen in Galiläa ein Militärlager ein, wo sie neu ausgerüstet und organisiert werden. Nachts verschwinden die Tscherkessen aus ihren Zelten und gehen auf Reconnaissance in die Dörfer auf der anderen Seite der Grenze, was für den späteren Streifzug nicht ohne Bedeutung sein wird.
Und an diesem Unternehmen beteiligt sich auch das letztemal in der jahrhundertealten Tradition der englischen Reiterei die britische Kavallerie.

Oben: An der Demarkationslinie, Frühjahr 1941: die Vorbereitungen zum Angriff auf die Sowjetunion.

Mitte: Ein leicht gepanzerter Spähwagen mit MG auf dem Fahrgestell des Adler Standard 6 der Aufklärungsabteilung des Kavallerieregiments 3.

Unten: Der Pferdehalter bringt die Tiere in Deckung.

Oben und unten: Auf dem Wege von Frankreich nach Polen: Was wohl Pferd und Reiter denken . . .

Oben: Anfang Juni 1941, irgendwo entlang der sowjetischen Grenze in den Wäldern versteckt: die Feldschmiede des 1. Reiterregiments.

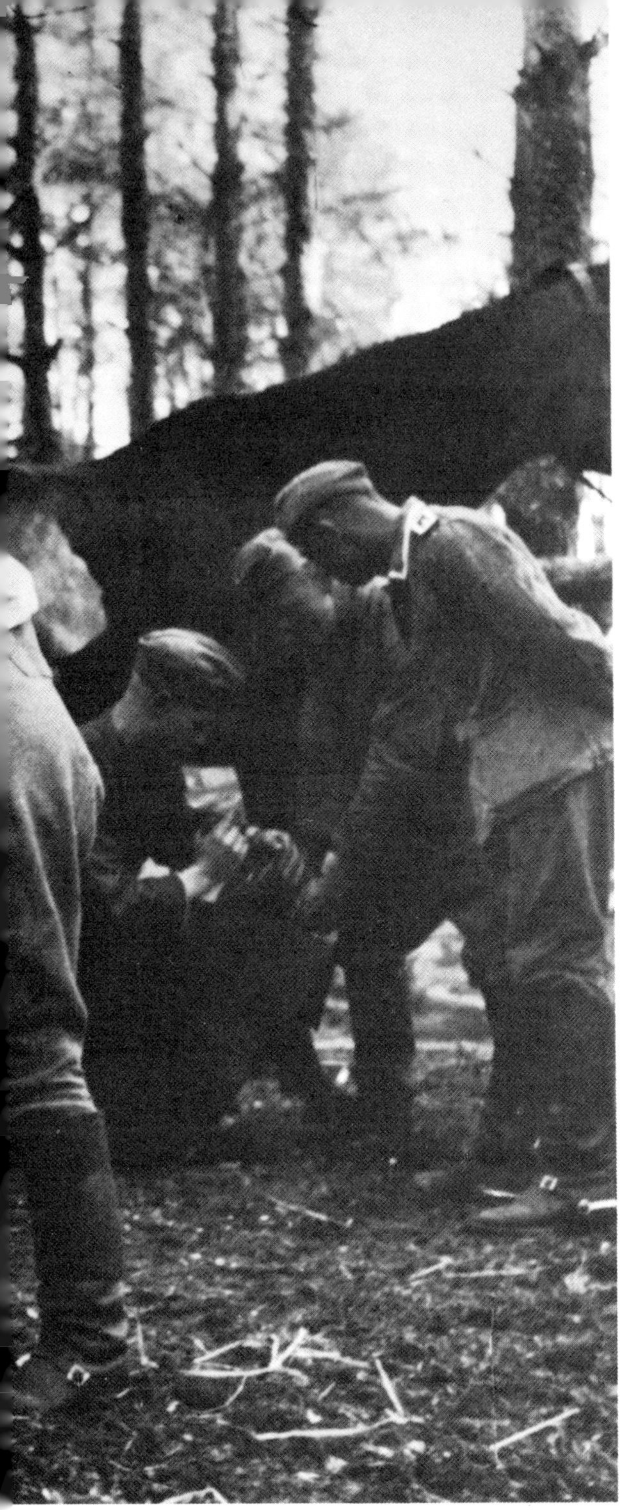

Rechts oben: Der Sattler der 4. Schwadron beim Geschirrinstandsetzen.

Rechts Mitte: Höchst wichtig: die Behandlung der Hufe. Hier das Heereshufeisen 32 (12 verschiedene Größen) aus Hartstahl.

Rechts unten: Arbeit an der leichten Feldschmiede.

Oben: Sonntag morgen, 22. Juni 1941, am Grenzpfahl vorbei nach Rußland hinein. Der Reiter hat um den Stahlhelm, Modell 1935, die Brotbeutel-Tragriemen zur Befestigung von Tarnmaterial, auf dem Rücken die Tragbüchse mit Gasmaske und Meldetasche. Das sogenannte Hintergepäck: der Mantel, Umschlag oben, Öffnung nach vorn, ein Drittel der Breite auf dem Hinterzwiesel, Scherenfernrohr im Lederbehälter, Deckengurt, Stallhalfter und Schlafdecke.

Rechts oben und unten: Ein Reitertrupp in praller Sonne und Staub des endlosen Landes: auf dem Rücken der Warmblüter.

Links oben und unten: Pferde: stumme Zeugen einer Tragödie.

Oben: Juni 1941, Grenoble: Reiter und Pferde des 2ᵉ Regiment d'Artillerie de Montagne (Vichy-Truppen) bei der Rast.

Linke Seite oben: Freude für Pferde und Reiter: ein Bad in der Schwemme.

Linke Seite unten: Ein Fluß in Rußland: Die Reiter überqueren ihn im Floßsack, die Pferde schwimmend; ganz rechts ein Trakehner.

Oben links: An einer Wegkreuzung im Osten: die taktischen Zeichen einer deutschen Reitereinheit. Das Fischzeichen weist auf die 35. Infanteriedivision hin.

Oben rechts: Kurze Marschpause auf einem russischen Flugplatz.

Unten rechts: Für Meldereiter gibt es keine Hindernisse.

Links oben: Tagaus, tagein ziehen die Nachschubkolonnen bei Staub und Hitze durch das Land.

Links unten: Ein Reitertrupp zieht mit seinen Vollblütern durch ein Kolchosdorf, vorn ein sowjetisches Flakgeschütz.

Oben: Östlich von Smolensk: die letzten Kilometer vor dem Marschziel, rechts ein Haflinger, davor ein hoch im Blut stehendes Pferd.

Rechts: Ein Meldereiter in unwegsamem Gelände.

Oben: Über eine Furt erreicht die Aufklärungsabteilung das andere Ufer.

Rechts: Die Reiter arbeiten sich an den Feind heran.

Rechts außen: In gestrecktem Galopp mit einer wichtigen Meldung unterwegs. Der Reiter trägt zum Schutz gegen Unwetter die Dreieck-Zeltbahn aus wasserdichtem Stoff. Steckt man den Kopf hindurch, ergibt sie einen ausreichenden Regenumhang. Die Knöpfe (62 Stück) und Knopfleisten liegen einander gegenüber, so kann die Zeltbahn in unterschiedlicher Weise getragen werden und bietet dem Meldereiter Schutz und gleichzeitig Bewegungsfreiheit. Zu seiner Verteidigung hat der Meldereiter den Karabiner 98k und am Vordergepäck links festgezurrte Stielhandgranaten. Das Pferd, ein Hannoveraner, trägt am Hals seinen Freßbeutel.

Linke Seite oben und unten: Auch Kamerad Pferd darf nun etwas ausspannen: ein schönes Exemplar eines Hannoveraner Warmblüters.

Oben: Sommer 1941: in einem erbeuteten Feldlager der sowjetischen Kavallerie.

Unten: Ein behelfsmäßiges Pferdelazarett des deutschen 1. Reiterregiments. Es gehört schon allerlei zur Ausrüstung eines Pferdedoktors. Nun, seine Patienten können auch nicht erklären, wo es ihnen weh tut.

Oben: Sommer 1941, Ostfront, Nordabschnitt (Lappland), der Nachschub für die Stellungen des Vorfeldes. Das vordere Tier ist ein prachtvoller Haflinger: muskelbepackt, mit doppeltem Rücken und einer ungewöhnlich entwickelten Kruppe. Die ganze Hinterhand ist auf gewaltige Schubkraft angelegt, der lange Schweif tief angesetzt, die Winkelstellung der oberen Gelenke weit. Der Haflinger ist ein geborener Bergsteiger.

Unten: Eine kurze Verschnaufpause für die Lastenträger.

Rechte Seite: Ein Tragtier mit leichtem Gebirgsgeschütz. Die beschwerliche Last (gut 150 kg) ist mit zusätzlichem Hintergeschirr aufgeschnallt.

Linke Seite oben: Ukraine: inmitten blühender Felder für einige Minuten Ferien vom Krieg.
Linke Seite unten: Ostfront: noch schnell ein paar Happen Gras vor dem Einsatz.
Oben: Przemysl, Herbst 1941: über die San-Brücke zum weiteren Transport.

Linke Seite oben: Imphal, April 1942: die indischen berittenen Gebirgstruppen.

Linke Seite unten: Die Reiter des indischen 1. Punjab-Regiments mit ihren Sätteln.

Oben: Imphal, April 1942: Geländeübungen der berittenen indischen Gebirgstruppen.

Rechts: Der Inder Naik Farman of Rawalpindi mit seinem edlen Vollblüter.

Links: Beirut, Sommer 1941: zwei von der berittenen britischen Military Police.

Unten: Palästina, Mai 1941, bei einer berittenen britischen Einheit: Hier wird noch einmal tüchtig gewienert.

Oben: Syrien, Sommer 1941: ein Trupp des Transjordan Frontier Force Cavalry Regiments in schwierigem Gelände.

Rechts: England: Abzeichen des Royal West Kent Regiments.

Oben: Im Nahen Osten, Sommer 1941: Eine Abteilung der britischen berittenen Military Police. Das zweite Pferd von rechts: ein Andalusier, der wegen seiner Fügsamkeit, Eleganz und nicht minder wegen seines Paso de andatura, des energischen, zackigen Ganges zwischen Schritt und Trab, hoch geschätzt wird. Der Andalusier ist ein ausdrucksvolles Pferd, die Augen groß und feurig, mit kleinen Ohren, gebogenem, gut aufgesetztem Hals, der Körper kompakt mit schön gerundeten Rippen, niedrigem Widerrist. Der leichte Schweif etwas tief angesetzt, die Kruppe rund, die Beine überschlank, die Schutzhaare fein und lang.

Links unten: Syrien, 16. Juni 1941: eine Patrouille Yeomanry-Reiter am Flußufer des Lisani.

Rechts oben: Syrien, Sommer 1941: drei von einer Schwadron des Transjordan Frontier Force Cavalry Regiments.

Unten: Palästina, Galiläa 1941: Ein Trupp des Transjordan Frontier Force Cavalry Regiments tränkt die Pferde im Jordan.

Oben: Ungarn, Sommer 1941: Honvéd-Reiterschwadron.

Mitte: Ostfront bei Perwomaisk, August 1941: ein Honvéd mit seinem Kameraden.

Unten: Das ungarische Schnelle Korps. Der letzte Handgriff vor dem Morgenritt: Anprobe des Sattels.

Rechte Seite oben: Ostfront bei Winniza, September 1941: eine Reiterpatrouille der ungarischen Besatzungstruppen, das Offizierspferd – schon auf den ersten Blick – ein temperamentvolles Tier von edelstem Blut.

Rechte Seite unten links: Ukraine, Herbst 1941: deutsche Reiter bei der Rast, die Pferde mit sogenannter französischer Kandare.

Rechte Seite unten rechts: Berditschew, Herbst 1941: ein luftiger Stall für die Honvéd-Pferde.

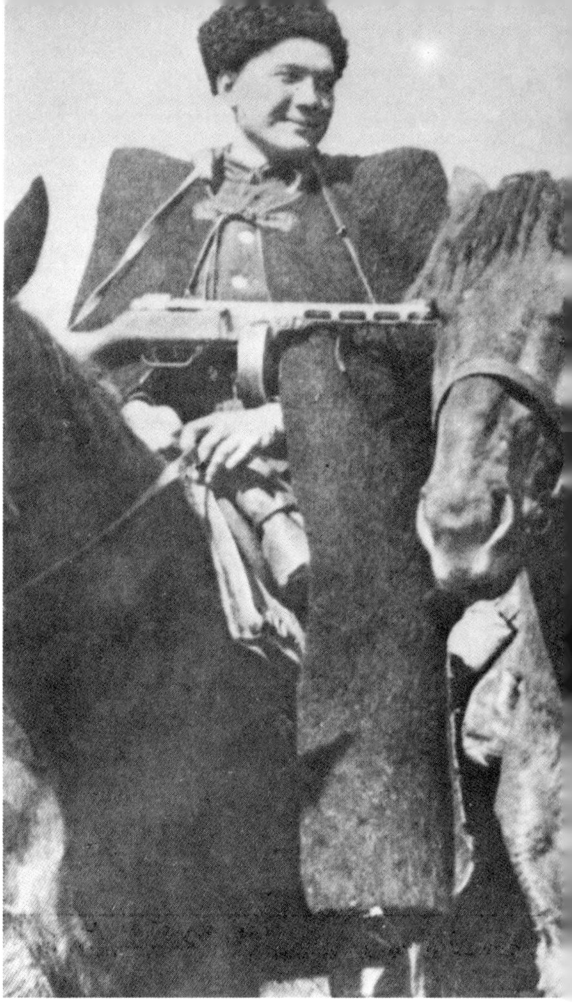

Links oben: Kosak Taras W. Samodurew, ein Veteran des I. Weltkrieges, jetzt Freiwilliger eines sowjetischen Kubanregiments.

Mitte oben: Die Baschkirischen Kosaken der Roten Armee: von links: M. Zakirow und M. Minigalejew mit einer Purka, dem steifen Umhang aus gepreßtem Kamelhaar, der Reiter und Pferd schützt.

Links unten: Vorhut der Donkosaken.

Rechts oben: Sowjetunion, Südwestfront: der Kommandeur eines Kosakenregiments der Roten Armee auf einem edlen Hengst, in dessen Adern Trakehnerblut fließt.

Rechts unten: Kavallerieregiment der Roten Armee.

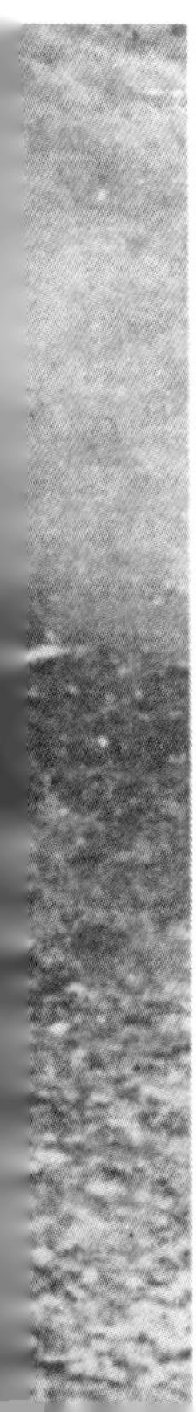

Oben links: Sowjetunion, Sommer 1941: Reitertrupp eines Kolchos.

Oben rechts: Sowjetunion, Sommer 1941: Militärschnellkurs für Kolchosmitglieder.

Unten links: Ein echtes ›Dampfroß‹: berittene Feldküche eines Gebirgstrupps der Roten Armee.

Unten Mitte: Remontenübernahme, Sommer 1941: In einem Kavalleriezentrum der Roten Armee wird mit dem Maßband der Röhrbein- und Bauchumfang festgestellt.

Unten rechts: Sommer 1941: In einer der zahlreichen Reservereiterschulen der Roten Armee. Vorn der Kommandeur auf einem Prachtexemplar eines arabischen Vollbluts. Die Kosaken führen ihre Kampfhandlungen in selbständigen Gruppen von je 150 bis 250 Mann durch. Jede dieser Schwadronen hat Lebensmittel und Infanteriemunition für etwa acht Tage bei sich. Bestimmte Befehle werden ihnen nicht gegeben. Es ist ihnen überlassen, wie und wo sie die feindlichen Marschkolonnen angreifen und die rückwärtigen Positionen des Gegners stören wollen.

Oben: Norditalien, Frühjahr 1944: slowakisches Reiterregiment als Sicherungseinheit gegen Partisanen.
Unten: Albanien, Frühjahr 1941: griechische Kavallerie auf dem Vormarsch.

Oben: Rußland-Feldzug, Don-Front, Sommer 1942: eine Schwadron des italienischen Reiterregiments ›Savoia Cavalleria‹ im Einsatz.

Unten: Italienisch-Ostafrika, Frühjahr 1941: die Reiter einer Savaris-Schwadron mit ihren arabischen Vollblütern. Der Hals ist graziös, das Sprunggelenk scharf, der seidige ›Fasanenschweif‹ hoch angesetzt, die Glieder sind sehnig, unübertroffener robuster Knochenbau, die Hüfte ist rund, hart und klein.

Rechts: Griechenland, April 1941: berittene Gebirgsjägerschwadron.

Unten links: Jugoslawien, März 1941: Kavallerieregiment während des Manövers.

Unten Mitte: Ungarn, Frühjahr 1941: ein Husar mit seinem Vollblutaraber, einem herrlichen Exemplar. Lippen, Kinn und die feinen weiten und beweglichen Nüstern bilden ein Dreieck. Die Stirn, wie ein Schild gewölbt, die sanften, großen und ausdrucksvollen Gazellenaugen nahezu rund, die Augenlider schwarz gerändert, mit langen, dichten Wimpern. Das Pferd trägt eine Kandare ohne Trensengebiß, Pelham genannt.

Unten rechts: Äthiopien (Abessinien), 22. Februar 1941: Negus Haile Selassie bei einem Inspektionsritt im befreiten Landesteil.

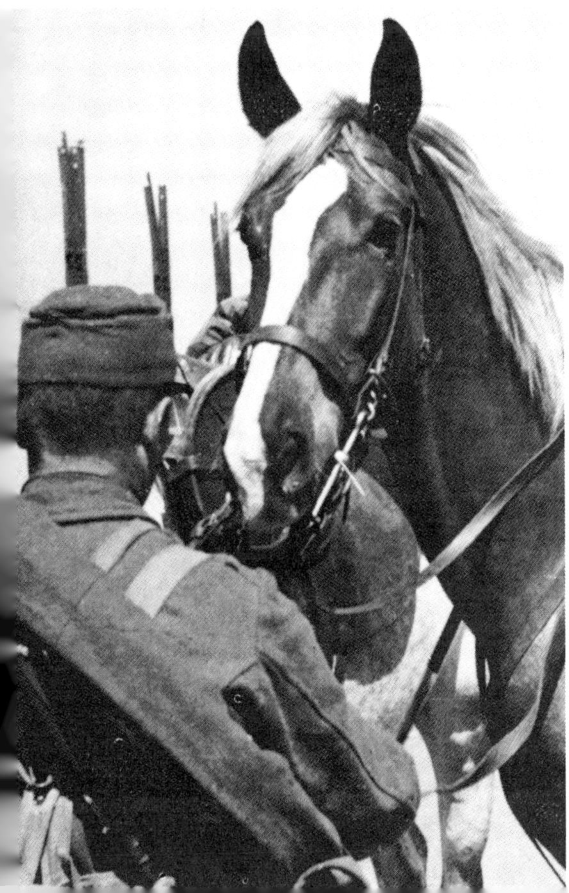

Syrien, Palmyre, Frühjahr 1941: Übungen einheimischer Méharis-Reiter auf ihren Vollblutarabern.

Links: Damaskus, 25. Juni 1941: Die ›Groupment Collet‹ der freien französischen Circassiers marschieren in die Stadt ein. In der Limousine Col. Collet mit seiner Frau.

Unten: Beirut, 18. Juli 1941: General Sir H. Wilson inspiziert das Kavallerieregiment Yeomanry.

Rechte Seite oben und unten: Syrien-Kampagne, Juni 1941: Méharis-Reiter.

Linke Seite oben links: Im Jordan-Tal, September 1940: ein arabischer Reiter der Palestine Police mit seinem Berber, der sich im Vergleich zum Araber durch den längeren Kopf mit dem wenig eingebogenen Profil auszeichnet. Er hat kräftige Ganaschen, einen etwas flachen Halsaufsatz, schräge Schultern, einen hohen Widerrist und einen kurzen Rücken. Weitere Merkmale: starke, runde Lenden, eckige, starke Kruppe, tiefer Schweifansatz, trockene Beine mit kräftigen Gelenken und trockenen Sehnen. Der Vorarm ist kurz, die Röhre lang, die Hufe sind klein und hart. Der Berber auf dem Foto ist stark mit Englischem Vollblut vermischt.

Linke Seite oben rechts: Reiter der Palestine Police mit Camargue-Ponys, deren Vorfahren aus dem Rhônedelta stammen. Dank ihres Vermögens, sich auf steinhartem und auch sumpfigem Boden uneingeschränkt zu bewegen, spielten sie beim Bau des Suez-Kanals eine wichtige Rolle. Camargue-Ponys haben große, feurige Augen, starke Ganaschen, kurze, steile Schultern, lange Lenden, kurze, gespaltene Kruppen, lange Vorarme und lange Röhren, außerdem kräftige, trockene Glieder, harte Hufe und üppige Mähnen.

Linke Seite unten: Sommer 1941: Die Vollblüter gehören zur Leibgarde des transjordanischen Königs Abdallah. Der Areef (Korporal) trägt die traditionelle Tscherkessenuniform der Zarenarmee.

Oben: Dieses Prachtexemplar, ein echter Elitearaber, der äußerst seltene Asil, gehörte König Abdallah.

Oben: Sommer 1941: Inspektion der Palestine Police. Die Reiter tragen zum Battle-dress der britischen Armee den arabischen Shemagh als Kopfbedeckung und sind mit Mark-III-Lee-Enfield-Karabinern bewaffnet.

Unten: Paradeübung im Ausbildungslager der arabischen Legion in Abdali.

Rechte Seite oben: Eine Abteilung der Palestine Police durchquert den Jordan.

Rechte Seite unten: Die rassigen Araber der Arabischen Legion, einer von englischen Offizieren organisierten Hausstreitmacht des Königs von Transjordanien.

Oben: Syrien, Frühjahr 1941: malerische Méharis-Reitertruppe der französischen Armee.

Links und rechts unten: Die Spitzen einer Méharis-Schwadron.

Links: Nigerian Mounted Levies: Abteilungschef Mallan Amadu Dangi mit seinem feurigen Pferd.

Unten: Palästina, Frühjahr 1941, britische Kavallerie: feldmäßiger Segeltuchtroß.

Rechte Seite oben und unten: Nigerian Mounted Levies, Frühjahr 1941: Die berittenen Truppen der englischen Kolonialstreitmacht mit ihren reinrassigen Arabern auf einer Patrouille im Norden des Landes.

Oben: Kairo 1942: Das pittoreske Trompeter- und Kesselpaukerkorps der ägyptischen Königsgarde. Rechts ein aus Amerika stammendes Appaloosa-Pferd, das oft im Zirkus oder in Westernfilmen auftritt. Der Appaloosa hat einen sehr guten Charakter, besitzt Wendigkeit und Ausdauer sowie hervorragende Anlagen für Galopp und Springen. Seine Merkmale: edler Kopf, große, lebendige Augen, muskulöser Hals.

Links unten: Nordafrika 1941: Die Spahis, eine der farbenprächtigsten Reitertruppen der Freien Französischen Streitmacht. Dieser betagte Wüstensohn mit Lanze und Gewehr reitet einen Berber mit Scheuklappen und blanker Kandare.

Rechte Seite: Eine malerische Spahis-Gruppe mit ihren Vollblutarabern beim Einstieg.

Oben: Ostfront, Herbst 1941: Eine unendliche Schlange von Menschen und Tieren wälzt sich über die verstaubte Straße.

Links: Der Spähtrupp, vorderster Fühler einer Aufklärungsabteilung. Spähtrupps benutzen solange wie möglich die vorhandenen Wege. Sie gehen von Aussichtspunkt zu Aussichtspunkt vor.

Oben: Nach vorn: Den kämpfenden Truppen folgt der Nachschub.

Rechts: In Feindesland: ein Schluck Wasser für Pferde und Reiter.

Oben: Ostfront, 1941, auf der Wache: Reiter, Pferd und eine SF4 18 (Schwere Feldhaubitze 18), Kal. 15 cm.

Unten: Am Ziel: Melder und Pferd. Der Reiter trägt als Regenumhang seine Zeltbahn.

Rechte Seite oben: Rußland-Feldzug, hinter der Frontlinie: Im Galopp kommen die Verstärkungen heran. Links zwei Haflinger, mit ihren edlen, durch eine Blesse gezierten Köpfen, weiten Ganaschen; Nüstern und Lippen fein und beweglich wie bei den Arabern; kleine Mausohren, kräftige, leicht hirschartig geschwungene Hälse und trockene, wenig markierte Widerriste; die Beine kurz und zuverlässig – das sind die typischen Merkmale dieser Rasse.

Rechte Seite unten: Auf der 10-to-Brücke: Trosse der 1. Kavalleriedivision.

Nächste Doppelseite: Ein Bild wie aus dem Wilden Westen: Während die Troßkolonne noch durch die endlose Weite zieht, haben die Regimentsvorhuten ihr Ziel bereits erreicht *(rechts oben).*

G.D.

inke Seite: Sie kennen keine Iindernisse: Aufklärungszug iner sowjetischen Kavallerie-rigade.

)ben: Ost-Feldzug, Herbst 941: Die erste Schlammpe-ode ist da.

echts: Orscha, Winter 941/42: Die Beutesättel zeu-en von der Niederlage einer wjetischen Kavallerieein-eit.

Linke Seite oben: Rußland-Feldzug, November 1941, mittlerer Frontabschnitt: Der Winter kündigt sich an. Ein Reitertrupp zieht über eine Behelfsbrücke.

Linke Seite unten: An erster Stelle: die Sorge für Kamerad Pferd.

Rechts oben: MG-Zug einer Reiterschwadron.

Rechts unten: Auf Erkundung. Temporeiten: in 1 Minute = 275 Schritt im Trab, 1 Kilometer = rund 1330 Schritt. »Es ist irrig anzunehmen, daß das kriegsmäßig bepackte Pferd den Kilometer schneller als in 6 Minuten bei Dauerleistungen zurücklegt.«

Oben: Gomel, 5. November 1941, Schlußparade der 1. Kavalleriedivision: der letzte Auftritt eines großen Kavallerieverbandes in der Geschichte der deutschen Reiterei.

Rechte Seite oben und Mitte: Während die deutsche Kavallerie aufgelöst wird, wachsen die Reiterverbände der Roten Armee an: eine Attacke der sowjetischen Kavallerie.

Rechte Seite unten: Sibirische Reiterpatrouille in Wintertarnmänteln auf ihren Mongolenpferdchen, deren Genügsamkeit und Ausdauer sprichwörtlich sind, dank ihrer Trittsicherheit unübertroffen als Reit- und Lasttiere im Gebirge. Das Pferd hat eine breite Stirn, Milchmaul, struppige Stehmähne, dunkle Schutzhaare; oft fehlt der Schopf; kurze Fesseln, harte, widerstandsfähige Hufe. Das Fell ist dicht und lang; Widerristhöhe 122 bis 142 Zentimeter.

Ostfront, Winter 1941/42: Man hat Durst . . . Kurze besinnliche Rast für Tiere und Menschen.

Unten: Pferde eines deutschen Reitertrupps beim Tränken in einem russischen Dorf.

Rechte Seite oben: Vorwärts im Trab.

Rechte Seite unten: Rußland-Feldzug: Bei minus 45 Grad, die Nüstern vereist, kennt das Pferd keine Klagen.

Linke Seite: Einstieg: die US-Cavalry bei einer waghalsigen Geländeübung.

Rechts: Philippinen, 10. Dezember 1941, Straße nach Pozorrubio: eine der Schwadronen der 26th US-Cavalry auf dem Wege zum Einsatz. Links der leichte Panzer Gen. Stuart M 3.

Unten: US-Cavalry: Die Überquerung eines Flusses wird geübt.

Oben: Japans Reiter: Säbelgefechtsübungen zu Pferde.
Unten links: Die Standarte des 3. Kavallerieregiments.
Unten Mitte: Das 25. Kavallerieregiment in China.

Oben: Abrichten von Remonten in Numaengo. Rechts: Oberleutnant Asamosuke Matsui.
Unten rechts: Spitze des 1. Kavallerieregiments in der Mandschurei.

Operation ›Glücksspiel‹

Alle Hoffnungen auf einen auch nur symbolischen Widerstand der Franzosen zerschlagen sich: Marschall Pétains getreue Truppen kämpfen gegen die Engländer und ihre Landsleute aufs heftigste. Die englischen Streitkräfte setzen sich neben dem Kavallerieregiment ›Cheshire Yeomanry‹ aus der 7. Australischen Division, einer Gruppe von indischen Brigaden, einem Panzerregiment sowie verschiedenen Stroßtrupps zusammen. Für den Vormarsch nach Syrien steht die ›Cheshire Yeomanry‹ unter dem Kommando der 21. Australischen Brigade, ihre B-Squadron unterliegt dagegen der 25. Australischen Brigade. Die ganze Operation bekommt den Codenamen ›gamble‹ (Glücksspiel). Und die Stimmung der Kavalleristen ist wie bei einem Picknick. Jeder Reiter hat in den Satteltaschen Verpflegung für sich und sein Pferd. Und die Spannung wächst, als der Befehl erteilt wird, Säbel, Steigbügel, Mützenabzeichen, Knöpfe und alles, was sonst noch in der Sonne glitzern könnte, schwarz zu färben. Die Vorhuten haben für alle Fälle drei Fahnen bei sich: den Union Jack, eine der Freien Franzosen und eine weiße.
Das Regiment startet am 8. Juni um Mitternacht. Bei Anbruch des Tages wird die Grenze überschritten. Es marschiert wegen der Gefahr von Luftangriffen in einer lockeren, beinahe zehn Kilometer langen Kolonne. Captain Verdin von der B-Schwadron bindet das weiße Hemd an seinen Säbel, und kurz vor 4 Uhr erreichen sie das erste syrische Grenzdorf. Der Captain hält den Säbel mit dem Hemd hoch über seinem Kopf. Leutnant Dawson trägt einen Union Jack vor sich her, und der Dolmetscher Baadi schwenkt die Fahne der Freien Franzosen. Sie stolpern über einen Wachtposten, der fest schläft und nicht einmal jetzt aufwacht. Baadi will ihm die Kehle durchschneiden und nur mit Mühe und Not gelingt es, ihn davon abzubringen.
Nachdem sie das Dorf erreicht haben, fordert Baadi lauthals den Feind auf, sich zu ergeben. Das verursacht ein völliges Durcheinander, aus allen Richtungen wird das Feuer eröffnet, und die Fahnenträger gehen sofort in Deckung. Als die Gruppe unter Leutnant W. J. Cunningham bemerkt, daß auf die Fahnenträger geschossen wird, tritt sie ohne zu zögern in Aktion. Der Leutnant befiehlt die Pak-Geschütze aufzufahren und das Feuer auf ein Haus zu eröffnen, aus dem nach seiner Meinung der Beschuß kommt.
Einen Augenblick danach taucht ein verschlafener französischer Offizier, den man später als Commandeur identifiziert, vor dem Leutnant auf, der mit seinem Revolver auf ihn zielt und das Magazin leerschießt. In der Aufregung verfehlt er ihn jedoch. Gleichzeitig eröffnet die Squadron ebenfalls das Feuer und setzt mit ihren Leuchtspurgeschossen versehentlich einen Heuhaufen in Brand.
Jetzt folgen langwierige Kapitulationsverhandlungen, in deren Verlauf der Commandeur, immer noch wütend, daß Leutnant Cunningham ihn ins Jenseits befördern wollte, nur dann sich zu ergeben bereit erklärt, wenn er seine

Waffen behalten kann. Schließlich einigt man sich, daß den französischen Truppen erlaubt wird, ihre Waffen mitzunehmen, allerdings ohne Munition.

Am Fluß Litani

In Adeisse, dem ersten Ziel der B-Squadron, versucht man mit dem Hauptquartier der Brigade Kontakt aufzunehmen. Unglücklicherweise ist die Entfernung für die recht antiquierte Funkausrüstung, die man auf Packpferden mit sich führt, zu groß. Kurz vor Kafr Kila krepieren plötzlich Granaten vor der Squadron. Und da sie von der rechten Flanke kommen, vermutet man richtig, daß es Australier sind.

Das syrische Dorf Alma Chaab wird erreicht und ein Reitertrupp vorausgeschickt, um die Telefonkabel zu durchschneiden. Währenddessen gerät auch die Stabssquadron unter Artilleriebeschuß der Australier, der sich schon in den ersten Tagen gefährlicher als der Gegner selbst erweist. Kurz darauf wird die B-Squadron durch MG-Feuer der französischen Kolonialkavallerie, den Spahis, aufgehalten.

Am nächsten Morgen werden zwei Spähtrupps losgeschickt, um die Möglichkeit zur Überquerung des Litani zu erkunden. Der reißende Fluß in der engen Schlucht, deren Nordhang mehr als 350 Meter steil abfällt, erweist sich als ein echtes Hindernis. Mit Hilfe eines Eingeborenen findet Leutnant Rogers die noch intakte Brücke. Als er auf sie zureitet, knattern von der Höhe plötzlich MG-Garben. In diesem Augenblick hat der Reiter F. E. Mellors die Brücke ebenfalls überquert und Leutnant Rogers ist ebenfalls fast drüben. Rogers und Mellors sind allein auf der anderen Seite des Litani, als Unteroffizier Spencer sich ihnen anschließt. Als die restliche Abteilung umkehren will, kollidieren die Reiter auf dem schmalen Felspfad miteinander und bieten so ein ideales Ziel. Nur dem Zufall ist es zu verdanken, daß nicht mehr als sechs Pferde getötet werden.

Das Regiment soll sofort darüber informiert werden, daß die geplante Überquerung vom Feind behindert wird. Da Leutnant Rogers mit seinen Leuten, die auf der anderen Flußseite in Deckung gegangen sind, keinen Kontakt mehr hat, fungiert Reiter Mellors als Melder. Im Schutz der Bergwand arbeitet er sich den Fluß entlang, bis er außer Sichtweite der feindlichen MG-Schützen ist.

Leutnant Rogers befallen alsbald Zweifel: Würde Mellors ohne Karte seinen Weg finden, für den sie zuvor noch einen eingeborenen Führer benötigt haben? Er beschließt, Unteroffizier Spencer mit seiner Karte und einer zusätzlichen Meldung loszuschicken.

Spencer hält es für sicherer, den Fluß zu durchschwimmen, und springt todesmutig mit seiner Stute, die auf den Namen »Little Nell« hört, in die reißende Strömung. Inmitten des Litani verliert er sein Pferd. »Little Nell« erreicht zwar das andere Ufer schneller als Spencer, hat aber nicht nur ihren Reiter, sondern auch den Sattel, Gewehr, Säbel und das schlimmste, auch die Kartentasche verloren. Nachdem Spencer endlich aus dem Wasser gekrabbelt ist, besteigt er seine vor Kälte zitternde »Little Nell« und trifft, wie man im Kriegstagebuch nachlesen kann, knapp eine Stunde später ohne Sattel und bis auf die Haut durchnäßt, beim Regiment ein. Für diese ruhmvolle Leistung wird er sogar in der Tagespresse erwähnt und mit einem Militärorden bedacht.

Im Duell mit Flugzeugen

Das Ergebnis des zweiten Marschtages ist recht dünn: Die acht Kilometer Luftlinie von Srifa bis Kakiet ej Jisr werden in elf Stunden bewältigt. Am Morgen des 10. Juni verzögert sich der Abmarsch, weil das Regiment wiederum den Funkkontakt mit der Brigade verloren hat. Das Regiment erhält nun den Befehl, auf die linke Flanke der Vichy-Streitkräfte, die den Fluß verteidigen, vorzustoßen.

In Adchite angekommen, postiert Leutnant Shaw seine MG-Abteilung auf einer Anhöhe, von der aus man das Dorf überblicken kann, und läßt die Schützenabteilung in Adchite einmarschieren. Er meldet, daß das Dorf feindfrei ist, und gerade, als der Meldereiter diese Nachricht entgegennimmt, knallen plötzlich Schüsse genau zwischen die beiden Männer. Die MG-Abteilung tritt sofort in Aktion.

Da es der erste Fall seit Beginn des Unternehmens ist, will keiner die Gelegenheit verpassen, wenigstens eigenhändig ein paar MG-Garben abzufeuern, und sie drängen sich hinter den MGs, beneidet von den Pferdehaltern, die sich daran nicht beteiligen können. Nach ein oder zwei Minuten sieht man Spahis in einer Staubwolke davongaloppieren, gejagt vom Feuer der Yeomanry.

Ein Kavallerieregiment ist eigentlich zu groß, um in den Bergen wirksam operieren zu können. In diesem Fall erweist sich dies jedoch eher als Vorteil. Weit verstreut erscheinen sie den feindlichen Aufklärungsflugzeugen als eine gewaltige Streitmacht. Und in der Tat erfährt man später von den Gefangenen, daß das Auftauchen der Yeomanry am Fluß Litani ausschlaggebend für den Rückzug der Vichy-Truppen gewesen ist. Als die Yeomanry am Nachmittag des 11. Juni die Mittelmeerküste erreichen, stürmt ein aufgeregter Verbindungsoffizier ins Regimentshauptquartier und meldet, daß sich von Nordosten feindliche Kavallerie nähert. Die MG-Gruppe rückt sofort aus und stellt fest, daß es sich um eine Herde grasender Kühe handelt. Dazu kommt noch, daß plötzlich ein australisches MG das Feuer auf die Gruppe eröffnet. Ein weiteres Abenteuer dieses Tages: Ein Flugzeug erscheint in so niedriger Höhe über der Squadron, daß es sich nur um ein britisches handeln kann. Die

Soldaten winken ihm zu, und erst als es in die Kurve geht, stellt sich heraus, daß es eine feindliche Maschine ist.
Am 12. Juni finden feindliche Luftangriffe statt. Am schlechtesten ergeht es jedoch der Gruppe 4 der B-Squadron, die aus heiterem Himmel von einer Maschine angegriffen wird. Sie befindet sich gerade auf einem Bergpfad, den auf der einen Seite hohe Felsen umgeben und auf der anderen Seite ein tiefer Abgrund säumt. Unteroffizier E. Laycock tut das einzig Richtige und führt die Vorausabteilung eilig dicht an die Felswand. Diese entschlossene Handlung rettet die Menschen und Tiere, da der Pilot sich dem Felsen nicht nähern kann. Sie galoppieren dann die Bergstraße hinunter und gehen rechtzeitig in Deckung, bevor die Maschine wieder da ist.
Eine Stunde später wird die B-Squadron erneut angegriffen. Zwei Vichy-Flugzeuge tauchen im Tiefflug auf und feuern mit ihren MGs auf jedes sich bietende Ziel. Die Kavalleristen schießen aus ihren Gewehren und halten gleichzeitig ihre Pferde fest, während die Flugzeuge über der Squadron kreisen, jedoch keinen weiteren Angriff wagen.

Naher Osten, Juni 1941: Operation ›Glücksspiel‹ – Einsatz der britischen Kavallerie gegen die Vichy-Truppen

Am 14 Juni 1941 berichtet der »Manchester Evening Chronicle«: »Einer der ungewöhnlichsten Kämpfe moderner Kriegführung fand in Syrien statt: ein Duell zwischen Flugzeugen und Kavallerie. Die Kavallerie gewann den Kampf.«

Die verhinderte Kavallerieattacke

Die ›Groupment Collet‹ mit ihren Tscherkessen sichert die rechte und linke Flanke der Truppen eines ebenfalls Vichy-abtrünnigen französischen Generals, Le Gentilhomme, auf dem Vormarsch nach Damaskus, wobei sie zahlreiche Verluste gerade unter den Pferden zu beklagen haben. Am Samstag, dem 21. Juni, um 2 Uhr nachmittags, reitet die ›Groupment Collet‹ über Bab Tuma in Damaskus ein. Am 23. Juni werden die Yeomanry mit einer ziemlich gefährlichen Patrouille beauftragt. Und es wird dramatisch, als man hört, daß für diese Mission nur ledige Männer einzusetzen sind. Die Patrouille soll feststellen, ob motorisierte Vichy-Truppen die Straßen von Damour nach Beit ed Dine befahren.

Leutnant Shaw bricht um 1 Uhr 15 am nächsten Morgen mit seinen Reitern auf und erreicht noch bei Dunkelheit die Stelle, von der aus die Straße zu überblicken ist. Etwa 400 Meter entfernt liegt friedlich eine Abteilung der Legion Entrangére mit einem Panzer, überzeugt, keinen Feind in der Nähe zu haben. Also reitet die Patrouille auf demselben Weg zurück.

Erst am 1. Juli erfährt das Regiment, daß Deutschland bereits seit einer Woche gegen die Sowjetunion Krieg führt. Zwei Tage später unternimmt man den vergeblichen Versuch, über die Berge anstatt durch die Küstenebene vorzurücken.

Am 11. Juli bekommt die C-Squadron den Befehl, nach Kafr Houn vorzustoßen. Gleich am ersten Abend gerät sie in heftiges Artilleriefeuer. Das Gelände bietet jedoch der Kavallerie einen guten Schutz. Leutnant Paterson reitet vorsichtig um die Flanke herum. Kaum zwei Kilometer entfernt befindet sich die Stellung einer Vichy-Gebirgsbatterie. Da das Gelände für eine Kavallerieattacke wie geschaffen ist, bekommt die Squadron prompt den Befehl, die Batterie zu erobern. Als die Squadron kurz nach Mitternacht die Pferde zur Attacke sattelt, kommt ein Meldereiter mit der Nachricht angaloppiert, der Feldzug sei zu Ende. Und so verpaßt die Squadron die Chance, die letzte Attacke in der Geschichte der Britischen Kavallerie zu reiten.

Auf dem Pferderücken vor Moskau

»Panzer von vorn!«

Sonntag, 22. Juni 1941. Kurz vor Sonnenaufgang greift Hitler die Sowjetunion an. Drei Millionen Mann, 600 000 Fahrzeuge, 3 580 Panzer und 7184 Geschütze rollen im Schutz von 1830 Flugzeugen über die Grenze. Auch 750 000 Pferde sind dabei, freilich meist als Artillerie, Troß- oder Tragetiere. Nur ein kleiner Teil davon sind berittene Einheiten. Daß der Führer die Kavallerie verachtet, wird sich erst später als verhängnisvoll erweisen.
Um 3 Uhr 15 geht die 1. Kavalleriedivision (Gen. Feldt), die einzige des deutschen Heeres, mit ihren verstärkten Reiterbrigaden 1 und 2 über den Bug. Das Tagesziel wird erreicht, und schon um Mitternacht stehen die Reiterabteilungen am Waldrand östlich Rogalzna. Am Montag, dem 23. Juni morgens, erlebt das Reiterregiment 1 prompt in der Nähe von Nowosiolki, am östlichen Bug-Ufer, den ersten »Panzeralarm« des Rußlandkrieges: Gegen 8 Uhr hört man vom Osten her anwachsenden Gefechtslärm. Bald darauf tauchen aus der Staubwolke mit Vollgas rasende Kraftfahrzeuge des Divisionsstabes und andere Einheiten auf. Eine Menge violetter Rauchstrichpatronen, das Zeichen für einen Panzerangriff, schießen hoch. Eine Schar Pferde, ohne Zaumzeug, viele den Sattel unter dem Bauch oder ganz ohne Sattel, galoppiert heftig erschreckt auf den Fluß zu. Zwischen den reiterlosen Pferden vereinzelte Reiter mit dem Geschrei: »Panzer von vorn!« Diesmal geht es noch gut. Es ist falscher Alarm. Am Tag darauf hat die 1. Kavalleriedivision den Befehl, Horodel zu erobern und anschließend in Richtung Pinsk vorzustoßen. Gut 70 Kilometer müssen geritten werden. Kurz hinter Mokrany greifen zum ersten Mal sowjetische Flugzeuge die Reiter und bespannte Regimentsartillerie an.
Die Ratas brausen von hinten im Tiefflug über die lange Kolonne, aus allen Rohren feuernd. Die zu Tode erschreckten Pferde, Munitionspacktiere, sechsspännige Protzen und Kanonen – alles rast Hals über Kopf und schiebt einen Reiterzug nach dem anderen vor sich her. Es gibt keine Deckung auf der baumlosen, inmitten der Sümpfe sich hinziehenden Straße. Die Reiter stürzen von den dahinjagenden Pferden, andere wiederum werden von vorbeifegenden Tieren heruntergerissen.
Mit großer Mühe und Not erreicht die Spitze der Kolonne den rettenden Wald, und erst nach einer ganzen Weile gelingt es, die Pferde zu bändigen.

Ehe noch auf der Straße wieder Ordnung herrscht, tauchen die Flugzeuge erneut auf und jagen die reiterlosen Pferde in Richtung Mokrany zurück.
Bereits einen Tag nach dem deutschen Überfall, am 23. Juni, beordert das Kommando der sowjetischen Westfront (Armeegeneral Pawlow) das VI. Kavalleriekorps (Generalmajor Nikitin) und zwei mechanisierte Einheiten zu einem Gegenangriff südlich Grodno. Schon beim Anmarsch aus dem Raum Wolkowysk wird die sowjetische 36. Kavalleriedivision von der Luftwaffe angegriffen und beinahe restlos vernichtet. Der Rückzug der Armeegruppe des Generalleutnant I.W. Boldin aus dem Raum Grodno deckt die 6. Kosakendivision des General Michail Petrowitsch Konstantinow. Seine Donkosaken, sonst ausgezeichnete Reiter, kämpfen verzweifelt, um aus dem Kessel zu entkommen. Ihre Kavallerieattacken brechen jedoch eine nach der anderen im MG-Feuer eines Krad-Schützenbataillons zusammen. Am 29. Juni wird ihr General Konstantinow selbst in der Nähe der Ortschaft Ross bei Wozkowysk schwer verwundet. Erst im letzten Augenblick gelingt es, ihn zurück zu den eigenen Linien zu schaffen.

Der erste Kavallerieraid

Stawka, das sowjetische Oberkommando, schickt zu Operationen hinter der deutschen Front seine Kavallerieverbände mit der Aufgabe, im Rücken der Heeresgruppe Mitte deren Bewegungen zu stören.
Die bisher auf den rechten Flügel der russischen Westfront konzentrierten 50. und 53. Kavalleriedivisionen sollen sich in das von den Deutschen besetzte Hinterland durchschlagen und mehrere Wochen im Raum Jarcevo tätig sein. Zum Befehlshaber dieser Kavallerieverbände wird General Lew Michajlowitsch Dowator ernannt.
In den dichten, endlosen Wäldern zwischen Rschew und Welilije Luki sammeln sich die Reiterregimenter zu einem ersten großen Kavallerieraid des Krieges hinter den feindlichen Linien. Auf der inmitten der Heide liegenden kleinen Bahnstation Staraja Toropa beginnt am 18. Juli das Entladen der 50. Kavalleriedivision Oberst Plijew. Ein Zug nach dem anderen rollt ein. Die Kosaken führen lange Pferdekolonnen, schleppen Sättel, Waffen und allerlei Ausrüstung. Die nahegelegenen Wälder sind voll Pferdegewieher, zwischen dunkelgrünen Kiefern leuchten die rot bestickten Lammfellmützen und Wollkapuzen der Kubankosaken. Einzelne Schwadronen formieren sich und tauchen in der Heide unter. Es dämmert bereits, als der letzte Transport in Staraja Toropa eintrifft. Die Division ist komplett und marschiert, ohne Zeit zu verlieren, sofort ab.
Als Vorhut geht das 37. Kavallerieregiment des Oberst Wasilij Golowskij. Der nächtliche Weg führt erst Waldpfade entlang und dann mitten durch die Torfsümpfe am Werezuni-See vorbei, voran ein Führer aus der Nähe des Wald-

kolchos. Ab und zu schnaubt ein Pferd, klingt ein Säbel oder knacken Zweige unter den Hufen. Weit vorn hört man den Schrei eines Nachtvogels: Es sind die Späher, die »reine Luft« ankündigen. Im Morgenrot erreicht die Division die Furt über den Fluß Mesa in der Nähe des Dorfes Zabiedowo, setzt später auf das nördliche Ufer über und macht auf einer großen Lichtung Rast. Die Einwohner des Waldkolchos berichten über den regen Verkehr deutscher Fahrzeuge auf der Landstraße. In der Nacht zum 22. Juli gehen zwei Kosakenschwadronen unter Hauptmann Batlyk und Oberleutnant Ljuscenko auf das südliche Ufer der Mesa und erreichen auf Schleichwegen Trojckoje. Aus einem Kiefernwald, nur einen Kilometer von den Deutschen entfernt versteckt, reiten mehrere Spähtrupps aus: sie sollen Stellungen des Gegners auskundschaften und möglichst ohne Lärm Gefangene machen. Der Kosak Georgij Krivorotko stellt eine kunstvolle Falle aus Lederriemen quer über die Landstraße, in der auch bald ein Kradmelder landet. Bevor der Deutsche wieder zu sich kommt, schleppen ihn die Kosaken zu den Pferden und reiten mit der Beute zur Schwadron.
»Da, für Sie, Genosse Hauptmann«, meldet Krivorotko. Der Gefangene wird zum Stab gebracht. In seiner Meldetasche findet man einen Befehl der 6. Infanteriedivision zum Beziehen der neuen Stellung entlang des südlichen Ufers der Mesa. Zwei Wochen lang macht Dowator mit seinen Reitern die rückwärtige Verbindungslinie und die Nachschubwege der deutschen 9. Armee unsicher.

Die deutschen Reiter

Am 29. Juli stoppt für einige Tage die Kavallerie des General Kamkow den Vormarsch der Panzertruppen Generaloberst v. Kleist an der Flußübergangsstelle über den Ost-Bug. Bei Smolensk wiederum wehren sich die Russen erbittert und versuchen nicht nur aus dem Kessel zu entkommen, sondern wollen auch Smolensk zurückerobern. Es gelingt ihnen, den deutschen Blitzkrieg zu verlangsamen und östlich von Smolensk zum Stehen zu bringen. Am Dnjepr will Timoschenko Guderian einschließen. Schwerste Abwehrkämpfe unterstreichen den Ernst der Lage. Aber Timoschenkos Plan scheitert. Es sind vor allem die Reiter der deutschen 1. Kavalleriedivision unter General Feldt, die sich den Angriffen Timoschenkos entgegenwerfen. Zusammen mit der 10. motorisierten Infanteriedivision und Teilen der 4. Panzerdivision dekken sie die Flanke der Panzergruppe Guderian. Die russischen Truppen schlagen sich dabei überaus tapfer, besitzen jedoch nicht die Manövrierfähigkeit und die taktische Erfahrung der Wehrmachtsverbände.
Am Abend des 12. August marschiert das der deutschen Reiterbrigade 2 unterstellte Reiterregiment 1 weiter ostwärts.
»Wir ritten auf schmalem Waldweg, vorbei an zottigen Fichten, an Gruppen

uralter Birken, deren Stämme im Mondlicht silbergrau leuchteten. Bald nach Mitternacht war es aus mit der Freude. Es begann wieder die uns nur zu gut bekannte Zieherei: Haaalt - Anreiten - Haaalt - Absitzen - Aufsitzen - Anreiten - Haaalt - Absitzen - Ablasten . . . Eben waren die MG-Schützen fertig mit Ablasten und hatten sich hingelegt, da hieß es: Auflasten, Fertigmachen! Alles stand auf, aber kein Marschbefehl kam. Einer nach dem anderen sank wieder ins feuchte Gras und rollte sich zusammen vor Kälte. Vielleicht hätten wir 200 oder 400 Meter weiterreiten oder führen müssen, dann aber wieder für eine oder zwei Stunden gehalten. Wir froren wie im Winter. Endlich der erlösende Befehl: ›Mantel anziehen!‹ Selten wurde ein Befehl so begeistert ausgeführt.«

Die 3. Schnelle Division

In der zweiten Julihälfte 1941 verlassen mehrere lange Militärtransporte die Bahnhöfe von Verona und dampfen ostwärts. Es sind die beiden berittenen Regimenter ›Savoia Cavalleria‹ und ›Lancieri di Novara‹, die im Rahmen des ›Corpo di Spedizione‹, C. S. I. R., des Italieniischen Expeditionskorps Rußland, innerhalb der 3. Schnellen Division ›Principe Amadeo duca d'Aosta‹ unter dem Befehl von General Mario Marazzani gegen die Rote Armee kämpfen sollen.
Im August erreicht die 3. Schnelle Division nach beinahe 1000 Kilometern beschwerlichem Weg bei sengender Hitze die Kampffront am Dnjepr, wo sie die Verteidigung eines etwa 120 Kilometer breiten Frontabschnittes übernimmt. Das Schlachtfeld ist eine leicht gewellte Ebene, bedeckt mit Getreide-, Mais- und Sonnenblumenfeldern. Ein großer Teil der Feldartillerie, die Munitionskolonnen und die Regimentstrains werden von Pferden gezogen; weder die Bespannungen noch die Wagen sind den kommenden Strapazen gewachsen.
Ende September beteiligt sich die Division mit den Bersaglieri an dem Angriff auf den Dnjepr. Gleich darauf setzt die Kavallerie über und wird zur Verfolgung des zurückziehenden Feindes beordert.

Die Husaren

Am 27. Juni erklärt Ungarn der Sowjetunion den Krieg. Das Schnelle Armeekorps, bestehend aus zwei motorisierten Brigaden und einer Kavalleriebrigade wird in Marsch gesetzt. Am 9. Juli überqueren die beiden Husarenregimenter der 1. Kavalleriebrigade den Fluß Zbrucz bei Skala, der die ehemalige polnisch-russische Grenze bildet. Hier finden die Operationen der ungarischen Karpaten-Armeegruppe ihren Abschluß. Sie wird am gleichen Tage

aufgelöst. Nun setzt das ungarische Schnelle Armeekorps und mit ihm die 1. Kavalleriebrigade im Verbande der deutschen 17. Armee (General der Infanterie v. Stülpnagel) ihren Marsch fort.
Auf den durch das Regenwasser aufgeweichten ukrainischen Straßen kommen die motorisierten Brigaden nur schwer vom Fleck. Um den Feind wirksamer verfolgen zu können, wird die 1. Kavalleriebrigade nach vorne geschickt. Die Husaren gehen mit ihrem bekannten traditionellen Schwung in Richtung Zwanczyk vor.
In der Morgendämmerung des 6. August brechen einige Einheiten der Roten Armee bei Golowanewsk aus dem Kessel von Uman aus und bedrohen die rückwärtigen Stäbe des deutschen Armeekorps. Der Kommandeur der ungarischen Kavalleriebrigade führt mit seinen Reitern auf eigene Faust einen energischen Angriff nördlich von Molodowka durch und riegelt die Umkreisung wieder ab. Die als Reserve eingesetzten Teile des 4. Husarenregiments beteiligen sich an der Zurückeroberung von Golowanewsk.
Nach der Kesselschlacht bei Uman wird das Schnelle Korps der Panzergruppe General v. Kleist unterstellt und beginnt am 10. August seinen Vorstoß in einer etwa 45 Kilometer breiten Front nach Süden in Richtung auf den Schwarzmeerhafen Nikolajew. Die Rote Armee führt zähe Entlastungsangriffe, und nur das schnelle Handeln der 1. Kavalleriebrigade, die ihre Husaren eine Attacke reiten läßt, rettet einige deutsche Einheiten vor der Zerschlagung.

Bei Brjansk

Am 3. September erleben die deutschen Reiter eine unangenehme Überraschung: Es beginnt zu regnen, und man merkt sofort, daß dies etwas anderes ist als in der Heimat. Es gießt in Strömen, und es fehlt die Sonnenwärme, die sonst in wenigen Minuten die dünne Schlammschicht wieder austrocknet. Jetzt aber macht der dicke und zähe Schlamm das Reiten zu einem wahren Abenteuer. Dabei ist das erst ein Vorbote der großen Schlammperiode. Die Einbuße an Bespannungen ist besonders groß, denn die deutschen Pferde können die Lebensverhältnisse auf russischem Boden schlecht vertragen. Und die Zahl der erbeuteten Pferde gleicht die Verluste auf deutscher Seite nicht annähernd aus. Am 29. September bekommt die Aufklärungsabteilung 175 den Befehl, nach Osten in den Raum Romny-Charkow zu reiten. »Der Weg bis Romny war mehr als sandig, das fruchtbare Gebiet der Ukraine schien vorbei zu sein. Bedenkt man, daß ein Pferd samt Reiter und allen notwendigen Dingen etwa 115 Kilo zu tragen hat, kann man ermessen, was ›Kamerad Pferd‹ leisten mußte. Von Romny aus ritten wir nordostwärts, und bereits am 6. Oktober fiel der erste Schnee, für uns eine große Überraschung. Auf den Schnee folgte Regen und verwandelte die Vormarschstraßen in einen

einzigen Morast, die Schlammperiode hatte begonnen. Dazu brachte der Wind eine derartige Kälte, daß man den ganzen Krieg verfluchte. Wenn man absitzen mußte, versank man bis an die halbe Wade im Dreck.«
Ab Vormittag des 8. Oktober beginnt die deutsche 1. Kavalleriedivision mit der Säuberung des Kessels von Brjansk. Die Spähtrupps schwärmen in alle Richtungen aus. »Langsam kamen wir in die Tiefe des Waldes, in dem Menschenhand noch nichts geändert hatte«, berichtet Unteroffizier Hopp. »Es herrschte eine unsagbare Stille und desto lauter wirkte jedes Geräusch, das Reiter oder Pferd verursachten. Der Weg war mit dünnen Bäumen zu einer Art Knüppeldamm befestigt. Tief herunterhängende Äste bildeten ein Dach über den Pfad, das streckenweise nur Dämmerlicht durchließ. Die Häfte des Weges lag wohl hinter uns, als plötzlich die beiden Späher an einer scharfen Rechtsbiegung sich in Trab setzten. Wir zogen ihnen nach, und auf einmal standen sechs russische Soldaten mit zwei Offizieren vor uns.
Im ersten Moment bildeten wir ein wüstes Knäuel. Die langen russischen Bajonette reichten uns bis zu den Nasenlöchern, wir konnten von oben in die Gewehrmündungen hineinsehen. Beide Offiziere machten einen verstörten Eindruck, sie packten unsere Pferde an den Steigbügeln, den Blick nicht von uns lassend, eine Hand in der Tasche des langen Mantels. Der Reiter Haddas sagte den Russen, unser Regiment befände sich hierher im Anmarsch! Kaum ausgesprochen, preschte der Rest unseres Spähtrupps um die Wegbiegung und rettete die Lage. Die beiden Offiziere wechselten ein paar Worte miteinander und sprachen dann zu ihren Leuten, die darauf ihre Gewehre an einen Baum lehnten und dort stehenblieben, jede Bewegung von uns scharf beobachtend. Erst wurden sie und dann die beiden Offiziere entwaffnet. Zwei Mann brachten die Gefangenen zurück zur Schwadron, der übrige Spähtrupp ritt auftragsgemäß weiter.«

Spätherbst

Die Schlammperiode ist angebrochen. Die anhaltenden Regenfälle, vermischt mit Schnee, haben Mitte Oktober begonnen. Die Flüsse treten über ihre Ufer, riesige Überschwemmungen bilden unüberwindbare Hindernisse, und die Fahrzeuge sinken selbst auf den Rollbahnen bis zur Achse ein. Auch die Pferde der berittenen Formationen der ungarischen 1. Kavalleriebrigade, stark verbraucht und abgekämpft, leiden sehr unter der kalten Witterung. Dazu sind viele von ihnen durch das Satteldrücken marschunfähig, und ein großer Teil der Husaren, durch die Wartung der Handpferde gebunden, fällt für den Kampf aus. So scheiden am 12. Oktober die Husarenregimenter aus dem Schnellen Armeekorps aus, und es beginnt ihr Rücktransport nach Ungarn. Zu dieser Zeit startet der Vormarsch der italienischen 3. Schnellen Division mit ihren Reiterregimentern ›Savoia Cavalleria‹ und ›Lancieri di Novara‹ auf

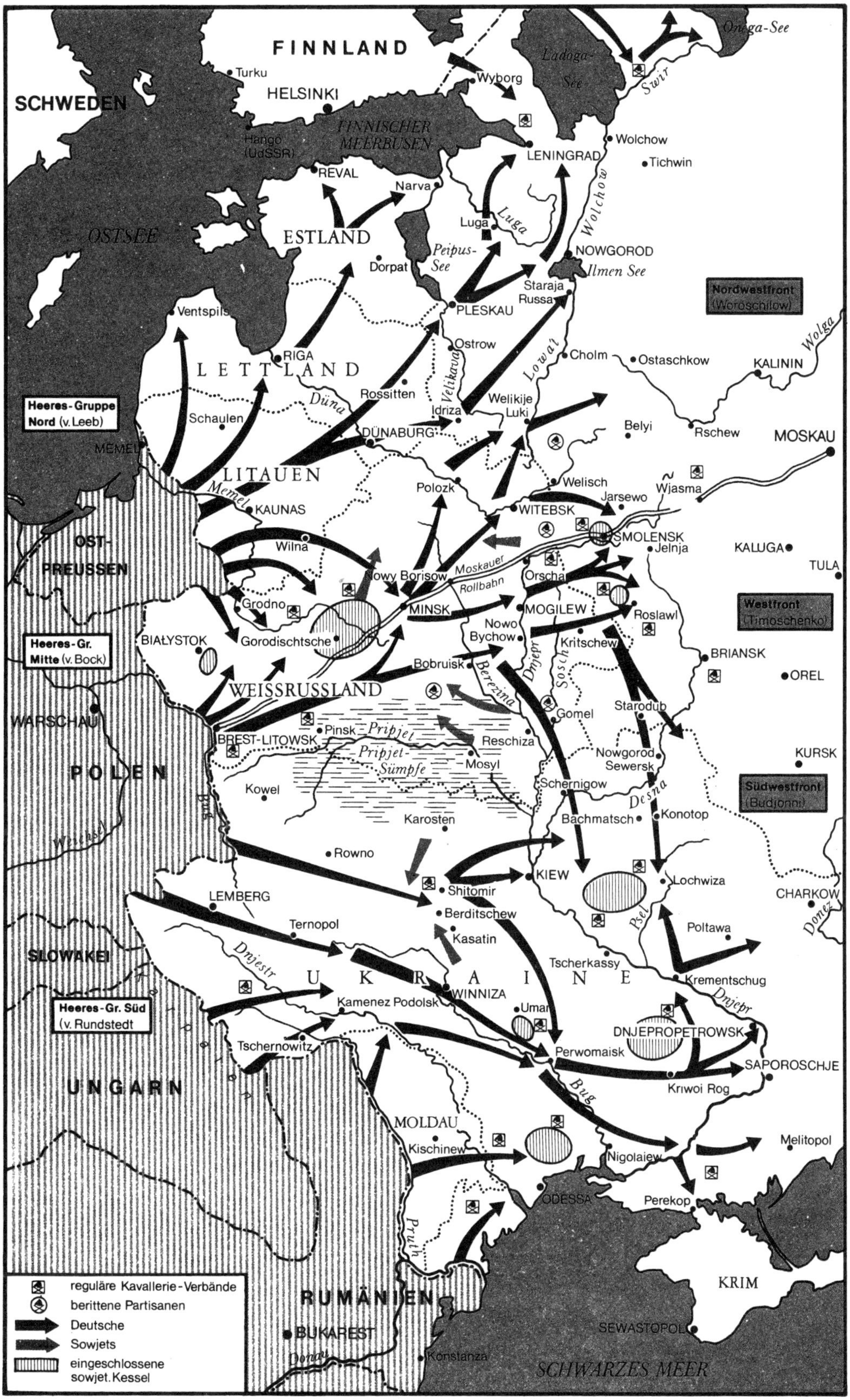

Ostfront, Juni bis September 1941: Die Schlachtfelder der Kavallerie

Stalino, das wichtigste Rüstungszentrum im Donezgebiet. Die Division bildet die Spitze der mit der Einnahme dieses Ruhrgebiets der Sowjetunion beauftragten deutschen Gebirgskorps.
Auch hier, wie an der ganzen Ostfront, stoppt die herbstliche Schlammperiode die Operationen. Die Fahrzeuge sitzen fest, selbst die leichten Panzer der Gruppe ›San Giorgio‹ sind steckengeblieben, und erst jetzt kann man den Wert der Kavallerie und bespannten Batterien ermessen. Sie übernehmen die Aufgabe der 3. Schnellen Division. Durch die Kavallerie vorn und an den Flanken gesichert, marschieren die Bersaglieri trotz aller Wetterunbilden weiter. Am 17. Oktober drängt die ›Savoia Cavalleria‹ feindliche Verbände bis zum Fluß Sukjie Jali zurück. Dabei führt ein Zug der 1. Schwadron von ›Savoia‹, unter Oberleutnant Franco Vannetti Donnini, einen Überraschungsangriff auf die Flanke der russischen Infanterie, die sich jenseits des Flusses eingegraben hat. Am gleichen Tag nehmen die abgesessenen Reiter der ›Lancieri di Novara‹ im Kampf gegen starke sowjetische Nachhuten Uspenowka zurück. Und zuletzt dringt die 3. Schnelle Division am 20. Oktober, noch vor der deutschen 1. Gebirgsdivision, in die Vororte von Stalino ein. Am Tag darauf räumt die sowjetische 12. Armee diese bedeutende Industriestadt.
Bereits am 11. Oktober bekommt General Rokossowskij den Befehl, sich sofort in den Raum Wolokolamsk in Marsch zu setzen. »Wir sollten uns allen Truppen, die wir hier vorfinden würden, unterstellen und die Verteidigung vom Moskauer Meer im Norden bis Rusa im Süden organisieren.« Eilig werden Auffangstellen für die aus dem Kessel ausgebrochenen Truppenteile oder gar einzelne Soldaten eingerichtet. Als erstes erreicht das 3. Kavalleriekorps unter General Dowator den Raum nördlich Wolokolamsk. Sie durchbrechen die deutsche Umklammerung und melden sich am 13. Oktober 1941 bei General Rokossowskij. Obwohl stark gelichtet, ist das 3. Kavalleriekorps immer noch eine beachtliche Kampfkraft. Dowators Reiter werden der sowjetischen 16. Armee operativ unterstellt. Sie besteht aus der 50. Kavalleriedivision (Generaloberst Issa Aleksandrowitsch Plijew) und der 52. Kavalleriedivision (Brigadekommandeur Melnik). Dowator, jung, lebenslustig und überlegt, versteht seine Aufgabe. Allein die Tatsache, daß er sein Korps in kampffähigem Zustand aus dem Kessel herausgeführt hat, spricht für die militärische Begabung des Generals. Die *Stawka* kann sicher sein, daß er die Aufgabe der Verteidigung einer so langen Frontlinie von nördlich Wolokolamsk bis zum Wolgastausee lösen wird.
Die Kavallerie des General Dowator verlegt man in den Raum von Nowo-Petrowsk. Hier können die Pferde endlich nach drei Monaten fast ununterbrochener Kämpfe und Märsche ausruhen und die Reiter ihre Ausrüstung in Ordnung bringen. Jedoch schon am 17. Oktober wurde das Korps Dowator nördlich von Wolokolamsk angegriffen, und die Aufklärung meldet, daß die Deutschen auch in Richtung Wolokolamsk und an den rechten Flügeln der sowjetischen 16. Armee starke Kräfte heranziehen.

Die Tragödie am Ladoga-See

An der finnischen Front hat die ›Karelische Armee‹ (GenLt. Heinrichs) das Gebiet zwischen Ladoga- und Onega-See erobert. Die finnische Kavalleriebrigade (Gen. Oionen) und zugeteilte Kräfte nehmen Petrosawodsk; das VI. Armeekorps (GenMaj. Talvela) und VII. Armeekorps (GenMaj. Hägglund) drängen zum Swir. Auf dem linken Flügel der sowjetischen Heeresgruppe ›Nordfront‹ (GenLt. Frotow) muß schon im August die durch Abgaben geschwächte 23. Armee (GenLt. Pschennikow) unter finnischem Druck den 1939/40 besetzten Landstreifen preisgeben und sich hinter den alten Grenzriegel zurückziehen.
Die Wildnis der finnischen Landstriche Vouksen, am Rande der unübersehbaren Urwälder von Raikkola, quillt seit Ende Oktober 1941 von russischen Truppen über. Aus dem Nordabschnitt der Karelischen Landenge strömen beinahe die gesamte sowjetische bespannte Artillerie und Trosse hierher in der Hoffnung, über den Ladoga-See übersetzen zu können und so der Umkreisung der Finnen zu entgehen. Der Winter kündigt sich bereits mit in diesen Regionen gewohnter Härte an, und die Schlepper und Flöße der Roten Flotte, die Geschütze und Pferde an das rettende Ufer bringen sollen, sind noch nicht da. Inzwischen werden die Finnen immer forscher: Die Sissitein-Bataillone greifen den Rücken und die Flanke der eingeschlossenen Armee an. Zwei Tage nach Erreichen des Seeufers sind die russischen Truppen nicht nur von den Finnen umzingelt: Der Urwald brennt. Und hier am Ladoga-See spielt sich eine der ergreifendsten Pferdetragödien des Zweiten Weltkrieges ab.
Die Finnen sperren sämtliche Fluchtwege ab und schießen mit allem, was sie haben, in die Feuerwand. Abertausende von wildgewordenen Pferden rennen der durch starken Nordwind sich schnell verbreitenden Feuersbrunst entgegen, auf die MG-Serien nicht achtend. Mit herzzerreißendem Geschrei, in Flammen gehüllt, durch Schmerzen wahnsinnig geworden, rasen sie – riesigen Fackeln gleich – im Galopp hin und her, bis sie bei lebendigem Leibe verbrennen. Wiederum einige Tausend von ihnen, durch den wütenden Brand erschreckt, preschen in Richtung See.
Eine Flut von Pferdeleibern ergießt sich aus dem Urwald und stürzt in den Ladoga-See. Augenblicke später wimmelt es in der seichten, schmalen Bucht von zu Tode erschrockenen Tieren, die in dem eiskalten Wasser zwischen dem in Flammen stehenden Ufer und den Untiefen des Sees Rettung suchen. Über den zusammengepferchten Tiermassen schwebt bald eine Dunstwolke, die bei dem schnell eintretenden Abendfrost die vor Todesangst bebenden Tiere mit einer Eiskruste bedeckt.
Als sich am nächsten Morgen die ersten finnischen Späher durch die verbrannte Gegend wagen und an das Ufer der Bucht gelangen, sind sie wie erstarrt. »Der See war wie eine unendliche weiße Marmorplatte, auf die man

Hunderte und Aberhunderte von Pferdeköpfen gestellt hatte. Sie sahen aus wie durch den scharfen Schnitt einer Henkerklinge abgetrennt. Nichts als die Köpfe schaute aus der Eiskruste hervor, alle dem Ufer zugewandt. In den weit geöffneten Augen stand noch das Entsetzen. Nahe dem Ufer ragte ein Gewirr aufgebäumter Pferde aus dem Eisgefängnis heraus.«

Die deutsche Kavallerie hört auf

Am 4. November erreicht das deutsche Reiterregiment 1 den Raum um Rogi, etwa 20 Kilometer nördlich von Gomel. Zu diesem Zeitpunkt besitzen einzelne Schwadronen nur noch ein Drittel ihres Sollbestandes an Pferden. Während sich die russische Kavallerie immer mehr bewährt, scheint für die deutschen Reiterverbände die letzte Stunde zu schlagen. Es sind jedoch weder der Feind noch die Unbilden der Natur, die sie auslöschen sollen: Ein Führer-Ukas aus dem fernen Hauptquartier des OKW sorgt dafür.
Um 14 Uhr 30, am 5. November 1941, ziehen die zusammengeschmolzenen Schwadronen der 1. Kavalleriedivision in mustergültiger Ordnung auf ein mit dünnem Schnee bedecktes Stoppelfeld, einige Kilometer westlich der Stadt Gomel. Unter dem trüben Grau des russischen Himmels entfaltet sich das unvergeßliche Bild des letzten Auftritts eines großen Kavallerieverbandes in Paradeaufstellung in der Geschichte der deutschen Reiterei. Der Divisonskommandeur General Feldt reitet die schweigende Front ab, während das mit Schimmeln ausgestattete Trompeterkorps die Paradepost spielt. Dann traben die Regimenter zum Takt des Finnischen Reitermarsches ihren Abschiedsritt.
Die hochqualifizierten Reitpferde, wie sie sicher keine andere Armee der Welt aufzuweisen hat, die ›Beuteelite‹ der Kavallerie der Tschechoslowakei, Polens und Frankreichs, landet nun vor Gefechts- oder Troßfahrzeugen, im günstigsten Fall bei den soeben formierten Kosakeneinheiten. Die kampfbewährte 1. Kavalleriedivision wird in die 24. Panzerdivision umfunktioniert. Und während die Panzereinheiten auf den so bitter benötigten Materialersatz warten, werden noch Monate vergehen, ehe aus den Reitern vollwertige Panzertruppen werden.
Zu gleicher Zeit, als die aufgelöste deutsche Kavallerie ohne ihre Pferde in langen Eisenbahntransporten in Richtung Heimat rollt, entstehen in den Bergen Jugoslawiens bei der Befreiungsarmee Titos Reitereinheiten. An der Parade aus Anlaß der Oktoberrevolution nimmt am 7. November 1941 in der Stadt Uzica, auf dem befreiten Territorium Westserbiens, auch eine Schwadron Kavallerie teil. Bereits im Herbst 1941 gehört zu den Partisanenabteilungen vor Uzick und Cacansk je eine Reiterschwadron. Die ersten Reiter der Befreiungsarmee werden hauptsächlich als Spähtrupp und für Kurieraufgaben eingesetzt.

»Wie groß sind die Verluste?«

An der Verteidigung der sowjetischen Hauptstadt nehmen auch die Kosaken teil: im Norden eine dem 2. Gardekavelleriekorps des Generalmajor L. M. Dowator unterstellte Kosakenkavalleriedivision, im Süden das Kavalleriekorps des General Below, eines populären und selbst von Stalin geachteten Reiterführers mit zwei Divisionen Kosakenkavallerie.
»Die letzte Schlacht des Jahres zur Niederwerfung des Feindes und Eroberung Moskaus«, das Unternehmen ›Taifun‹, startet am 15. November. In der Morgendämmerung des 16. November dringen die III. und die IV. Panzergruppe in den von dem Dowator-Kavalleriekorps verteidigten Abschnitt ein. Gegen 8 Uhr morgens stürzen Schwärme von Ju 87 auf die Reiter nieder. Als Dowator den Oberstleutnant Smirnow, Chef des 43. Kavallerieregiments, telefonisch fragt, wie es auf dem Abschnitt ›Klin‹ aussehe, hört er: »Gut, Genosse General, ich zähle gerade die schwarzen Vögel, die auf uns niedergehen - es sind gut 35 Stück!« Die Flugabwehr der Reiter holt zwei Stukas herunter. Dann, nach dem vorbereitenden Artilleriefeuer, stürmen die Deutschen die Dörfer Morosowo und Iwanzowo, die von den Dowator-Kavallerieregimentern verteidigt werden. Nach zähem Kampf muß die Kavallerie das brennende Dorf Iwanzowo räumen. An der rechten Flanke schafft es das 43. Kavallerieregiment noch etwa eine halbe Stunde lang, die Ruinen von Morosowo zu halten. Sobald Dowator Meldung von der Räumung der beiden Dörfer erhält, beordert er die Kommandeure und Kommissare der zurückgewichenen Regimenter zu sich. Als sie sich dem Korpsgefechtsstand nähern, reitet ihnen der General schon von weitem in vollem Galopp auf seinem braunen Wallach »Kasbek« entgegen. »Wie groß sind die Verluste?« fragt er schon von weitem. Die Offiziere, die den Jähzorn Dowators kennen, sind auf alles gefaßt. »In den berittenen Schwadronen bis zu zehn Prozent, Genosse General«, meldet Smirnow. »Das Vaterland hat uns befohlen, selbst um den Preis unseres Lebens die Deutschen von Moskau fernzuhalten, und wir haben kein Recht, Genossen, auch nur zwei verbrannte Dörfer so leicht zu überlassen. Geben Sie den Soldaten das Abendessen«, wendet sich Dowator an General Plijew, »und erobern Sie noch heute nacht die Stellungen zurück. Berichten Sie mir von der Durchführung des Befehls nicht später als Punkt 3 Uhr morgens!«
In dieser entscheidenden Phase der Schlacht um Moskau wird die 16. Armee mit den neuen Kavallerieeinheiten der 17., 20. und der 44. Division zu je 3000 Reitern aufgefüllt, die nach dreiwöchiger Eisenbahnfahrt aus der Äußeren Mongolei eingetroffen sind. »Leider war die Kavallerie kaum beweglich«, notiert General Rokossowskij, »da die Pferde noch keinen Winterbeschlag hatten, der Boden in der Umgebung Moskaus aber bereits gefroren und an versumpften Stellen mit Eis bedeckt war.«

Die Kavallerieattacke bei Mussino

Unweit Mussino, zwischen Wolokolamsk und Klin, heben sich nach dem dunstigen Morgen des 17. November die Nebelschwaden und lassen einen weiten Blick auf den Rand eines am Horizont verschwindenden Waldes werfen. Dicht vor der B-Stelle der 3. Batterie des Artillerieregiments 107 von der 106. I. D. dehnen sich schneebedeckte Felder mit kleinen spärlichen Büschen aus. Zur Rechten sieht man strohbedeckte, sich aneinanderreihende Katen. Da tauchen, wie aus dem Boden gestampft, vier russische Panzer auf und halten auf die von der 3. Batterie belegten Katen zu. Die Pak eröffnet das Feuer. Plötzlich preschen aus dem Wald erst einzelne, schließlich unzählige Reiter hervor, die sich im Handumdrehen formieren. Bügel an Bügel, tief über die Pferde gebeugt, mit geschwungenen blitzenden Säbeln, rast das Reiterregiment in vollem Galopp über das Feld. Die 3. Batterie feuert aus offener Stellung. Zischend jagen die ersten Geschosse in die heranstürmenden Massen, dazu mit rotem Feuerschweif die Sprenggranaten der Pak. Auch aus dem Dorf dröhnt es aus allen Rohren. Eine einzige geballte Wolkenwand von detonierenden Granaten steht bald über den immer weiterstürmenden Kavalleristen. Der einmal gewonnene Schwung scheint nicht mehr zu stoppen, selbst als zwischen ihnen berstende Granaten riesige Lücken reißen.
Auf einmal, wie unter einem Zauberstab, schwenkt die Masse der Reiter auf das Dorf zu. Währenddessen hat sich die Artillerie auf wirksamstes Abprallfeuer eingeschossen. Pferdeleiber fliegen durch die Luft, klatschen zerfetzt nieder, Reiter wirbeln durcheinander, und es entsteht ein ungeheures Knäuel von Menschen und Tieren. Einzelne Gruppen von reiterlosen Pferden gehen in alle Richtungen durch. Die Masse der Reiter irrt jedoch hin und her. Mitten in dieses Inferno bricht aus dem Wald das zweite Regiment zur Attakke vor.
Etwa 30 Mann, weit voran ein Offizier mit hoch geschwungenem Säbel auf einem windschnellen Pferd, kommen als einzige der dreitausend Reiter der 44. Mongolischen Kavalleriedivision bis kurz vor das Dorf. Erst hier bleiben sie im MG-Feuer liegen. Die verschneiten Felder, die noch vor einer halben Stunde still dalagen, sind jetzt blutbedeckt. Müde und mit hängender Zunge traben die abgehetzten kleinen Kosakenpferde auf das Dorf zu. Die hohen Sättel sind leer.

Der Winter vor Moskau

Inzwischen gibt Radio Moskau bekannt: Das Kavalleriekorps des General Below wird in 1. Gardekavalleriekorps umbenannt – eine hohe Auszeichnung, die nur wenigen Einheiten verliehen wird. Auch die 5. Kavalleriedivi-

sion des General Blinow, die Kaschira noch am selben Tag erreicht und sich den Below-Reitern anschließt, heißt ab jetzt 1. Gardekavalleriedivision.
Am 26. November gelingt es der deutschen 3. Panzerdivision, die sowjetischen Truppen zurückzuwerfen und die Rollbahn nach Moskau nördlich von Tula abzuschneiden. Jedoch das 1. Gardekavalleriekorps des General P. A. Below, zusammen mit der 112. Panzerdivision, bringt den Gegner in diesem Abschnitt zum Stehen.
Den russischen Winter erleben die Deutschen hier mit einer ihnen unbekannten Härte. Die Nacht hört erst um 10 Uhr morgens auf, und um 3 Uhr nachmittags ist es schon wieder dunkel. Die Temperaturen sinken auf minus

Vor Moskau, Dezember 1941: Die Einsätze der sowjetischen Kavallerie

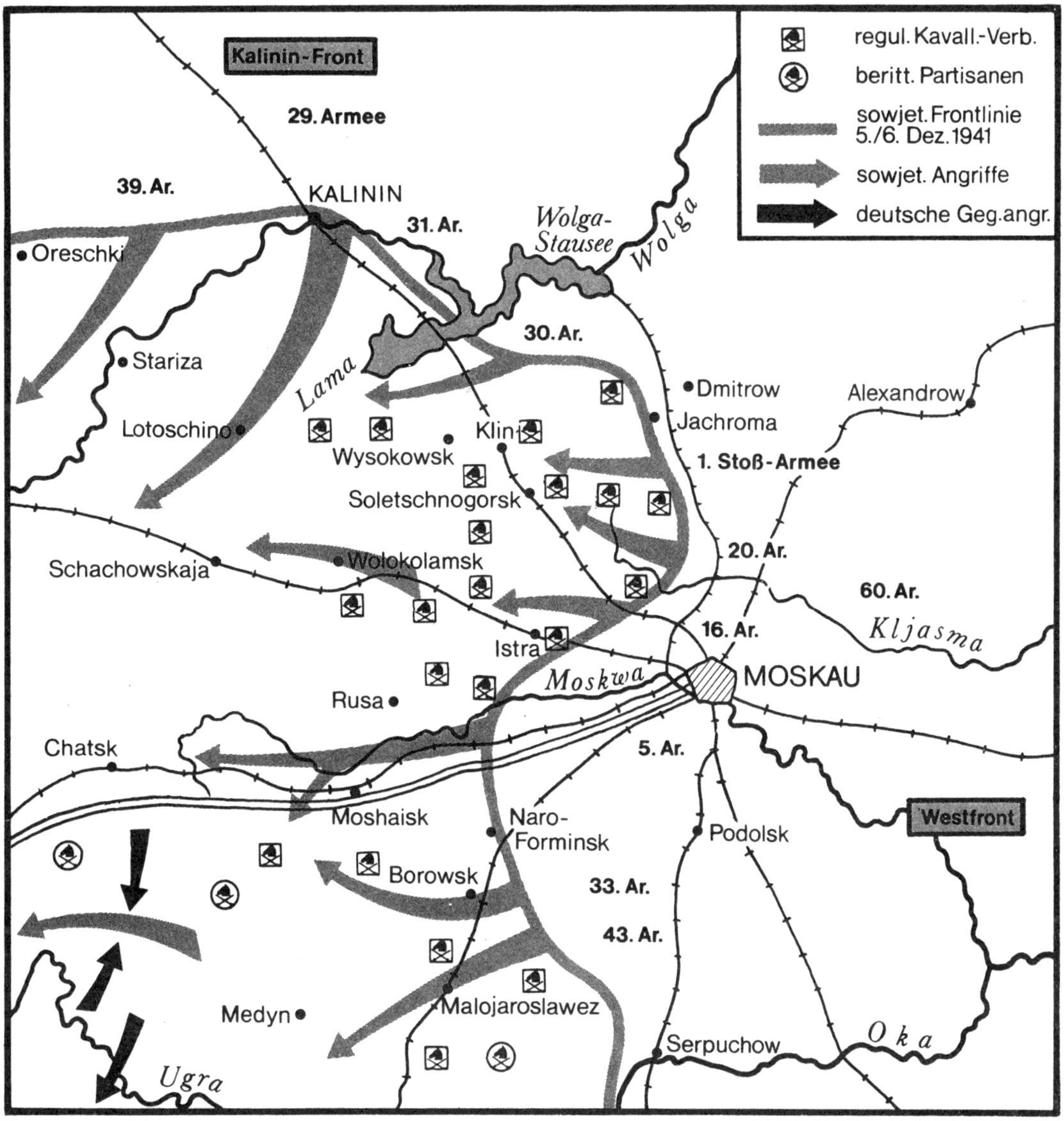

20 Grad; bald werden 30 Grad, am 27. November 1941 sogar 40 Grad unter Null gemessen. Diesem Kälteeinbruch ist das deutsche Heer nicht gewachsen. Mangel an Frostschutzmitteln lassen Panzer, Maschinenwaffen und Funkstellen ausfallen. Die Truppe hat hohe Ausfälle durch Erfrierungen. Die Pferde leiden unter der Kälte nicht weniger als die Reiter. Hafer gibt es seit langem nicht mehr, und das gefrorene Stroh der Katendächer stillt den Hunger nicht, macht dagegen krank. Die Tiere brechen zusammen und verenden reihenweise.
In den ersten Dezembertagen, im Abschnitt der Istra, nimmt die deutsche 35. Infanteriedivision Matuschkino und entdeckt dabei an einer Straßenkreuzung den Wegweiser: Moskau 22 Kilometer. Bei der 4. Armee erreicht die Aufklärungsgruppe der 258. Infanteriedivision die Trambahnendstation einer Vorstadt und sieht im Rauch der Schlacht die Türme des Kreml.
Die russische Gegenoffensive beginnt am 5./6. Dezember entlang der ganzen, 800 Kilometer langen Front von Kalinin im Norden bis Jelez im Süden. Jeder dritte hier eingesetzte Rotarmist kommt direkt aus Sibirien. Sie sind für den Winterkrieg bestens ausgerüstet: Filzstiefel, Pelzkappe und weißer Tarnmantel. Selbst die kleinen, zähen, zottigen Pferde ihrer zahlreichen Kavallerieregimenter besitzen eine besondere Fähigkeit zum Überleben und unglaubliche Kraftreserven, sogar wenn sie außer den vermoderten Strohdächern oder den Zweigen der Nadelbäume nichts zu fressen haben. Und während die deutschen Nachrichtenverbindungen lahmliegen, da die Funkgeräte wegen der Kälte ausgefallen sind, oder die Kradmelder in dem mannshohen Schnee steckenbleiben, streifen russische Reiterpatrouillen umher, und die berittenen Stafetten sorgen für die Übermittlung der Befehle.

Der Tod des Generals

Die Kosakenregimenter sammeln sich nach dem Durchbruch an verschiedenen Schwerpunkten, bilden Kampfgruppen und greifen überraschend Stäbe und Versorgungslager im Hinterland an. Sie sperren Straßen, zerstören Nachrichtenverbindungen, sprengen Brücken und Viadukte und überfallen immer wieder die Trosse und machen sie nieder. Zur Mittagszeit des trüben 19. Dezember erreicht General Dowator mit seinem 2. Gardekavalleriekorps die Chaussee Rusa-Wolokolamsk. Nach der Devise »Geführt wird vorn!« reitet Dowator mit seiner Stabsschwadron auf seinem unzertrennlichen Wallach »Kasbek« immer an der Spitze. Der Bauernsohn aus einem weißrussischen Dorf macht in der sowjetischen Armee den Weg vom einfachen Soldaten zum großartigen Reiterführer.
Etwa 12 Kilometer nordwestlich von Rusa kommt es zwischen den Dörfern Tolbusino und Palaschkino an den Ufern des Flusses Rusa zu einem Feuerwechsel mit der seit Tagen von Dowator verfolgten 252. Infanteriedivision.

Die Deutschen, durch die zugefrorene Rusa nur dürftig geschützt, leisten erbitterten Widerstand.
Als die Attacke der Reiter der 1. Schwadron im Feuer der MG steckenbleibt, befiehlt Dowator dem Oberstleutnant M. P. Tawlijew, Kommandeur der 20. Kavalleriedivision, über den Fluß anzugreifen und an Palaschkino vorbei die auf der Chaussee ziehenden deutschen Kolonnen abzuschneiden.
Die beiden Kavallerieregimenter, das 22. und das 103., versuchen zwar, sich im Galopp dem verschneiten Flußufer zu nähern, werden aber vom MG-Feuer gezwungen abzusitzen. Sie stürmen weiter bis an den Fluß vor, werden jedoch mitten auf dem eisbedeckten Fluß gestoppt. »Wir müssen unsere Jungs hochreißen!« ruft Dowator seinem Stab zu, zieht die »Nagan« und rennt zum Flußufer, gefolgt von Oberstleutnant Tawlijew, Adjutant Teichman und Kommissar Karasow. Einige Schritte von der ersten Schützenkette entfernt werden sie alle von einer MG-Garbe niedergemäht.
Ende Dezember treiben die Russen am Nord- und Südende des mittleren Frontabschnitts zwei Keile zwischen die deutschen Linien: im Norden 250 Kilometer. Die Lage der Deutschen wird gefährlich.

In Südasien

... wie aus dem Schaum der Wellen

In der ersten Dezemberwoche, während vor Moskau die russische Kavallerie im tiefen Schnee und bei starkem Frost den deutschen Soldaten das Leben schwer macht, pflügt 10 000 Kilometer ostwärts ein Geleitzug die Wellen des Stillen Ozeans. In einem der Schiffsleiber zusammengepfercht hockt Nippons Kavallerie auf dem Wege zu ihrem fernen Einsatzziel.

Das berittene 5. Aufklärungsregiment ist aus dem reorganisierten 5. Kavallerieregiment (GenLt. Takuro Matsui) entstanden. Sein Kommandeur, Oberst Shizuo Saeki, hat im China-Feldzug als Kommandeur des 40. Kavallerieregiments seine Meriten erworben. Zu seinem Regiment gehören auch zwei motorisierte und zwei Panzerkompanien, eine MG-Kompanie und eine Anzahl Schnellfeuergeschütze. Anfang Oktober 1941 wird das der 5. Division unterstellte Aufklärungsregiment in die Gegend von Shanghai verlegt und hier auf den Dschungelkrieg getrimmt.

Als während des Manövers die Kommandeure der anderen Truppenteile bezweifeln, daß Oberst Saekis Regiment auch die gleichen Erfolge im malaiischen Dschungel wie bei einem Sandkastenspiel erzielen wird, antwortet der empörte Saeki »zähneknirschend und mit vor der Brust verschränkten Armen«, die Verspottung seiner Kampfkraft werde die Kavallerie noch zu höherem Einsatz anspornen.

Anfang November verläßt das 5. Aufklärungsregiment bei Nacht und Nebel den Hafen von Shanghai in Richtung Süden. Unterwegs, auf der Insel Hainan, werden die letzten Vorbereitungen für die Operation getroffen, entsprechend den Erfahrungen der Studienzentrale für den Tropenkrieg. Die Kavalleristen haben, ohne zu murren, die Qualen einer Überfahrt tief unten im Schiffsraum ertragen, zu dritt jeweils auf zwei Quadratmetern Tatamimatte zusammengedrängt, mit einer Essensration von einem Eimer Reis oder Gerste pro Korporalschaft und Tag. Ihren Pferden erging es nicht besser.

Erst auf hoher See darf Oberst Saeki das versiegelte Kuvert mit dem Geheimbefehl aufmachen: »Das 5. Aufklärungsregiment, ohne die Panzerkompanie, geht in Südthailand, im Hafen von Singora, an Land und stößt sofort auf den Eisenbahnknotenpunkt Hat Yai vor.« Genaugenommen beginnt die Operation in Malaya noch Stunden vor dem Angriff auf Pearl Harbor. Die erste Landung der Japaner erfolgt am 8. Dezember um 3 Uhr morgens Ortszeit. Die Überraschung glückt vollständig, die Landetruppen dringen buchstäblich wie aus dem Schaum der Wellen kommend ein.

Der starke Seegang hindert daran, die Panzer und Kraftwagen auszuladen. Trotzdem nimmt das 5. Aufklärungsregiment sofort den Vormarsch auf. Kurz danach gerät es in starkes Feuer der thailändischen Streitkräfte, die in den Bergen westlich von Singora liegen. Jedoch drängt Oberst Saeki in Richtung auf Hat Yai weiter vor. Eine thailändische Kompanie, die ihnen den Weg versperrt, wird zerschlagen, und die Japaner nähern sich unaufhaltsam der Stadt Tonri. Da der Gegner mit etwa 2000 Mann sich in den Bergen östlich von Tonri verschanzt, wird ihm eine Kapitulation angeboten. Als man dies abschlägt, gehen die Japaner zum Angriff über und treffen völlig unerwartet auf nur geringen Widerstand.

Der Raid des Oberst Saeki

In der Kaserne von Tonri fallen ihnen sämtliche Kraftfahrzeuge in die Hände, mit denen sie den Eisenbahnknotenpunkt Hat Yai erreichen und ohne Schwierigkeiten besetzen. So kann das berittene Aufklärungsregiment den Vormarsch wie geplant durchführen. Deswegen bezieht das Regiment in der Umgebung von Hat Yai Stellung, um den eigentlichen Vormarsch der japanischen Hauptstreitmacht zu schützen. Am Abend erreicht der Armeestab mit den restlichen Abteilungen des 5. Aufklärungsregiments, einer Kompanie Feldartillerie und Panzern Hat Yai. Hier wird der Stab alarmiert, daß starke englische motorisierte Einheiten soeben die thailändisch-malaiische Grenze überschritten und Sadao besetzt hätten. Daraufhin werden die berittenen Aufklärungsabteilungen beordert, den Raum Sadao zu erkunden und die Lage im Grenzgebiet festzustellen.
Trotz Dunkelheit und heftigen Regens ziehen die Aufklärungsabteilungen in den Dschungel. Nach fast 30 Kilometern Gewaltmarsch geraten sie plötzlich kurz vor der Stadt in starken Beschuß von allen Seiten. Die Japaner gehen sofort zum Angriff über und zwingen den Gegner zur Flucht. Um Mitternacht,

Süd-Thailand, 8. bis 10. Dezember 1941: Der Einsatz des japanischen 5. Aufklärungsregimentes

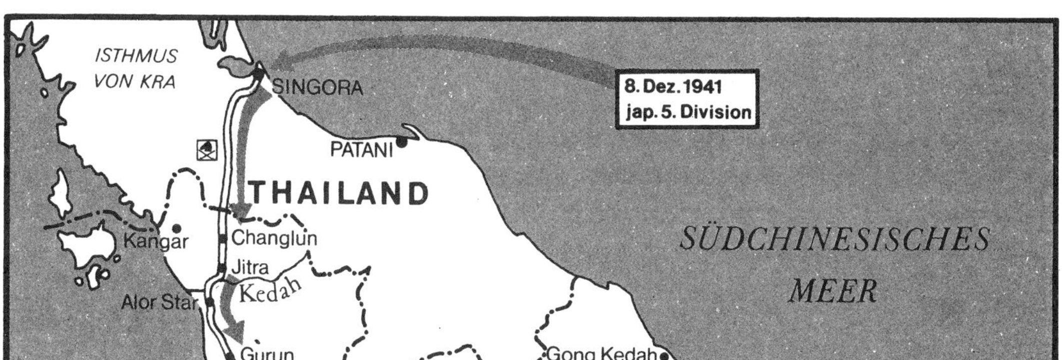

am 8. Dezember, steht die Kavallerie nach ungefähr 70 Kilometern Marsch an der Grenze. Am 9. Dezember rückt im Laufe des Tages auch der Divisionsstab nach. Die berittenen Aufklärungsabteilungen erkunden jetzt entlang der Grenze. Man stellt fest, daß im Westen von Sadao sämtliche Brücken in die Luft gejagt wurden. Zwar ist schon am Morgen vorsorglich eine Pioniereinheit eingetroffen, aber man weiß nicht, wie lange die Instandsetzungsarbeiten dauern werden.

Während die Panzer und motorisierten Einheiten warten, bis die Brücken wieder passierbar sind, marschiert das Aufklärungsregiment am Abend weiter westwärts. Spät in der Nacht erreicht die Regimentsspitze etwa 500 Meter vor der Grenze das Zollhaus. Hier wird eiligst ein Stützpunkt für die Aufklärungstruppen eingerichtet. Die Straße auf der malaiischen Seite ist stark beschädigt und mit zahlreichen Hindernissen gespickt. Gleich hinter dem Zollhaus geraten die Japaner in heftiges feindliches Feuer und erleiden einige Verluste.

Oberst Saeki schickt einen Meldereiter zum Divisionsstab mit der Nachricht: »Das Regiment hat die Grenze erreicht und führt die Aufklärung durch. Erkenntnisse, die für den Einsatz der Division von Bedeutung sein können, wurden bis jetzt nicht gewonnen. Der Befehl, die Kampfkraft des Gegners festzustellen, konnte nicht durchgeführt werden. Die Straßen sind völlig zerstört. Bei einer Ausnutzung des Dschungels und der Gummiwälder sind eine Aufklärungstätigkeit und das Absetzen vom Gegner möglich. Das Regiment führt die Aufklärung weiter fort.« Am späten Abend des 10. Dezember, dem dritten Tag nach der Landung, startet das Regiment mit Unterstützung von zwei Infanteriekompanien erneut zum Vormarsch. Als man auf einem Pfad die Grenzpfosten zwischen Thailand und Malaya entdeckt, faßt die Truppe neuen Mut.

Die Erfolge des Regiments und seines Kommandeurs werden von der Division mit einer besonderen Auszeichnung belohnt und Oberst Saeki wird zur Beförderung um zwei Dienstgrade vorgeschlagen. In Nippon feiert man den Raid des 5. Aufklärungsregiments als eine der größten Taten der Kaiserlichen Kavallerie. Nachdem die Grenzstellungen erobert sind, nimmt das Regiment an der Zerschlagung der 1. Britischen Panzerdivision in der Nähe von Anson teil und erstürmt in einem schneidigen Überraschungsangriff die südlich davon gelegenen befestigten Stellungen bei Jitra. Wolkenbruchartige Regenfälle demoralisieren die Verteidiger und stoppen den Nachschub, während sie den Vormarsch der Japaner nicht einmal verlangsamen. Und zu Weihnachten ist der ganze Norden Malayas in japanischer Hand.

Die letzten Reiter der Vereinigten Staaten

Ab Juli 1941 werden die Streitkräfte auf den Philippinen den Vereinigten Staaten unterstellt. Die Verteidigung der Archipels obliegt einer der markantesten Persönlichkeiten dieses Krieges: General Douglas MacArthur. Er wird zugleich Befehlshaber der amerikanischen Truppen im Fernen Osten (USAFFE). MacArthur verfügt über zehn Divisionen von 19 000 amerikanischen Soldaten und 160 000 Filipinos mit etwa 200 Flugzeugen. Der Großteil dieser Truppen ist schlecht ausgebildet und mangelhaft ausgerüstet. Die 26th Cavalry (PS), das Philippine Scout Regiment (übrigens die einzige berittene Truppe der Vereinigten Staaten) steht in Fort Stotsenburg, Pampanga, etwa 100 Kilometer nördlich von Manila. Ihr Kommandeur ist der energiegeladene Colonel Clinton A. Pierce.
Die 26th Cavalry und die Philippine Scouts sind derzeit die einzigen kampfkräftigen Einheiten, die man hat. Am 9. Dezember, sofort nach der Meldung vom Luftangriff auf Pearl Harbor, wird die 26th Cavalry in die nahegelegenen Wälder verlegt.
Im ersten Licht der Morgendämmerung des 10. Dezember 1941 erreichen die Japaner die Küste der Philippinen. Heftiger Nordostwind und rauhe See erschweren ihnen die Landung. Sie stoßen mit starken Einheiten entlang der Straße Damortis–Rosario vor, und drohen, Colonel Pierces Kavallerie zu überrollen. Die Panzerkompanie, die die 26th unterstützt, zieht sich um 20 Uhr zurück. Während ihre letzten Kampfwagen verschwinden, liegen die Nachhuten der 26th Cavalry unter dem Feuer der japanischen Panzer.
Am 12. Dezember geht die zweite Welle der Japaner nahe dem kleinen Ort Aparri, an der Nordspitze von Luzon und an der südöstlichsten Küste der Halbinsel Bicol, bei Legaspi an Land. Man plant, den nach Süden vorrückenden Japanern die 26th Cavalry entgegenzuwerfen.
Die 26th marschiert nach Damortis und eröffnet das Feuer auf die landenden Japaner mit allem, was ihnen zur Verfügung steht. Und eine Weile sieht es so aus, als hätten sie wirklich das Glück, die japanische Invasion auf diesem Abschnitt zu zerschlagen. Feindliche Flugzeuge greifen immer wieder die Reiter an. Und an diesem Tag verlieren die Schwadronen eine Anzahl ihrer besten Pferde. Wie geplant, gelingt es jedoch der 26th Cavalry, die Japaner in östlicher Richtung auf Rosario zu locken und dabei mit den vorrückenden Invasoren hinhaltende Gefechte zu führen.
Um 10 Uhr 30, am Morgen des 12. Dezember, greifen überraschend japanische Bomber das Hauptquartier und die Kasernen der 26th Cavalry in Fort Stotsenburg an. Ein Soldat und fast 40 Pferde werden getötet. Wahrscheinlich wären die Verluste noch größer gewesen, hätte der energische Regimentskommandeur Colonel Pierce nicht dafür gesorgt, daß ein Teil der 26th Cavalry in den Wäldern zurückbleibt.
Immerhin 24 Stunden später wird das Regiment endgültig in die Feldlager in

der Umgebung von Pampang evakuiert, um weitere Verluste zu vermeiden, noch gerade rechtzeitig, da an diesem Tage das Fort Stotsenburg siebenmal Fliegeralarm meldet.
Die ersten Landungen der Japaner gehen recht zaghaft vor sich. Und die eigentliche Invasion beginnt erst am 21. Dezember, als ihre 48. Division im Innern des Golfes von Lingayen Fuß faßt. Am selben Tag erhält die 26th Cavalry, durch schwere Verluste geschwächt, den Befehl zum Abmarsch nach Pozorrubio, um sich dort neu zu formieren. Die Japaner haben inzwischen ihren Brückenkopf in Vigan ausgedehnt und die philippinische Armee aus diesem Gebiet verdrängt.
General Wainwright plant einen Blitzangriff an dieser schmalen Küstenebene und weist die 26th Cavalry (PS) an, nördlich von Rosario Stellung zu beziehen.
Bereits auf dem Marsch greifen japanische Flugzeuge das Regiment an, kurz danach Panzer, unterstützt durch Schiffsartillerie. Um 20 Uhr, es ist stockfinster, tauchen plötzlich inmitten des Highways japanische Panzer auf. Versuche, das Regiment von der Fahrbahn wegzuschaffen, mißglücken, da die Straße links von Stacheldraht und rechts durch steile Böschungen abgegrenzt ist.
Es bricht eine Panik aus: Ein Teil der Truppe läuft hin und her in Erwartung der Befehle und stößt auf dem Highway mit jenen zusammen, die unbedingt von ihr weg wollen. Die Kommandoschreie machen die Pferde wild, und viele von ihnen gehen durch. Colonel Vance und sein Stab bleiben mitten in diesem Durcheinander stecken, und das Feuer der feindlichen Panzer verschlimmert die Lage zusätzlich. Die einzige Rettung liegt im Rückzug in Richtung Rosario. Der völlig desorganisierte Haufen, dazwischen reiterlose Pferde, rennt Hals über Kopf die Straße entlang. Im Geschoßhagel der japanischen Panzer fallen zahlreiche Kavalleristen, andere werden von den erschreckten, losgerissenen Pferden, die in der Dunkelheit dahinrasen, zertrampelt.
Was das Regiment vor dem totalen Untergang bewahrt, ist das entschlossene Handeln von Major Thomas J. H. Trapnell, dem Kommandeur der 2. Schwadron, der zusammen mit Colonel Vance die Nachhut bildet. Als sie, die japanischen Panzer schon im Rücken, etwa 3 Kilometer vor Rosario gerade als letzte eine hölzerne Brücke passieren, schieben sie einen Lastwagen quer und zünden ihn, ungeachtet des heftigen MG-Feuers, in aller Ruhe an. Jetzt, nachdem der japanische Vormarsch durch die brennende Brücke gestoppt ist, kann das Regiment wieder aufatmen und ohne weitere Verluste den begonnenen Rückzug fortsetzen.
Die Panzer wenden sich daraufhin nach Westen, umgehen die amerikanischen Stellungen und überlassen es der Infanterie, den Kampf um Binalonan fortzuführen. Nun marschieren die Japaner auf Luzon zu, um die Hauptstreitkräfte zu treffen, die am 22. Dezember am Lingayen-Golf an Land

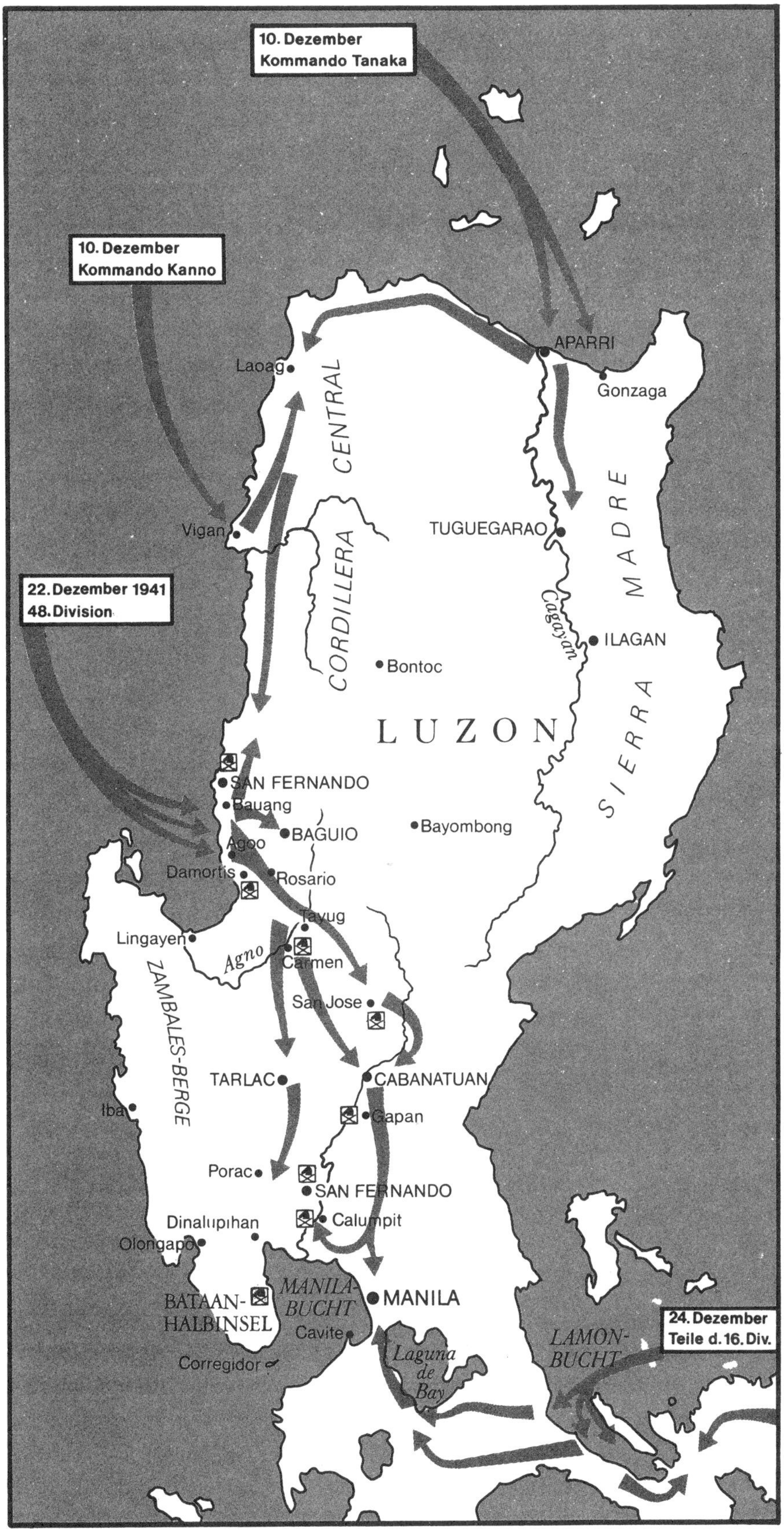

Philippinen, Dezember 1941 bis Februar 1942: Die Kämpfe der 26th US-Cavalry (PS) gegen die Japaner

kamen. Und nach Verzögerungen wegen des rauhen Seegangs wird dort am 24. Dezember ein starker Landekopf gebildet. Am nächsten Tag beginnen die Japaner landeinwärts vorzustoßen. Trotz entschlossenen Widerstandes der 26th Cavalry in der Nähe von Binalonan rollen sie ohne große Schwierigkeiten auf dem Highway nach Manila. Daraufhin zieht MacArthur sich mit seinen Truppen bereits am 23. Dezember auf die stark befestigte Halbinsel Bataan zurück.

Der Rückzug

Am Morgen des 24. Dezember erhält die 26th Cavalry den Befehl zum Rückzug nach Bataan. Die Reiter des Colonel Pierce stehen gerade in einem heftigen Kampf mit der Vorhut der japanischen Hauptstreitmacht, wobei sie den Rückzug der 71. Division zum Agno sichern. Zwar ist zu diesem Zeitpunkt die 26th bis auf 450 Mann dezimiert, doch Colonel Pierce hält die Stellung in Binalonan trotz der japanischen Übermacht bis zum Nachmittag des 24. Dezember. Währenddessen greift die Kavallerie die japanischen Vorhuten immer wieder an und liefert Gefechte, »die jedes Reiterherz höher schlagen lassen«, so General Wainwright, der Colonel Pierce später zum Brigadegeneral befördert.

In dem Augenblick, als die Japaner sich zum Angriff auf Binalonan rüsten, formiert sich gerade das 26th Regiment auf dem Highway; die Gruppe B marschiert als Nachhut. Da tauchen plötzlich aus einem Bambusdickicht zwei feindliche Panzer auf. Lieutenant Seymor von der Gruppe B und ein Offizier des Regimentsstabes warten in ihrem Versteck, bis der erste Panzer an ihnen vorbeigerollt ist, dann werfen sie gleichzeitig eine geballte Ladung Handgranaten und rennen zu ihren Pferden zurück. Die Granaten machen zwar dem Panzer nichts aus, er hält aber an, was sie auch bezwecken sollten. So gelingt es dem Regiment sich vom Feind zu lösen.

Kurz nach Mittag, am 25. Dezember, trifft eine japanische Vorausabteilung von Lt. Col. Kuro Kitamuras 28. Aufklärungsregiment, das von Binalonan nach Osten vorstößt, am Flußufer gegenüber von Tayug auf Spähtrupps der 26th Cavalry. Gegen 19 Uhr haben Kitamuras Truppen die Reiter zurück zum Agno abgedrängt. Die 2. Schwadron bildet daraufhin an dem gegenüberliegenden Flußufer einen Brückenkopf. Nur dem tiefen Schlamm des Agno ist es zu verdanken, daß die japanischen Panzer hier stoppen müssen. Das Gefecht dauert bis spät in die Nacht. Und als die Japaner um 2 Uhr am nächsten Morgen den Fluß überschreiten, zieht sich die Kavallerie zurück. Um 4 Uhr besetzten die Japaner Tayug. Da jetzt auf diesem Frontabschnitt weiterer Widerstand sinnlos ist, rückt Colonel Pierce nach Umingan. Unterwegs sprengen seine Reiter acht Brücken zwischen Tayug und San Quintin und erreichen, stark dezimiert, die amerikanischen Linien.

1942

Der Untergang der US-Cavalry

... wie von Geisterhand geführt

Raum Moskau, Anfang Januar. Die 6. Infanteriedivision hat vor Sytschewka umfangreiche Minengürtel angelegt, und die Deutschen wähnen sich in Sicherheit. Bereits beim ersten Angriff gehen mehrere sowjetische Bataillone und Panzer hoch, da die Minen unter der Schneedecke nicht auszumachen sind. Das Kavalleriekorps General Gorin wird in den Abschnitt geschickt: »Es war stockdunkle Nacht, und man konnte dabei nur soviel sehen, daß ich gerade noch das Gefühl hatte, nicht blind zu sein. Wir gaben unseren Pferden die Zügel frei und ließen sie einfach laufen. Wie von Geisterhand geführt, umgingen sie sicher alle Hindernisse. So den Minensperren ausgewichen, stürmte unser Reiterregiment die Stadt, und bevor die Deutschen sich von der Überraschung erholen konnten, nahmen wir Sytschewka ein. Wie unsere Pferde es geschafft haben, unter einer knietiefen Schneedecke die einzelnen Minen auszumachen, wird für mich immer ein Geheimnis bleiben.«

Während der neuen Offensive, die am 9. Januar 1942 beginnt, sind die sowjetischen Kavallerieverbände überall dabei. Einige von ihnen erringen dabei spektakuläre Erfolge. So stürmt z.B. das Gardekavalleriekorps des General Below in die Flanke der 4. Armee. Schon zwei Tage später reiten die Schwadronen Belows über die Rollbahn Smolensk-Wjasma, die Lebensader der 4. Armee, südwestlich Juchnow und vereinigen sich dort mit den Partisanen. Ende Januar stehen sechs Kavalleriedivisionen im Rücken der 4. Armee. Heute greifen sie dort an, morgen an einer anderen Stelle. Die 4. Armee hat keinen Truppenteil, der in gleicher Beweglichkeit diese Divisionen zum Kampf stellen kann.

Generalmajor A. F. Bytschkowski, den Kommandeur des 6. Kavalleriekorps, verfolgt wiederum ausgesprochenes Pech: Sein Korps, das aus der 26., 28. und 49. Division besteht, erreicht am 23. Januar den Raum Alexejewka. Dort steht er vier Tage lang untätig. Währenddessen ziehen die Deutschen aus Charkow Reserven heran. Das Korps kann daher nicht bis Balakleja vordringen und wird in zermürbende Kämpfe um einzelne Ortschaften verwickelt.

Bytschkowski setzt drei seiner Kavalleriedivisionen gegen Infanterie, die sich in Ortschaften verschanzt hat, ein und läßt frontal angreifen. Die Reiter werden dabei aus der Luft bombardiert und erleiden schwere Verluste.

Oben: Wolchow, Frühjahr 1942: Willig trägt das treue Tier die schwere Last.

Unten: Jugoslawien, Frühjahr 1942: ein Tragtierzug der deutschen Gebirgsjäger.

Rechte Seite oben: Ostfront, Nordabschnitt, Frühjahr 1942: Was der Motor in unwegsamem Gelände nicht mehr schafft, bringt Kamerad Pferd zuwege.

Rechte Seite unten: Der Frühling ist da: ein deutscher Spähtrupp am Feind.

Oben: Ostfront, Sommer 1942: Der 1. Zug der Reiterschwadron der Aufklärungsabteilung 26, vorn der schlappohrige Ostpreuße.

Unten: Ein bespanntes Zwillings-MG durchquert einen Bach. Der Zweispänner ist mit einzelnen Ortscheiten und Hintergeschirren versehen, um die Zugkraft zu erhöhen und das Abbremsen zu erleichtern.

Oben: Wo noch vor kurzem metertiefer Morast lag, wirbeln jetzt die Troßgespanne dicke Staubwolken auf.
Unten: Ein berittener Fernmeldetrupp im Einsatz.

Oben links und rechts: Rußland, Frontabschnitt Mitte, Sommer 1942: Gegen Bomben- und Granatsplitter schützen unterirdische Stallungen.

Links: In besonderen Dampfbädern werden die Pferde von allerlei lästigen Insekten befreit.

Rechts: Eine Schmalspur-Feldeisenbahn bringt die Verpflegung für die vierbeinigen Kameraden.

Links: Ostfront, Herbst 1942: ein geduldiger ›Zahnarzt‹-Patient.

Links: Noch war es möglich, das Pferd mit modernen Geräten zu untersuchen: Das Fesselgelenk wird gerade geröntgt.

Rechts: Einer der Schwerverletzten: aufgehängt, um die Beine zu schonen.

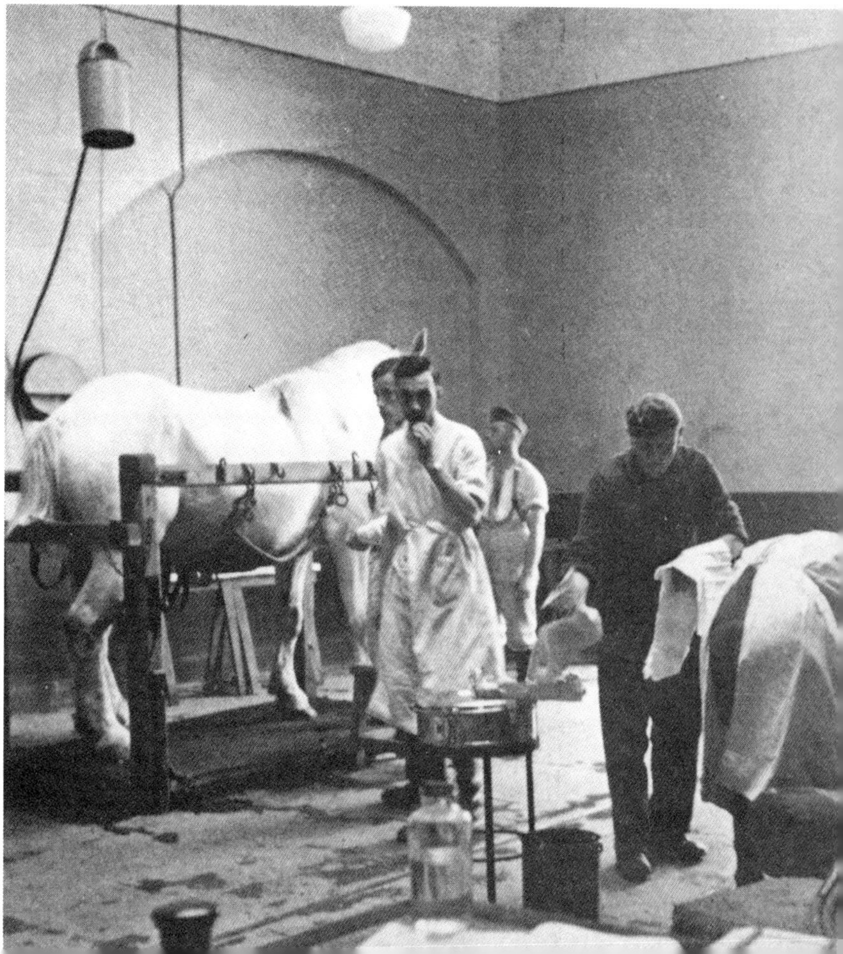

Mitte: Die ›Insassen‹ eines Pferdelazaretts.

Rechts: Ein sauberer, heller Operationssaal.

Linke Seite oben: Mandschurei, Herbst 1942: nach japanischem Muster ausgebildete mandschurische Kavallerie.

Linke Seite unten: Tatishschew bei Saratow, 13. Dezember 1941: die Kavallerie der polnischen 5. Division (Gen. Boruta Spiechowicz) der Armee Gen. Anders.

Rechts: Palästina, Sommer 1941. Übung an Hieb- und Stichgeräten: ein Reiter der polnischen Brygada, die nach Syrien evakuiert wurde, bei den sogenannten Reiterspielen.

Unten: Polnische Truppen in der Sowjetunion: 5. Division der Armee von Gen. Anders (Frühj. 1942).

Oben links und rechts: Erstklassiges Pferdematerial: die slowakische Kavallerie.

Unten links und rechts: Die rumänische Kavallerie. Links zwei Kalaraschen-Reiter, rechts die Tragpferde mit schwerem MG einer Gebirgsjägerschwadron.

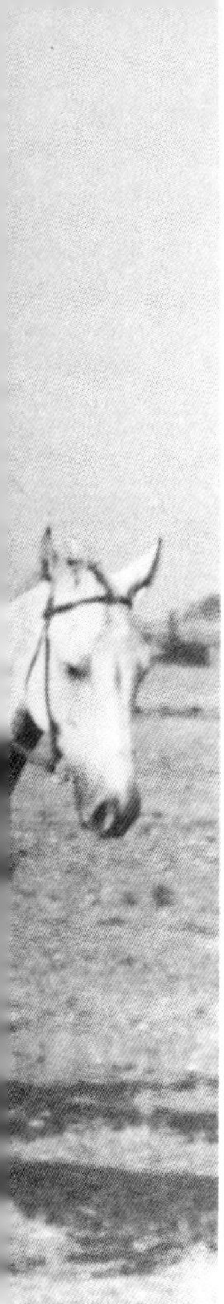

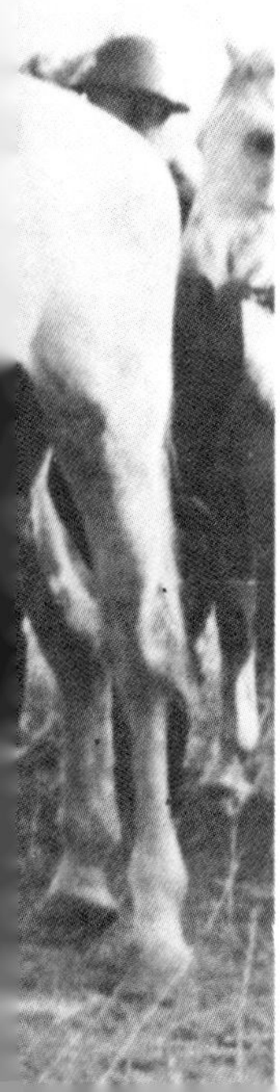

Einige der seltenen Fotos: Die Kavallerie des Russischen Schutzkorps Serbiens (RSS; Gen. Staifon), eine 15 000 Mann starke Streitmacht (5 Regimenter), meist ehemalige Zarenoffiziere oder deren Söhne. Diese Weißrussen gelangten kurz vor der Revolution 1917 über die Türkei nach Serbien. Das im Jahre 1942 aufgestellte Korps wurde in Serbien zur Bekämpfung der Tito-Volksbefreiungsarmee eingesetzt.

Links oben: Eine Schimmelschwadron des Russischen Schutzkorps Serbiens.

Links unten: Offiziere des RSS.

Rechts oben: Ehemaliger Rittmeister der Zarengarde.

Oben links und unten rechts: Nordgriechenland, Sommer 1941: Eine bulgarische Kavallerievorhut geht in Stellung.

Unten links und oben rechts: Südserbien 1942: Die mit den Deutschen kollaborierenden Freischärler, die sog. Tschetniks des Kosta Pećanac, die den Kampf gegen die Tito-Partisanen führten. Unten links einer der Pećanac-Reiter.

Rußland, Don-Front, Juli 1942: *Links oben* Attacke der Savoia Cavalleria; *rechts oben* Kamerad Pferd als Schutzschild für die Reiter der Savoia während einer Übung.

Links unten: Südfrankreich 1942: italienische berittene Carabinieri als Besatzungstruppe.

Rechts unten: Standartenzug eines italienischen Kavallerieregiments.

Oben: Die Armée de L'Armistice der Vichy-Regierung, Montauban, Mai 1942: eine Schwadron des 3e Régiment de Hussards.

Unten links: Camp de la Courtine, Mai 1942: Feldübungen des 2e Régiment de Dragons.

Unten Mitte: Schüler der nach hier verlegten École d'Application de la Cavalerie Saumur beim Geländeritt.

Rechts: Aix-en-Provence, Februar 1942: Kavallerieschüler der École Spéciale Militaire de Saint-Cyr.

Oben: Kosaken: ein Volk, das nicht nur zu kämpfen, sondern auch zu tanzen versteht.
Unten: Links einer der Kosaken des berüchtigten SS-Brigadeführers Mieczyslaw Kaminski.

Oben und unten: Im Dienst der deutschen Wehrmacht und in Zarenuniform: Donkosaken.

Oben: Ostfront, Sommer 1942: unter dem Totenkopfzeichen für die Freiheit der Kosaken.

Unten: Ostfront: deutsche Kosaken *(links)* bei der Einsatzbesprechung, *rechts* ein Sicherungstrupp.

Ostfront 1942: Während der Beobachterposten den Feind im Auge behält, ruhen die Trosse *(rechts oben)* im Schutz des Waldes. *Links oben* das typische Arbeitsgeschirr ohne Deichsel für starke Belastungen.

Februar 1943, irgendwo zwischen Dnjepr und Donez: Eine Kosakenschwadron wird aufgestellt.

Links oben: Der Fahnenzug der Donezkosaken.

Links unten: ... mit Heil Hitler, Hakenkreuzfahne und Popen: die Vereidigung.

Oben: Der erste Ausritt der neuen Schwadron.

Rechts: Die Starschisna, die Ranghöchsten der neuen Schwadron.

Sommer 1944, die Krim-Söhne im fernen Kroatien: Kosaken auf dem Balkan.

Oben: Die Spitze eines Donkosakenregiments.

Mitte: Sattler bei der Arbeit.

Unten: Eine Kosakin als Veterinär. Anscheinend blutet das Pferd aus den Nüstern, außerdem hat es Satteldruckstellen auf dem Rücken.

Rechte Seite oben und unten: . . . ob bei Nacht, am Tage, im Dienst, in der freien Zeit – man langweilt sich nicht.

Sie tauschten den Roten Stern gegen das Hakenkreuz: Hitlers russische Reiter.

Rechte Seite oben: Der Reiter (ein Unteroffizier) trägt um den Hals gehängt die populäre russische Maschinenpistole PPSH (M-41), Kaliber 7,62 mm, mit Trommel (71 Schuß), an der Seite eine Offizierskarten- und -Meldetasche der Roten Armee.

Rechte Seite unten links: Meldereiter eines Kosakenregiments.

Rechte Seite unten rechts: Ein pittoresker Reiter des Kalmückischen Kavalleriekorps in der Wintermontur: Wolfspelzmütze mit Ohrenklappen, deutscher Heeresmantel und Koppel, über der Brust ein MG-Munitionsgürtel.

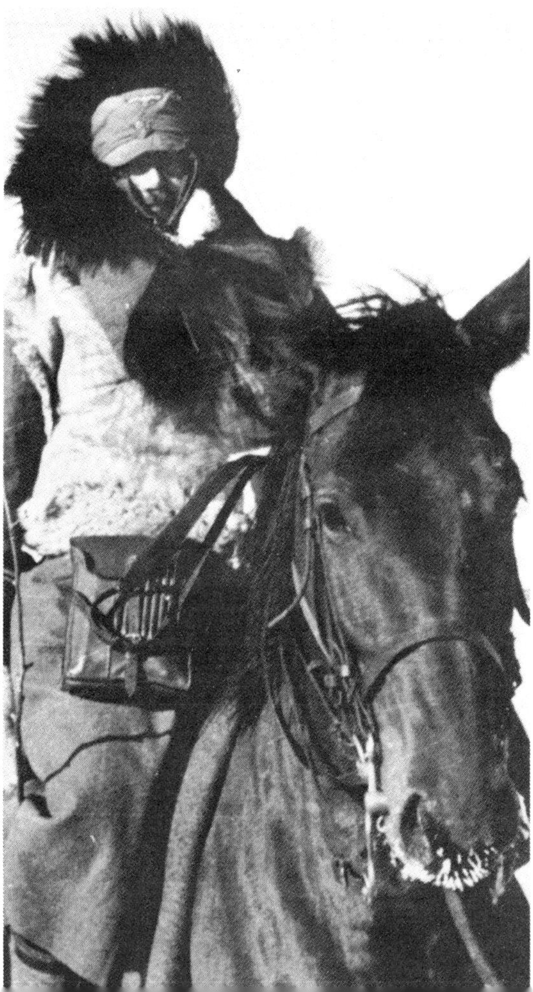

Linke Seite oben: Sondergebiet Yan'an (Nord-China) 1942: Maos Kavallerie an der Chinesischen Mauer bei Yang-Kao, im Norden des Heng-Shan-Gebirges.

Linke Seite unten: Stürmische Begrüßung: berittene Patrouille bei Mizhi.

Unten Mitte: Nächtlicher Ritt durch den Hu-t'o-Ho-Fluß im Shan-Massiv.

Rechts oben: Yanchang: Morgenappell bei einem Kavallerieregiment. Die mausgrauen mongolischen Kleinpferde (vorn) werden bei Maos Volksbefreiungsarmee für alles verwendet.

Rechts unten: Mit List und Gewandtheit: eine berittene Aufklärungsabteilung.

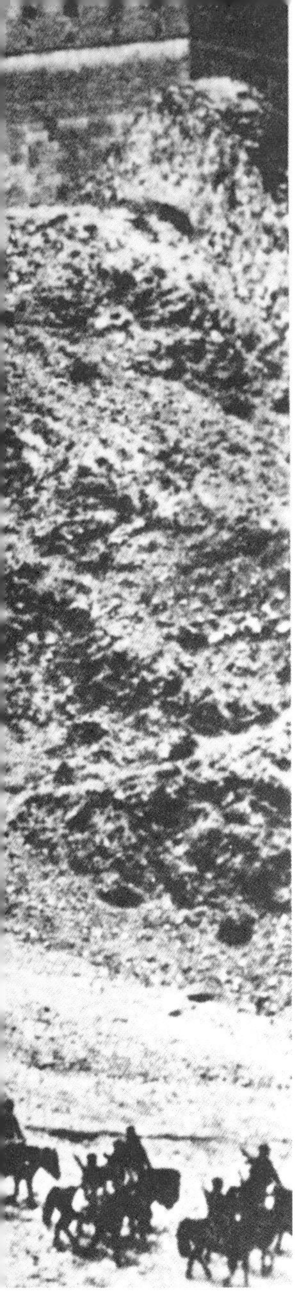

»Das verschwundene Korps«

Marschall Timoschenko beauftragt General Kyrill S. Moskalenko, die Ursachen für die Erfolglosigkeit der Operationen des 6. Kavalleriekorps zu klären: »Die Po-2, mit der ich flog, landete am Rande eines Dorfes. Dem Piloten waren aber offenbar Zweifel gekommen. Wir kletterten zwar aus der Maschine, den Motor schaltete er jedoch nicht ab. Da sahen wir auch schon, daß eine Gruppe deutscher Soldaten über das verschneite Feld auf uns zulief. Wir stiegen sofort wieder ein, und die Maschine startete, begleitet von einem ganzen Feuerwerk von Leuchtkugeln. Zum Glück ging alles glatt. Bald darauf landeten wir in der Stellung der Kavalleristen.«
Am 12. Februar, noch während der Überprüfung des Korps, trifft der Befehl zur Abberufung von Generalmajor Bytschkowski und die Ernennung von General Moskalenko als Kommandeur des Korps ein. »Erst da begriff ich, weshalb man mich hierhergeschickt hatte.« Tags darauf wird das 6. Kavalleriekorps von der Front abgelöst. In kürzester Zeit muß es wieder aufgefüllt und versorgt werden. Man mobilisiert die Stäbe und alle Soldaten, große Hilfe leistet die Bevölkerung: sie räumt die Wege, hilft Transporte befördern und bringt die Pferde unter. Alles wird nachts erledigt, weil am Tage deutsche Aufklärer das ganze Gebiet überfliegen und das »verschwundene Korps« suchen. Am 18. Februar erhält das 6. Kavalleriekorps die Aufgabe, die Stadt Losowaja zu erobern.
»Der Erfolg unseres Einsatzes hing von der raschen Verlegung und dem Überraschungsmoment ab. Wir marschierten nur nachts bei strenger Einhaltung aller Tarnmaßnahmen.«
Bei Eintritt der Dämmerung werden Trupps in Marsch gesetzt, die Schlupfwinkel für das Korps vorbereiten sollen. Bis zum Morgengrauen muß alles in den Hütten der Kolchosbauern, in Schulen und Klubs untergebracht und getarnt sein. Das Ergebnis ist verblüffend: »Der überraschende Angriff endete mit der Unterbrechung der Bahnlinie Dnjepropetrowsk–Stalino durch die Kavalleriedivision.« Die Deutschen verlegen eilig ihre Kräfte in diesen Abschnitt, und die Luftabwehr greift das Korps tagelang an. »Da wir weder eine Luftabwehr noch eine Luftunterstützung hatten, mußte unser Vormarsch am 1. März zunächst abgebrochen werden.« So ziehen sich die Kämpfe mit wechselndem Erfolg bis in die ersten Apriltage hin. Dann stabilisiert sich die Front.

In den Bergen von Bataan

Am 2. Januar sind die Japaner in Manila einmarschiert und bis zur Porac-Linie auf der Spitze der Halbinsel Bataan vorgedrungen. Diese möchten sie

sogleich am 2. Januar in einem Handstreich nehmen, der Angriff bleibt jedoch in schwerem Artilleriefeuer stecken.
Etwa um 3 Uhr 30 am 6. Januar hat die 26th Cavalry die neue Linie südlich von Layac Junction erreicht. Auch die neuformierte philippinische Armee, die Philippine Scouts, und die Garnison der US-Armee ziehen sich auf die Halbinsel Bataan und Corregidor zurück. Solange sie diese Stellungen halten, sind die Japaner nicht in der Lage, in Manila Bay vorzudringen, um den Hafen von Manila benutzen zu können.
Die 26th soll nach Abucay Hacienda, in die Berge der Halbinsel Bataan verlegt werden, der Weg dorthin ist durch tiefe Schluchten getrennt. Es gibt kein Futter mehr für die Pferde, aber die Männer finden in den nahegelegenen Feldern Haufen von Hochlandreisstroh, die von der letzten Ernte übriggeblieben sind, und so haben die Tiere wenigstens etwas zu fressen.
Am 9. Januar 1942 geht Major Fleeger mit einem Bergführer hinaus, um eine Möglichkeit zu finden, die Schlucht zu überqueren, und schafft es schließlich mit ziemlicher Anstrengung, die andere Seite zu erreichen. Man braucht den ganzen nächsten Tag, um das letzte Pferd über die Schlucht zu bringen. Man muß Serpentinenpfade in die steilen Abhänge der Schlucht schlagen, das Unterholz mit Macheten wegschneiden, und nicht nur einmal müssen die Tiere mit Seilen über die unwegsamsten Stellen gezogen werden. Mehrfach stürzen sie fast bis zur Senke hinunter, wo sie zum Glück durch Büsche aufgefangen werden, die beide Seiten der Schlucht bedecken. Endlich erreichen jedoch jeder Mann, jedes Tier und jedes Ausrüstungsstück, einschließlich der Funkgeräte, das Plateau. Hier fallen alle in völliger Erschöpfung zu Boden.
Vom 10. bis zum 15. Januar verbleibt das Regiment in seinem Quartier, etwa einen Kilometer nördlich von Bagac. Man ruht sich aus, beschlägt die Pferde neu, und die Erkundungspatrouillen machen sich mit der Umgebung vertraut. In dem Gebiet befinden sich zu dieser Zeit etwa 80 000 Soldaten und 26 000 Zivilisten. Die Japaner greifen die Hauptkampflinie im Sturm an, den sie durch schwere Bombardierung vorbereitet haben. Die Stellungen können aber in harten Kämpfen gehalten werden.

»... mit Reis und Curry«

Nach den ersten Wochen wird die Verpflegungslage auf Bataan so ernst, daß die Suche nach Nahrung mehr Bedeutung gewinnt als die Anwesenheit des Feindes. Die Rationen sind auf 200 Gramm Reis täglich pro Mann gekürzt, und alle haben mit dieser Nahrungsknappheit zu kämpfen. Inzwischen wird am 12. März MacArthur ausgeflogen, und Generalleutnant Wainwright übernimmt den Befehl. Kurz nachdem er diesen Posten innehat, bestimmt General Wainwright, daß die 26th Cavalry, jetzt ein Teil der Luzon Force Reserve, am Bobo Point Lager beziehen soll. Ständiger Hunger, die schwüle Hitze,

Malaria und Ruhr, gegen die es nicht genug Medikamente gibt, sowie die Schreie der Verwundeten sind unerträglich - besonders, als noch bekannt wird, daß die Japaner wieder im Vormarsch sind. Und die Pferde haben alles Reisstroh aufgefressen, das von der letzten Ernte auf Bataan übriggeblieben ist. Man schreibt den 15. März 1942, ein gewichtiges Datum in den Annalen der US-Reitertruppen. An diesem Tag findet die amerikanische Kavallerie ihr Ende - im Kochtopf: Die letzten 250 herrlichen Reitpferde der 26th, dazu 48 Packesel, werden geschlachtet und aufgegessen. »Ihr zähes Fleisch schmeckte mit Reis und Curry recht gut.«

Englands letzte Kavallerieattacke

Am Spätnachmittag des 18. März 1942 reiten drei britische Offiziere mit hundert Soldaten der Kolonne F. F. 2 (Frontier-Forces) des burmesischen Grenzschutzes einen Dschungelpfad entlang nach Toungoo, 250 Kilometer von Rangun. Seit Wochen sind sie von der fernen Grenze Chinas unterwegs. Die Reiter und ihre kleinen zähen burmesischen Pferde sind am Ende ihrer Kräfte.
Seit der Syrienkampagne im Jahre 1941 gibt es keine englische Kavallerie mehr, und die einzigen berittenen britischen Truppen sind die Grenzstreitkräfte Burmas, deren Soldaten sich aus den verschiedenen Stämmen Burmas rekrutieren. Sie unterstehen britischen Offizieren der indischen Kavallerie, die zu diesen Truppen abkommandiert sind. Als sich die Japaner Ende 1941 Burma nähern, wird die burmesische Armee verstärkt, und die berittenen Truppen des Grenzschutzes wandelt man in eine Aufklärungseinheit um. Die voneinander unabhängig operierenden Frontier-Forces werden in Kolonnen, je 100 Reiter stark, aufgeteilt, jede Kolonne führen zwei oder drei britische Offiziere.
Die Frontier-Forces-Kolonne 2 (F. F. 2) ist den chinesischen Truppen unter dem Kommando des US-General Stilwell für Aufklärungsaufgaben unterstellt. Die Hälfte der F. F. 2 wird auf dem Wege nach Zentral-Burma von Japanern zerschlagen, der Rest, unter dem Kommando von Captain Arthur Sandeman von der Central India Horse, erhält Befehl, von Toungoo aus nach Osten bis an den Sittang-Fluß aufzubrechen, um die Bewegungen der japanischen Streitkräfte zu überwachen. Das chinesische Regiment, das sich etwa 25 Kilometer weiter südlich befindet, hat bis jetzt noch keine Feindberührung.
Die Kolonne des Captain Sandeman marschiert an einem Flugplatz vorbei und erreicht dann das darunterliegende Plateau. Nach drei oder vier Meilen melden zwei Späher mehrere Soldaten, die Schützengräben ausheben und MGs in Stellung bringen. Da sich diese Stellung innerhalb der vorderen englischen Verteidigungslinien befindet, nimmt Captain Sandeman an, daß es sich

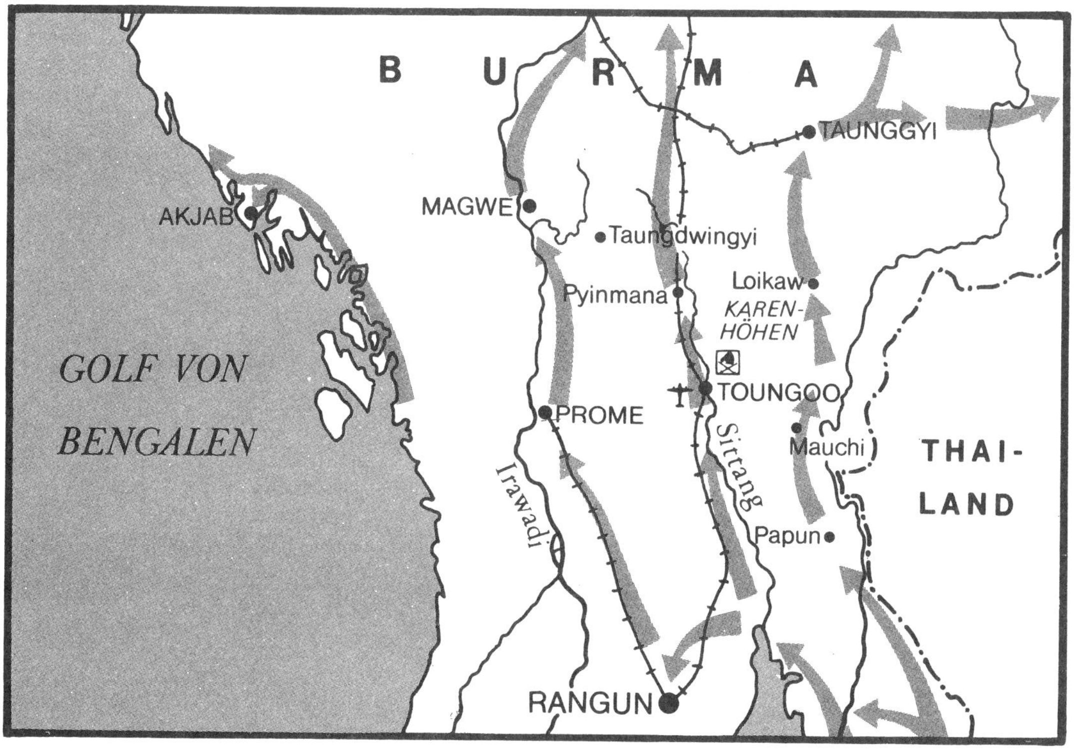

Burma, März 1942:
Die letzte Kavallerieattacke der britischen Armee

um chinesische Truppen handeln müsse. Er sucht das Gelände mit seinem Feldstecher ab, kann jedoch nichts Verdächtiges entdecken, zumal die Uniformen der chinesischen und japanischen Soldaten beinahe identisch sind. Die Kolonne zieht ihren Weg und ist bereits in Reichweite der MG, als Captain Sandeman seine Männer stoppt, allein weiterreitet und auf englisch und burmesisch ruft: »Wir sind eine britische Patrouille!«

Das Ende auf Bataan

In den letzten Tagen der Verteidigung der philippinischen Halbinsel Bataan befinden sich die Truppen in völliger Auflösung. Die Funkverbindungen brechen ab, und die Hauptquartiere sind oft ohne jede Kenntnis über die Situation. Manche Einheiten verschwinden im Dschungel und bleiben verschollen. Etwa 2000 Männer und Frauen schaffen es, in der Nacht vom 8. zum 9. April 1942 in kleinen Motorbooten aus Bataan zu entkommen. Unter den 300 US-Infanteristen, eine Anzahl Soldaten der philippinischen Armee, einigen Marinesoldaten, sind auch drei oder vier Überlebende der 26th Cavalry. Von zwei Seiten zugleich feuern die MG. Die Patrouille ist in einen Hinterhalt geraten. Captain Sandeman zieht blitzschnell seinen Säbel, befiehlt dem Trompeter, das Angriffssignal zu geben, und galoppiert dem Feind entgegen. Dies ist die letzte Kavallerieattacke in der Geschichte der britischen Armee. Mit dem Schlachtruf »Sat Sri Akal« folgen ihm seine Reiter. Weder Captain Sandeman noch einer von seinen Männern erreichen die japanischen Stellungen. Captain Sandeman stirbt im Kugelhagel, den Säbel in der Hand. Nur einige seiner Reiter entkommen.

Zwischen Dnjepr und Wolga

Vorstoß auf Tschebotarewskij

Am 11. Juli 1942 beginnt für das italienische Expeditionskorps (C. S. I. R.) in Rußland der Vorstoß in Richtung Don. Die berittenen Einheiten ›Savoia Cavalleria‹ und ›Lancieri di Novara‹ werden zu Säuberungsaktionen in das Gebiet Krasni Lutsch geschickt und nehmen einige Tage später Verbindung mit der italienischen 3. Schnellen Division auf. Im Verband mit der 8. Italienischen Armee erreichen sie in einem Gewaltmarsch von 31 Tagen den mittleren Don. Hier übernehmen sie am 13. August einen Verteidigungsabschnitt zwischen der 2. Ungarischen und der 6. Deutschen Armee. Schon eine Woche später werden sie von starken sowjetischen Kräften angegriffen.
Am 21. August 1942 befindet sich die 3. Schnelle Division in einer kritischen Lage. Um den Feind aufzuhalten, werden die Kavallerieregimenter ›Savoia‹ und ›Novara‹ in den Raum zwischen Jagodnij und Tschebotarewskij geworfen. Am 23. August erhalten sie den Befehl, den Gegner, der sich auf den Vorstoß auf Tschebotarewskij vorbereitet, anzugreifen.
Bei Tagesanbruch am 24. wird eine starke feindliche Aufstellung erkundet, die vom Gegner während der Nacht mit Hilfe neu herangezogener Abteilungen zwecks Absperrung der von der ›Savoia‹ bedrohten Straße geschaffen worden ist: drei Bataillone des sowjetischen 812. Infanterieregiments, unterstützt von Artillerie und Granatwerfern, auf einer Entfernung von wenigen hundert Metern vor den italienischen Linien. Colonnello Bettoni läßt das Feuer sofort erwidern, und man beobachtet, wie die sowjetische Infanterie die vorgeschobenen Stellungen räumt. Um die Verwirrung auszunutzen, befiehlt Bettoni der 2. Schwadron des Capitano De Leone den Gegenangriff. Was jetzt geschieht, ist eine carica di cavalleria, eine perfekte Kavallerieattacke auf Italienisch . . .

Kavallerieattacke auf Italienisch

»2. Schwadron, aufsitzen!« Im Nu sind die Reiter startbereit, und Capitano De Leone erhält von Maggiore Conforti den Befehl: ». . . mit voller Kraft die linke Flanke des Feindes angreifen!« Das Aufblitzen der MGs in der Morgendämmerung zeichnet deutlich die Frontlinie ab. In wenigen Augenblicken galoppiert die 2. Schwadron in geschlossener Formation »wie auf dem Exerzierplatz« aus dem Dorf und holt in weitem Bogen aus, als habe sie die Absicht, sich an den Ort zurückzuziehen. Plötzlich dreht sie auf der Stelle um, und dann geht es los, »wie aus dem Katapult geschossen« in voller Wucht gegen die Flanken und den Rücken der Sowjets. Bei diesem Anblick kann Maggiore Dario Manusardi, der ehemalige Chef der 2. Schwadron, nicht widerstehen und wirft sich hinter die Schwadron, gefolgt von seinem Burschen. »Unser alter Capitano ist wieder da!« ruft De Leone. »Evviva, Manusardi!« geht es durch die Schwadron. »Ein Säbel mehr zu Ihrer Verfügung!« antwortet Manusardi, der geborene Gentleman, der vergaß, daß er seinen Säbel nicht dabei hat und nur mit einer Reitpeitsche bewaffnet ist. »Savoiaaa!« ertönt der Kampfruf.

Die italienischen MG und die Geschütze der bespannten Artillerie legen das Feuer auf die russischen Stellungen. »Die ganze feindliche Front wird zerschlagen durch den Orkan der Einschüsse, und der erschreckte Feind versucht, sich in den Schützengräben zu verkriechen.« Inzwischen spielt sich aber auch so manches vor den Stellungen ab. Das Pferd von Capitano De Leone, sein geliebter »feuriger Ziguni«, bricht unter den MG-Garben zusammen, der geistesgegenwärtige Bursche hält ihm sein eigenes parat, das aber durchgeht, bevor der durch den Sturz etwas benommene Capitano aufsitzen

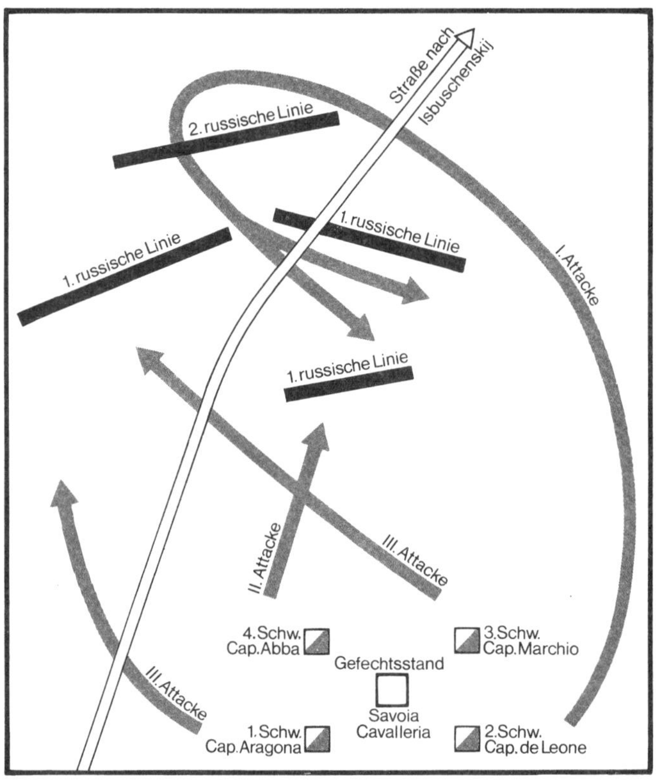

Am Don, 24. August 1942: Die Attacke der ›Savoia Cavalleria‹

kann. Maggiore Manusardi ergreift währenddessen das Kommando, und seine sonore Stimme dringt durch das Kampfgetümmel: »Savoia!«
»Die Säbel fallen wütend auf die feindliche Infanterie nieder, die Hufe der Pferde schlagen in die Maschinengewehre, Gurte und Munitionskästen. Einige Reiter ohne Pferd kämpfen wie die Löwen und machen Gefangene.« Capitano De Leone, ebenso wie der Bursche unfreiwillig abgesessen und jetzt aus seinem Karabiner feuernd, hat offensichtlich andere Probleme: »Erst verschießen wir die ganze Munition, dann bringen wir uns selber um, ehe wir uns ergeben.« Der Bursche erwidert: »Zu Befehl, Signor Capitano.«
Dem Gros der Schwadron gelingt unterdessen der Sprung hinter den Rücken der Sowjets, die ohne Unterbrechung die Reiter unter Feuer halten. Manusardi weist mit seiner Reitpeitsche auf das Ziel, der »Savoiaaa«-Schlachtruf ertönt abermals, und die Schwadron führt ein schnelles Manöver durch, kehrt zurück und passiert tollkühn nun ein zweites Mal die feindliche Linie – allerdings jetzt in entgegengesetzter Richtung.
»Die Reiter warfen Handgranaten in die Stellungen, dorthin, wo sie die Russen in den Schützengräben nicht mit ihren Säbeln erreichen konnten.« Dabei vollbringen die Kavalleristen erstaunliche Taten: So sieht z.B. »Caporale Valsecchi, wie ein Unteroffizier verwundet und sein Pferd getötet wird, steigt im Kampfgetümmel aus dem Sattel und bietet dem Unteroffizier seinen Platz an. Dann schlägt er sich auf eigene Faust durch und bringt sogar mehrere Gefangene mit.«
Auch Caporale Dirti, der mit seinem Pferd inmitten der russischen Stellungen stürzt, hat nicht minder Glück. »Er lag mit einem Bein unter dem Tier und konnte, obwohl ohne Waffe, die drei feindlichen Soldaten derart einschüchtern, daß sie ihn aufhoben und sich anschließend von ihm gefangennehmen ließen.«

... wie eine Rakete

Die Schwadron ist auf die Hälfte zusammengeschrumpft. Die reiterlosen Pferde traben bluttriefend umher und wiehern vor Schmerzen. Da sich die Russen allem Anschein nach durch das Geschehen nicht haben beeinflussen lassen und, wie berichtet, ». . . der Feind noch einmal versucht, das Regiment anzugreifen«, befiehlt Colonnello Bettoni der 4. Schwadron des Capitano Abba, diesmal zu Fuß frontal vorzustoßen. »Abba an der Spitze der Schwadron, mit der Maschinenpistole in der Hand, sät den Tod in feindliche Reihen . . .« Als Bettoni merkt, daß dies alles die russischen MG-Schützen nicht abschrecken kann, schickt er Capitano Marchio mit seiner 3. Schwadron und vorsichtshalber noch die abgesessene 1. Schwadron des Capitano Aragona in den Kampf.
»Die 3. Schwadron geht wie eine Rakete los.« Maggiore Litta, der die Schwa-

dronen eine nach der anderen aufbrechen sieht, hält es jetzt nicht mehr aus. »Er springt in den Sattel und galoppiert hinterher«, sein Adjutant und dessen Bursche ebenfalls, was dem Major nicht ganz paßt, und er versucht vergeblich die beiden auf halbem Wege zurückzuhalten. Inzwischen sind alle Schwadronen bereits am Feind. »Das Handgemenge ist wütend und blutig«, was wiederum den Künstler in Capitano Abba weckt. Der unerschrockene Reiter, jetzt zu Fuß, zieht im Kampfgetümmel seinen Fotoapparat hervor, kniet nieder, um ein paar Schnappschüsse zu machen, und bricht von einer MG-Garbe durchlöchert zusammen. Im gleichen Augenblick fällt Maggiore Litta, ein alter Turnierreiter, als er, »ganz Grandseigneur in vollem Galopp«, den Säbel schwingend, ein MG-Nest stürmt.
Das Resümee des 24. August 1942: drei Offiziere und 36 Mann getötet, weitere 74 Reiter schwer verwundet, 170 Pferde »außer Gefecht«. Nach Beendigung der Schlacht befiehlt Colonnello Bettoni von neuem: »Aufgesessen!«, und die restlichen unverletzten Kavalleristen reiten eine Volte mit gesenkten Säbeln, »um allen Gefallenen auf dem Felde des Sieges die Ehre zu erweisen«. Von den Bataillonen des Gegners – so der italienische Bericht – bleiben nur einige Rettung suchende Trupps Versprengter übrig. 150 Tote und 300 Verwundete liegen auf dem Boden. Die Zahl der Gefangenen beläuft sich auf fast 600. Vier Geschütze, zehn Mörser, fünfzig Maschinengewehre und automatische Gewehre sowie zahlreiche andere Waffen sind die Beute.

Tagaus, tagein

Die zu jeder deutschen Infanteriedivision gehörenden Reiterschwadronen der Aufklärungsabteilungen (A. A.) haben gerade im Rußlandfeldzug alle Hände voll zu tun. Tagaus, tagein sind drei kampfkräftige Spähtrupps der Schwadronen A. A. in Stärke von mindestens zwei Gruppen mit je einem berittenen Funktrupp im Einsatz. Die mittlere Gruppe sichert den Hauptvormarschweg der Division, die beiden anderen schützen die Flanken des Vormarsches in einer Breite von 10 Kilometern.
So ist die Masse der Reiterschwadron rund um die Uhr unterwegs. Der Rest, bestenfalls je eine Gruppe pro Zug, und die MG-Staffel, soll für Kampfaufträge nach Möglichkeit nicht eingesetzt werden. Oft zieht man jedoch die Divisionsaufklärungsabteilungen zur raschen Einnahme wichtiger Brücken, Engen oder Anhöhen im Vormarschraum hinzu. Auch der Flankenschutz der Division oder das Sperren feindlicher Rückzugsstraßen gehören zu ihren Aufgaben.
Die Spähtrupps reiten meist in den frühen Morgenstunden ab und treffen oft erst gegen 23 Uhr wieder bei der Abteilung ein. Nicht selten bleiben sie über Nacht draußen, damit sie am nächsten Morgen mit einem per Funk übermittelten neuen Auftrag sofort weiterreiten können.

»Wertvollstes Erkundungsmaterial«

Etwa ab Mitte 1942 kämpfen an der Ostfront Reiter, die den Sowjetstern mit dem Hakenkreuz vertauscht haben. Als Menschen zweiter Klasse betrachtet, die »wohl zusammen mit den Deutschen sterben dürfen, bis dahin aber rechtlos bleiben« und schamlos mißbraucht werden, schlagen sie sich tapfer auf der Seite ihrer neuen Herren. Unter der einen Million Rotarmisten, die für den Führer und das Deutsche Reich ins Feld ziehen, sind auch die Söhne des Reitervolkes der Kosaken und Kalmücken.

Im Herbst 1942, je tiefer die Heeresgruppen A und B zwischen Stalingrad und Kaukasus vorstoßen, desto breiter wird die Lücke, die in der Kalmückensteppe zwischen ihren Angriffsspitzen klafft. Eine einzige deutsche Division, die 16. motorisierte des General Graf von Schwerin, sichert schließlich diesen Bereich. Der für die Feindaufklärung zuständige Ic-Offizier der Division, Poltermann, beschließt, die antisowjetischen Gefühle der Kalmücken zu nutzen und Reiterverbände aufzustellen, die die offenen Flanken der Divison schützen sollen.

Das Steppenvolk führt ein Nomadenleben, was unter Stalin nicht besonders gut angesehen ist. Die Kalmücken sprechen tibetanisch und sind Buddhisten. Und die Identifizierung des Hakenkreuzes durch die Priester als altbuddhistisches Heilszeichen ist nicht ohne Bedeutung.

Poltermann wird der Dolmetscher Dr. Otto Doll, dem Erfahrungen mit den Kalmücken nachgesagt werden, zur Seite gestellt. Hinter dem Namen Dr. Otto Doll verbirgt sich der aus dem Sudetenland stammende Sonderführer Otto Rudolf Vrba, der bereits im Abwehrkommendo Süd in der Ukraine tätig gewesen ist. Jetzt organisiert der mysteriöse Sonderführer, allem Anschein nach ein sowjetischer NKWD-Agent, kalmückische Kavallerieschwadronen, für die er deutsche Uniformen und Beutewaffen besorgt.

Die 1. und 2. Kalmückenschwadron 66, später auch Kalmückenlegion genannt, wird in der Steppe eingesetzt. Diese Meister des kleinen Krieges zu Pferde erweisen sich schon bald durch ihre Kavallerieraids und Aufklärungsstreifzüge tief in das sowjetische Hinterland von unschätzbarem Wert. Sie sichern die ungeschützten Flanken und den Rücken der bei Justa sowie beiderseits der Straße Elista–Astrachan, bei Utta und Chalchuta konzentrierten deutschen Truppen, bekämpfen sowjetische Spähtrupps und bewähren sich als vorgeschobene Posten.

Bald operieren sieben Schwadronen unter ihrer gelben Nationalfahne, völlig auf sich allein gestellt. Bereits Ende Oktober 1942 vernichtet eine Kalmückenschwadron die Hälfte einer Partisanenabteilung bei Ulan Tug südlich von Utta. Die Kalmücken, wenn auch ohne Disziplin und Ordnung im westlichen Sinne, erfüllen ihre Aufgabe mit Leidenschaft. Die Vernichtung sowjetischer Restverbände in der Steppe besorgen sie mit solcher Wut, daß die Wehrmacht gelegentlich eingreifen muß, um Grausamkeiten zu verhindern.

General Graf v. Schwerin meint, daß die seiner Division übertragenen Aufgaben ohne die zuverlässigen Ergebnisse der von Kalmücken betriebenen Aufklärung gar nicht durchführbar seien. Die deutsche Führung gewinnt durch deren Tätigkeit »wertvollstes Erkundungsmaterial über die Feindlage in Astrachan und im Wolgadelta«. Es sind auch die kalmückischen Kundschafter, die frühzeitig von den Vorbereitungen der sowjetischen Winteroffensive, die mit der Vernichtung der 6. Armee in Stalingrad enden wird, berichtet haben.

Partisanen zu Fuß und zu Pferde

Was die Kalmückenreiter in ihrer Steppe im Spätherbst 1942 hinter dem Rükken der Roten Armee treiben, haben die Russen bereits einige Wochen nach dem Überfall Hitlers auf die Sowjetunion praktiziert. In seiner ersten Rede nach Kriegsausbruch fordert Stalin: »In die vom Feind besetzten Gebiete sind Partisanen zu Fuß und zu Pferde . . . zu schaffen«, und mit der Zeit entwickelte sich damals die Jagd hoch zu Roß auf »faschistische Eindringlinge« in manchen Regionen Weißrußlands und der Ukraine zu einem regelrechten Volkssport. Von Moskau aus per Funk gelenkt, entstehen, begünstigt durch die NS-Besatzungsmethoden, ansehnliche Partisanenverbände. Ihre Hunderte von Kilometern hinter der deutschen Frontlinie geführten Kavallerieraids werden berühmt. Und die Taten der Kommandeure wie Kowpak, Saburow, Rudniew oder Werschyhora gehören nun zum festen Repertoire der Geschichte des »Großen Vaterländischen Krieges«.
Auf der Konferenz der Partisanenkommandeure im September 1942 in Moskau erhalten Saburow und Kowpak von Stalin die Aufgabe, Streifzüge über den Dnjepr zu unternehmen, ». . . da ihre Ergebnisse für den Verlauf der Winteroffensiven notwendig sind«.
Sidor Artemowitsch Kowpak: »Wir hatten Anweisung, auf Shitomir und Kiew vorzustoßen. Unsere Aufgabe war es, die wichtigen Nachschublinien zur Wolga und zum Kaukasus, wo gerade entscheidende Kämpfe liefen, zu stören.« Der zentrale Partisanenstab in Moskau schickt Dutzende von Flugzeugen mit Verpflegung, Waffen und Funkgeräten. Auch zwei Feldgeschütze sind dabei.
Der Verband Saburows hat wiederum einen 500-Kilometer-Streifzug durch die Wälder der Ukraine vor sich. Der Raid, der am 26. Oktober 1942 meist zu Pferde mit 1620 Partisanen startet, ist gründlich vorbereitet worden. Auf dem Marsch überfallen sie Transporte, zerstören Brücken und jagen Eisenbahnlinien in die Luft. Nach 30 Tagen ist der vorgesehene Raum erreicht. Allein das Erscheinen einer solchen kampfstarken Partisanengruppe trägt dazu bei, die Bevölkerung für den Widerstand zu mobilisieren.

Südlich von Stalingrad

17. November, zwischen Don und Wolga: Temperaturen um null Grad, dichter Nebel wechselt mit Eisregen und Schnee. Die vereisten deutschen Aufklärungsmaschinen bleiben auf ihren Flugplätzen liegen. »Wieder hatte der Russe meisterhaft eine Schlechtwetterlage ausgenutzt«, schreibt später Generaloberst v. Richthofen, Chef der an der Stalingradfront eingesetzten Luftflotte 4.
Gegen 5 Uhr, am 19. November, beginnt die sowjetische Großoffensive aus den Brückenköpfen von Kletskaja und Serafimowitsch am Don, einen Tag später gehen auch die Truppen südlich von Stalingrad zum Angriff über. In

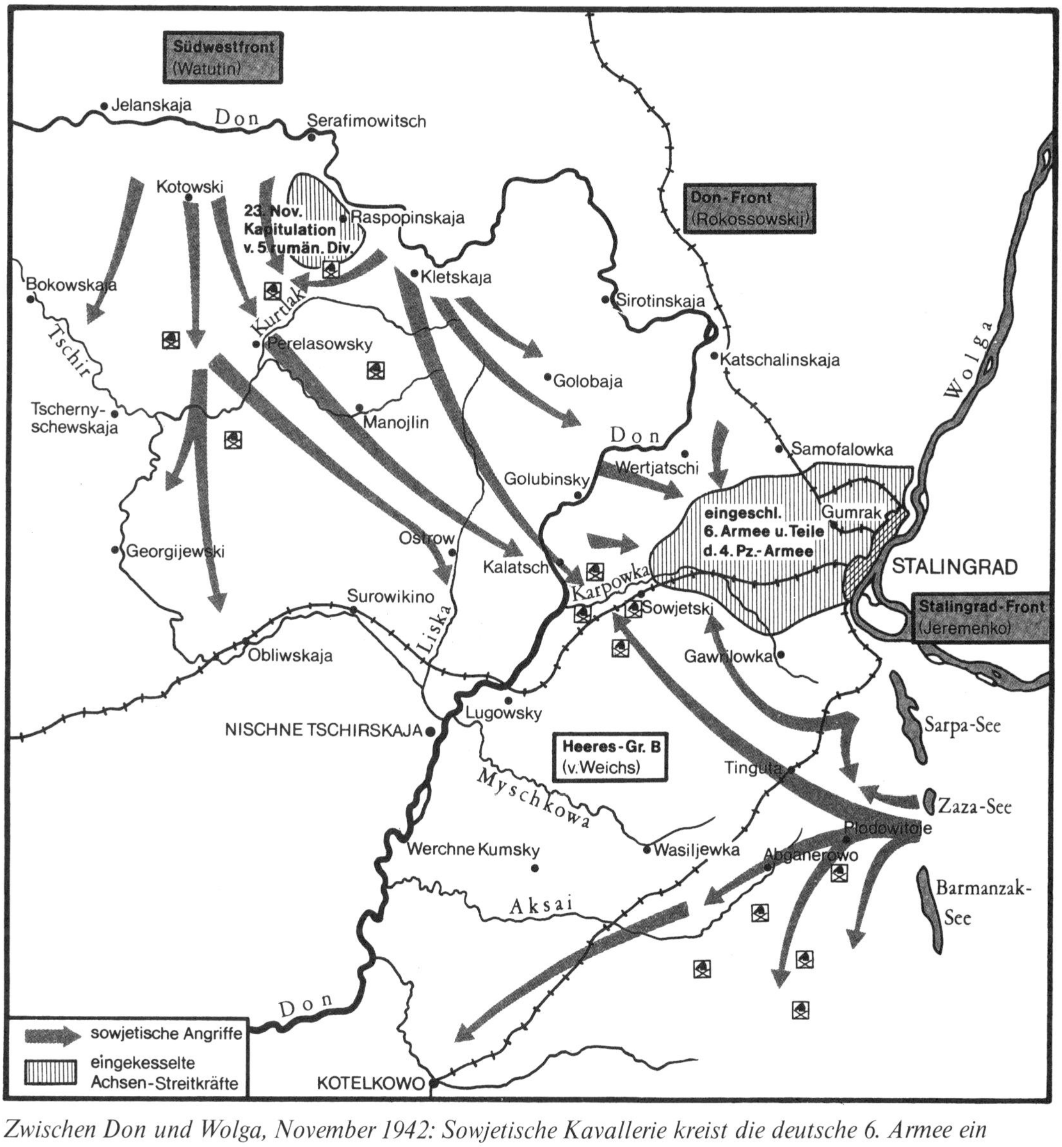

Zwischen Don und Wolga, November 1942: Sowjetische Kavallerie kreist die deutsche 6. Armee ein

die Durchbruchstellen werden Kavallerie- und Panzerverbände geworfen. Im Norden greift das Gardekavalleriekorps General Plijew an, im Süden die Kavallerie von General Sapkin.
Die sowjetische Offensive schlägt mit voller Wucht die in diesem Frontabschnitt eingesetzten rumänischen Kavallerieverbände. Bei Kletskaja trifft der Angriff den linken Flügel der rumänischen 1. Kavalleriedivision. Im Raum von Bol'soj hofft die Heeresgruppe die Gefahr durch den Einsatz der rumänischen 7. Kavalleriedivision zu bannen, der man befohlen hat, »das Vordringen des Feindes im Zuzkan-Tal defensiv unbedingt« zu verhindern.
An der Nahtstelle zum Armeeoberkommendo 6 hat sich die rumänische 1. Kavalleriedivision, unterstützt von der Gruppe Lepper, heftiger Angriffe der sowjetischen 65. Armee zu erwehren. Die Artillerie des Kavallerieregiments 12 hat schon gegen Mittag fast keine Munition mehr, und der Regimentskommandeur Oberst Lucca - er fiel am nächsten Tag bei einem Gegenstoß - meldet, daß ein Halten der Stellung mit seinen schwachen Kräften unmöglich sei. Die Einbruchstelle südlich von Melo-Melovskij kann das Regiment nicht mehr schließen. Das Regiment deckt mit vier Schwadronen, jede ungefähr 40 Mann stark, eine Front von 7 bis 8 Kilometern.

... Kavallerie schließt die 6. Armee ein

Am Abend des 19. November sind die sowjetischen Panzerspitzen bereits 50 Kilometer tief bei Blinow. Nichts steht ihnen mehr im Wege. Um 4 Uhr rollen dann sowjetische Panzerverbände am Ostrand von Zety entlang. Damit gelingt den Verbänden der sowjetischen 51. Armee ein Durchbruch, dessen Stoßrichtung auf Kalatsch am Don weist.
Die in der 20 Kilometer breiten Entfernung zwischen den beiden rumänischen Korps sichernden Teile der rumänischen 8. Kavalleriedivision werden eingeschlossen und schlagen sich unter erheblichen Verlusten nach Südwesten durch. Die Masse der 3. Rumänischen Armee ist voller Panik in Auflösung begriffen. Schon in den ersten vier Tagen der Offensive verlieren sie 75 000 Mann, alle schweren Waffen von fünf Divisionen und 34 000 Pferde. Die sowjetischen Reiterverbände, die Don- und Kubankosaken, rücken südlich der Front von Stalingrad vor. Zusammen mit Panzereinheiten vernichtet die Kavallerie, die an der Durchbruchstelle eingesetzt ist, die in diesem Raum stehenden Reserven der Deutschen. Am 23. November erreichen die Kavallerieeinheiten das westliche Ufer des Don nördlich der Stadt Kalatsch. Gleichzeitig treffen hier die Panzertruppen des General Podin und die motorisierten Truppen von General Wolski ein. Damit schließt sich die sowjetische Offensivzange, und General Paulus' 6. Armee wird eingekreist. Neben den etwa 260 000 todgeweihten Soldaten befinden sich in Stalingrad auch 51 000 ihrer vierbeinigen Kameraden.

1943

Eines Rittmeisters Idee: Die deutsche Kavallerie steht auf

»Gut, Boeselager...«

Smolensk, die Etappenstadt der Heeresgruppe Mitte, wirkt in den letzten Dezembertagen 1942 wie ausgestorben. Tiefer Schnee bedeckt die Spuren der harten Kämpfe vom Sommer 1941, der starke Frost vertreibt die Menschen von der Straße. Und in der Stadtkommandantur schüttelt man den Kopf, als ein Hauptmann seine Papiere auf den Tisch legt und erklärt, daß er aus Deutschland gekommen sei, um hier seinen Urlaub zu verbringen.
Es ist Rittmeister von Boeselager, der an einem sonnigen Junitag 1940 während des Frankreich-Feldzuges als erster die Seine überquert hat, jetzt Taktiklehrer in einer Militärschule in Potsdam. Der mutige junge Mann, gerade 27 Jahre alt, hat eine recht vage Idee, die ihn schon lange bewegt: Er will die deutsche Kavallerie wieder auf die Beine stellen. Im Weichbild von Smolensk liegt in einem Wald das Hauptquartier der Heeresgruppe Mitte, und sein Bruder Philipp ist der Ordonanzoffizier bei Feldmarschall von Kluge, dem Oberbefehlshaber der Heeresgruppe Mitte. Seine Menschenkenntnis hat den Feldmarschall von Kluge wohl bewogen, nach einigen abendlichen Gesprächen am Kamin zu sagen: »Gut, Boeselager, ich werde die Reiterschwadronen der Divisionen aus der Front ziehen lassen, und Sie stellen daraus einen Reiterverband zusammen, den Reiterverband Boeselager.«
Dies ist die Geburtsstunde der neuen deutschen Heereskavallerieverbände. Ein Berg von Hindernissen ist jedoch noch zu bewältigen. Die Divisionen, die mit jedem Mann und jeder Waffe rechnen müssen, führen nur ungern den Befehl der Heeresgruppe aus. Verzögert und nur spärlich ausgerüstet treffen die Schwadronen im Versammlungsraum des ›Reiterverbandes Boeselager‹ in Nowosselki, 20 Kilometer westlich von Smolensk, ein. Die Pferde sind weder zugeritten noch in guter Verfassung, ohne Sattelzeug oder Geschirr, so daß zunächst einmal Stricke geflochten werden, um die Tiere überhaupt anbinden zu können. Nach Eingliederung einer Marschschwadron der Kavallerieersatzabteilung 15 und Auffüllung mit 350 Kosaken kann der ›Reiterverband Boeselager‹ Ende Februar 1943 personell als aufgestellt gelten.

Kowpak und seine Reiter

Typisch für den Winter 1942/43 sind ausgedehnte Streifzüge der berittenen Partisanenverbände. Teils zu Pferde, teils auf mehrere Panjeschlitten verteilt, ziehen sie hinter die deutschen Linien, allen gegen sie eingesetzten Bandenbekämpfungstrupps zum Trotz. Die von den Partisanen bevorzugte Region, eine gottverlassene Gegend, ist der Landstrich zwischen Mosyr und Pinsk, Polessje-Sümpfe genannt, ein nur im Winter zugängliches Gebiet, das in der übrigen Jahreszeit durch ausgedehnte weglose Sümpfe Freund und Feind den Zugang versperrt. Im Winter werden an den Wäldern entlang die Stützpunkte angelegt, aus denen die berittenen Partisanen ihre gefürchteten Blitzunternehmen starten.
Die wenigen Eisenbahnlinien, die Polessje durchqueren, sind für die Deutschen von strategischer Bedeutung und wirken auf die Partisanen nahezu wie ein Magnet.
»Am 3. Januar 1943 gelang es unserem Verband, nachdem er in den Kämpfen der letzten Tage praktisch alle Munition verbraucht hatte, über die schneebedeckten Sümpfe das Ufer des legendären Sees Kniaz zu erreichen«, notiert der Partisanenkommandant Kowpak. »Dies ist eine der entlegensten Ecken der Polessje, wo die Menschen noch wie in alten Zeiten leben. Während unseres Aufenthalts am Kniaz-See waren kleine Spähtrupps auf Fernerkundung in die Provinzen von Rowno, Schitomir und Kiew gezogen. Aufgrund der Informationen, die sie mitbrachten, stellten wir einen Plan für die weiteren Operationen auf.«
Nach einem Monat, während in Stalingrad die Kämpfe zu Ende gehen, startet am 2. Februar der Kowpak-Verband in westlicher Richtung.
»Wir waren kurz davor, die Polessje zu verlassen und in einem Bogen alle drei ukrainischen Provinzen zu durchqueren, die unsere Spähtrupps zuvor erkundet hatten. Eines Nachts gelangten wir nach mehrtägigen Märschen durch die Wälder nach Süden und standen an der Eisenbahnlinie Pinsk–Luninez, und es entbrannte ein heftiges Gefecht mit den Deutschen. Während ein Teil des Verbandes den Kampf führte, stürmten die anderen die Eisenbahnlinie. Die Strecke war durch einen Hagel von Leuchtspurgeschossen erhellt. Die Schlittenpferde scharrten am Boden und drängten sich verängstigt zusammen. Die Kugeln pfiffen immer härter, und um zu verhindern, daß am Übergang ein Stau entstand, mußte ich mehrere Leute am Fuße des Bahndammes postieren. Sie peitschten die widerspenstigen Pferde, die sich weigerten weiterzugehen. Fiel ein Pferd verwundet oder getötet zu Boden, mußten wir es sofort mit dem Schlitten den Abhang hinunterwerfen, um den Weg für andere freizumachen. Einige der Kompanien überquerten die Eisenbahnlinie im Galopp.«

Kavallerist Liosha

Im Verlauf des harten russischen Winters 1942/43 geht ein beträchtlicher Teil der deutschen Pferde an Entkräftung und Futtermangel ein. Das große Pferdesterben jedoch beginnt erst, als sich die Verhältnisse hinter den Winterstellungen schon gebessert haben und die Futterversorgung allmählich wieder in geregelte Bahnen gerät. Da erst zeigt sich das Maß der Entkräftung. Die Pferde sind so schwach geworden, daß sie kaum noch das Futter verdauen können. Die Schlammperiode macht jedoch nicht nur den Deutschen das Leben schwer. Selbst für die naturverbundenen Partisanen schafft sie einige Probleme. Kowpak: »Nun begann die Jahreszeit, in der die Wege im Morast versanken. Während sich die Bevölkerung inmitten der endlosen Wälder über den Anblick der ersten Frühlingsblumen freute, bedeutete es für uns eine totale Umstellung. Es war uns zum Beispiel unmöglich, die so gut bewährten Schlitten einzusetzen. Und wir versuchten, sie bei den Kolchosniks gegen Fuhrwerke zu tauschen. Sie sträubten sich zwar, weil sie sie jetzt selbst brauchten. Aber schließlich gaben sie uns doch wenigstens die Hälfte der benötigten Wagen. Aus den überzähligen Pferden bildeten wir unverzüglich eine neue Reiterschwadron, die Sättel und Steigbügel mußten wir uns allerdings selbst anfertigen.
Der ehemalige Buchhalter Lenkin, von den Partisanen der ›Bärtige‹ genannt, wurde ihr Kommandeur. Sein Schnurrbart überragte tatsächlich an Größe und Eleganz alle, selbst den des berühmten Budionny. Der Buchhalter entpuppte sich als geborener Kavallerist und unvergleich schneidiger Kommandeur. Und die Reiter der neuen Schwadron, alle recht merkwürdige Typen, paßten ausgezeichnet zu Lenkin. Allein ihr Erscheinen konnte unter den Deutschen schon Unruhe auslösen. Ich werde nie den ›Kavalleristen‹ Liosha vergessen, man mußte ihn gesehen haben, wie er als Meldereiter der Schwadron immer entgegenraste. Sein Pferd war von unglaublicher Größe, mit einem nach allen Seiten wehenden Schweif. Liosha mit seinem riesigen, mit Hahnenfedern geschmückten Strohhut war mit Achselriemen, Taschen, Feldflasche und Feldstecher behangen, an der Seite einen Säbel, ebenfalls sagenhaft groß. Außer seiner Kosakenstirnlocke gehörte alles zu seinen Siegestrophäen.«

Bei Rostow

Im Januar und Februar 1943 verfolgen sowjetische Kavallerieeinheiten der Kuban- und Donkosaken im Südabschnitt der Front den Gegner vom Bergvorland der Kaukasischen Gebirgskette bis an den Fluß Mius, erzwingen den Übergang über den Don und erreichen westlich von Rostow den Raum von Semerniki-Gnilowskaja, von dort aus bereiten sie die Befreiung von Rostow

vor. Im Verlauf eines Monats legen die Kuban- und Donkosaken kämpfend mehr als 700 Kilometer zurück.
Vor Rostow gelingt es den Deutschen jedoch, nach hartnäckigen Kämpfen, die Sowjets für einige Wochen zu stoppen. Die Reste der aus der Front gezogenen 3. und 4. Rumänischen Armee gehen über den Don. Rittmeister Ion v. Emilian, Offizier des II. Calarashi Reiterregiments ist dabei: »Bei unserem Eintreffen war der Don zugefroren und besät mit einer Menge von liegengelassenen Fahrzeugen, zerrissenem Zaumzeug, Kanonen und Kadavern ... Was uns am meisten betrübte, war, daß wir das größte Pferdeschlachthaus, das man sich vorstellen konnte, dort sahen. Zwei- bis dreitausend Pferde mußten ihr Leben auf dem Fluß lassen. Viele hatten auf dem Eis ein Bein gebrochen, waren von Kugeln oder Granaten getroffen, andere vor Krankheit, Ermüdung und Mangel an Futter eingegangen. In kleinen Gruppen kamen die Bewohner von Rostow auf den vereisten Fluß, der sich in eine riesige Müllhalde verwandelt hatte. Mit Beilen schlugen sie steifgewordene Glieder ab. Die schönen Pferde zerbrachen wie Marmor unter den Schlägen. Ein wertvoller Lippizaner erlitt dasselbe Schicksal.«

Die neue Taktik

Im Laufe der Zeit entwickelte die Sowjetunion eine beinahe perfekte Taktik für ihre Kavallerieverbände. Armeegeneral P. I. Batow: »Schon bei der Planung des Durchbruchs der Dwinastellungen erörterten wir das Problem des zweckmäßigsten Einsatzes unserer Kavalleriekorps. Im modernen Gefecht, das mit starken Panzerkräften und einer großen Zahl automatischer Waffen geführt wird, ist die Kavallerie leicht verwundbar. Nach allseitiger Analyse entschlossen wir uns, sie durch eine rhombenförmige Gliederung der Kampfwagen gegen feindliche Panzerangriffe zu sichern. Von jedem Panzerkorps hatten zwei Brigaden keilförmig in den Durchbruch hineinzustoßen. Mit ihrem weiteren Vormarsch verbreiterte sich die Basis des Keils. In dem von den Panzersoldaten gesäuberten Raum sollten die Divisionen des Kavalleriekorps in den Durchbruch eindringen, gefolgt von der dritten Brigade des Panzerkorps, deren weit auseinandergezogene Gefechtsordnung den rückwärtigen Teil des Rhombus bildete. Die Aufgabe der Panzer und die der Kavallerie waren exakt gegeneinander abgegrenzt. Erstere hatten die technischen Kampfmittel des Gegners zu vernichten, während die Kavalleristen seine Infanterie verfolgen sollte. Hatten Panzer und Kavallerie die operative Tiefe erreicht, brauchten die Divisionen der Schützenkorps nur noch die Reste der deutschen Kräfte niederzukämpfen. Diese Taktik sicherte uns ein hohes Angriffstempo. Unbesorgt um ihre unmittelbaren und in der Tiefe gelegenen rückwärtigen Dienste konnten die Panzer zügig weiter vordringen. Und Ortschaften, in denen der Gegner noch kampfkräftige Einheiten mit wirksamen automatischen Waffen zurückgelassen hatte, blockierte die für Straßenkämpfe ungeeignete Kavallerie so lange, bis unsere Infanterie nachrückte.«

Reiterverband Boeselager

Obwohl es noch an Pferden, schweren Waffen und großen Teilen der Ausrüstung mangelt, beantragt Feldmarschall v. Kluge bereits Anfang März den Ausbau des ›Reiterverbandes Boeselager‹ zu einem verstärkten Regiment als schnellbewegliche kampfkräftige Reserve der Heeresgruppe Mitte. Ende März wird der Etat für das erste neue Reiterregiment festgelegt: etwa 130 Offiziere, 5000 Unteroffiziere und Mannschaften, darunter 650 Kosaken, sowie an die 5000 Pferde. Nach Genehmigung dieses Antrages wird am 7. April 1943 die Erweiterung des ›Reiterverbandes Boeselager‹ zum Kavallerieregiment Mitte befohlen. Von Boeselager sieht auch weiter über den Rahmen seines Verbandes hinaus. Dem Beispiel der Heeresgruppe Mitte folgend, sollen im Bereich der Heeresgruppen Nord und Süd ebenfalls Kavallerieregimenter aufgestellt werden. So entstehen tatsächlich bald die Kavallerieregimenter Nord, unter Oberstleutnant Prinz zu Salm, und Süd, unter Oberst Prinz zu Sayn-Wittgenstein.
Die neuen Kavallerieregimenter werden in erster Linie zur Bekämpfung der Partisanen eingesetzt. Rittmeister v. Boeselager führt dabei den Kleinkrieg auf besondere Art und Weise: Er stellt Spähtrupps zusammen, die, mit Schalldämpfergewehren, Funk und Sonderverpflegung ausgestattet, bei Einbruch der Dunkelheit weit in das Hinterland reiten. Die Pferde werden noch in derselben Nacht zurückgebracht; sie schleppen Reisig hinter sich her, um die Spuren zu verwischen. Der Spähtrupp bleibt dann fünf bis acht Tage an einer erfolgversprechenden Stelle, meistens an einer Waldwegkreuzung, gut getarnt auf der Lauer, um von dort aus vorbeiziehende Partisanen niederzukämpfen.

Die Standarte des Kavallerie-Regiments Mitte, des »Boeselager-Regiments«.

Kalmycki Kavalerijskij Korpus

Überraschenderweise kommt der deutsche Rückzug an der Ostfront einem auf deutscher Seite kämpfenden Reiterverband zugute: Die Zahl der Kalmükken ist durch den Zustrom waffenfähiger Flüchtlinge mittlerweile so angewachsen, daß noch im Februar 1943 neue Einheiten aufgestellt werden können. Und Dr. Doll bildet aus den Schwadronen ein verstärktes Reiterregiment von zunächst drei Abteilungen, das in den OKW-Akten meist ›Kalmükkenverband Dr. Doll‹, von den Kalmücken selbst jedoch ›Kalmycki Kavalerijskij Korpus‹ (Kalmückisches Kavalleriekorps, KKK) genannt wird.
Noch in diesem Monat wird das Kalmückische Kavalleriekorps der 3. Panzerdivision unterstellt und im Raum Taganrog zusammen mit dem Kosakenregiment v. Jungschulz zur Küstensicherung am Asow-Meer eingesetzt.
Das Kalmückische Kavalleriekorps, inzwischen auf vier Reiterabteilungen verstärkt, geht Ende April über Mariupol–Saporosche–Nikopol, dem Heeresgebiet Süd unterstellt, in den Raum Dnjepropetrowsk, um die wichtigen Erzbahnen beiderseits des Dnjepr zu bewachen. Mehrere von den Partisanen versuchte Anschläge auf diese Strecke werden von den Kalmücken vereitelt.

Deutschlands neue Reiter: Kosaken

Reitende Hiwis

Bereits im Herbst 1941 haben einige deutsche Befehlshaber an der Ostfront auf eigene Faust kleine »private« Kosakentrupps - auch »Hiwis« (Hilfswillige) genannt - aus der Masse der Überläufer und Kriegsgefangenen aufgestellt. Die schwachen deutschen Sicherungsverbände hinter der Front nehmen die abenteuerlichen Reiter, die ihnen die sowjetischen Partisanen vom Leibe halten, stillschweigend auf.
Als die Zeit der Rückschläge und des Rückzuges beginnt, hat das deutsche Heer andere Sorgen, als sich um die reitenden Hiwis zu kümmern, und die Kosakenverbände, nur am Rande von der deutschen Kriegsbürokratie erfaßt, irren dabei mehr herum, als daß sie kämpfen. Zwar plant man schon im August 1942 eine berittene Kosakendivision aufzustellen, jedoch erst Mitte Dezember 1942 schafft es Major Graf Stauffenberg, der später das Attentat auf Hitler verübte, derzeit Gruppenleiter II der Organisationsabteilung des Generalstabes, trotz schroffer Absage des Führers, die Zustimmung des OKW zur Aufstellung eines großen Ost-Freiwilligenverbandes zu bekommen. Jetzt steht nichts mehr im Wege, eine Kosakenkavalleriedivision zu bilden.
Oberst Helmuth v. Pannwitz, der ehemalige Gutsverwalter des polnischen Fürsten Radziwill, ein passionierter Reiter, zur Zeit Referent beim »General für Schnelle Truppen« im Oberkommando des Heeres, wird zum Führer dieser Division erkoren. Von Pannwitz, der russischen Sprache nicht mächtig, untersetzt, mit slawisch wirkendem Gesicht, spricht außer Deutsch nur Polnisch. Er versteht es aber erstaunlich schnell, die Sympathien der Kosaken zu gewinnen.

Kosakendivision

Schon 1942 hat v. Pannwitz ein Auffanglager in Cherson/Ukraine für die Kosaken und ihre Familien einrichten lassen. Als Aufstellungsort für die 1. Kosakenkavalleriedivision wird das Lager bei der Kreisstadt Mlawa, nördlich von Warschau, bestimmt, das mit seinen zahlreichen Baracken für die Mannschaften und Pferde sowie durch die Nähe eines ausgedehnten Militärübungsplatzes besonders geeignet erscheint.

Aus dem Auffanglager Cherson mögen etwa 10 000 bis 15 000 kriegstaugliche Kosaken nach Mlawa (Milau) zum Aufbau der Division gekommen sein. Dazu die Kosaken, die General Schkuro, Leiter des Rekrutierungsstabes beim OKH, aus Gefangenenlagern und Ostarbeiterunterkünften herausgeholt und nach Mlawa in Marsch gesetzt hat. Ihre Angehörigen bevölkern das Nebenlager Mochowo, wohin sie auch Vieh und Fahrzeuge mitbringen, die laufend in Transportzügen eintreffen. In geschlossenen Verbänden finden sich außer einigen kleineren Kosakeneinheiten in Mlawa im Frühjahr 1943 auch die Regimenter v. Jungschulz und Lehmann der Heeresgruppe Süd und das Regiment Kononow (Kos.-Abt. 600) und Wolff von der Heeresgruppe Mitte ein. Hauptbestand der Kosakenkavalleriedivision wird das Kosakenregiment Kononow, das im Juni in Mlawa eintraf.
Eine bunt zusammengewürfelte Gruppe bildet das Kosakenoffizierskorps: emigrierte Offiziere der alten zaristischen Armee neben Kosaken, die in der Roten Armee als Offiziere gedient hatten, und zwielichtigen Figuren, die auf deutscher Seite in den Kosakenverbänden der ersten Stunde auf eigene Faust zu Offizieren befördert wurden. Einige deutsche Kavallerieoffiziere sorgen für Ordnung und Ruhe.
Die Kosaken tragen noch immer ihre alte Tracht - die hohen Fellmützen aus kostbarem Persianer mit dem roten Einsatz und die sich auf der Brust kreuzenden Patronengürtel. Ein Hauch von Orient umweht sie, wenn sie, kerzengerade auf ihren kleinen struppigen, so unbeschreiblich zähen Pferden sitzend, in einem kurzen, merkwürdigen »Nähmaschinen«-Trab durch die Straßen reiten. Ihre Pferde mögen zwar nach dem üblichen Geschmack noch so häßlich sein, ihre Reiter hängen mit großer Liebe an ihnen. Sie denken stets erst an ihr Pferd, dann an sich selbst. Sie besorgen ihnen immer eine leidlich brauchbare Unterkunft oder windgeschützte Ecken. An Futter finden die Kosaken selbst in völlig zerstörten Dörfern noch etwas. Sie teilen auch das Letzte mit ihren Pferden.

»... gegen den Bolschewismus ...«

Im Herbst 1943 besteht die Division etwa aus 60 Prozent Kosaken vom Don, Kuban, Terek und aus Sibirien, den Transbaikal- und Ussirikosaken; 40 Prozent sind Freiwillige aus den Kriegsgefangenenlagern. Von Pannwitz sieht sich schon als Heerführer der großen Kosakenverbände, die, zusammen mit den aus russischen Beutepanzern T 34 erstellten Divisionen und in der Art der sowjetischen Reiterarmeen operierend, vielleicht eine Wende an der Ostfront bringen könnten. Daraus wird jedoch nichts: Am 12. September 1943 trifft in Mlawa ein Fernschreiben des Chefs des Generalstabs, General Zeitzler, ein, der die Kosakendivision zum Einsatz nach Jugoslawien zum Kampf gegen die Partisanen Titos, beordert.

Als die Kosaken davon Wind bekommen, sträuben sie sich: Sie sind zwar bereit, als Hitlers Hilfstruppe zu fallen, aber wenn schon, dann wenigstens auf eigenem Boden. Im Kosakenlager von Mlawa kocht es.
Dem pfiffigen v. Pannwitz wird nicht umsonst »ein angeborenes Einfühlungsvermögen in die Eigenarten der osteuropäischen Völker« nachgesagt. Pjotr N. Krasnow, der greise Zarenkosakengeneral, ehemaliger Befehlshaber der Streitkräfte der Kierenski-Regierung, wird eilig aus Berlin herbeigeholt. Der Alte, in Phantasieuniform und unter einer deutschen Generalsmütze, mit Pomp und allen Ehren von v. Pannwitz am Lagertor begrüßt, schreitet die Paradeaufstellung ab, während das Trompeterkorps brilliert . . . Krasnow belehrt die beeindruckten Kosaken in einer feurigen Rede eines Besseren: »Es geht um den Kampf gegen den Bolschewismus. Hierbei spielt es keine Rolle, wo ihr zu diesem Kampf eingesetzt werdet . . .« Der hohe Besuch endet mit »Bosche Zarja Chranie«, der Zarenhymne, die übrigens nur bei der 1. Kosakendivision, als einzigem Verband der deutschen Wehrmacht, bei offiziellen Anlässen ertönen darf. Und Krasnows Rede trägt entscheidend dazu bei, daß sich der Abmarsch der Kosaken in Richtung Balkan wenige Tage später, ab dem 25. September, so reibungslos vollzieht.

In Jugoslawien

Es geht über Warschau, durch die Tschechoslowakei und nach Jugoslawien. Im Raum von Ossiek-Ruma wird die Division ausgeladen und unmittelbar darauf in der Fruskafora gegen Titos Volksbefreiungsarmee eingesetzt. Diese Kämpfe dauern bis Anfang November 1943. Dann verlegt man die Division weiter nach Westen in den Raum um Brod an der Save.
Die Gebiete, deren Sicherung die Kosaken übernehmen, sind – in der damaligen Amtssprache – nach kurzer Zeit »bandenfrei«. Die natürlichen Instinkte und die listenreiche Kampfweise der Kosaken, darüber hinaus ihre Fähigkeit, sich auch in schwierigstem Gelände zu bewegen, machen ihre Erfolge aus. Und während die deutschen Einheiten gegen Titos Naturburschen kaum etwas ausrichten, verschaffen sich die Kosaken sogleich Respekt. Eine ihrer besonderen Aufgaben ist der Schutz der wichtigen und einzigen Bahnstrecke vom Norden nach Sarajewo, die den Nachschub der deutschen Truppen bis nach Griechenland sicherstellt.
Das Kosakenersatzregiment wird wiederum unter Oberstleutnant Stabenow von Mlawa zum Plateau de Langres im französischen Department Haute-Marne transportiert und dort mit »Sicherheitsaufgaben« betraut. Die Kosaken unterstützen hier die SS- und Polizeiverbände bei der Bekämpfung der Maquis, der französischen Widerständler, und fallen durch ihr brutales Vorgehen auf.

Rußland, hinter der deutschen Frontlinie, Sommer 1943: rege Partisanentätigkeit.

Oben: Als harmlose Bauern getarnt: Partisanenspähtrupp.

Unten links und rechts: Waldbäche: die bevorzugten Marschwege der berittenen Partisanen.

Oben links und rechts: Rußland, Frontabschnitt Mitte, Sommer 1942: »Mit ungeeigneten Mitteln.« Deutscher Reitertrupp bei der Partisanenbekämpfung.

Links unten: Spätherbst 1943, in eiskaltem Wasser: Malheur eines sowjetischen Troßkutschers.

Rechts unten: An einem Kolchos-Ziehbrunnen: Die Pferde haben einen zusätzlichen Tragring am Brustblattgeschirr und Ketten statt der Lederstränge.

Oben: Rußland, Frontabschnitt Mitte, 1943: »Die Meldung!« Ein Treff mit dem »Nashorn« (8,8-cm-Pak).

Unten: Rußland, Frontabschnitt Mitte, 1943: Feldwebel Rohde vom Grenadierregiment 25 mit seinem Zug bei der Streckensicherung.

Rechte Seite: Im Frontbogen um Kursk, 5. Juli 1943: zusammengeschossene bespannte sowjetische Batterie, im Hintergrund eine deutsche Selbstfahrlafette mit 3,7-cm-Flak.

2500 Kilometer hinter der deutschen HKL

Im Frühsommer 1943 bereitet Sidor A. Kowpak einen neuen Raid vor. Diesmal soll seine 1. Ukrainische Partisanendivision aus dem Raum Kiew bis zu den galizischen Ölfeldern innerhalb der Karpaten vordringen, um die Ölraffinerien, Bohrtürme und riesigen Öltanks mit dem für die Deutschen unschätzbaren Treibstoff in die Luft zu jagen. Hin und zurück ein mit allen Nebenabstechern über 2500 Kilometer langer Weg quer durch deutsches Besatzungsgebiet.
Am 12. Juni geht es los. Die deutschen Sicherungseinheiten und Jagdkommandos stoßen eher zufällig hier und da auf einen der Trupps der Partisanendivision, von ihrer Gesamtstärke nichts ahnend. Kowpak: »Ein Jagdkommando erwischte uns in der Nähe der Stadt Skalat. Wir hatten dort eine Pause eingelegt und kampierten am Waldrand. Die deutschen Gendarmen dachten anscheinend, daß sie womöglich nur eine kleine Gruppe von Fallschirmspringern vor sich hätten, und gingen zum Angriff über, ahnungslos, daß es eine Partisaneneinheit war, die ca. 2000 Mann zählte. Wir ließen diese mutigen Burschen so weit herankommen, damit wir sehen konnten, wie schnell sich ihr Gesichtsausdruck veränderte, als plötzlich das Dickicht lebendig wurde. Wie eine Lawine stürzten sich die Partisanen auf den Feind, und die Schwadron galoppierte aus dem Wald heraus, angeführt von Lenkin, dem ›Bärtigen‹, und dicht hinter ihm der malerisch aussehende Liosha, der ›Kavallerist‹ auf seinem gigantischen Pferd. Die Gendarmen waren wie vom Winde verweht. Nur die Lastwagen, auf denen sie nach Skalat gekommen waren, blieben zurück.«
Das 4. und 13. SS-Polizeiregiment und Kommandoeinheiten der Gendarmerie werden an allen möglichen Überquerungsstellen des Dnjestr konzentriert. Aber die Partisanen sind schneller. »Während der Nacht des 14. Juli hatte sich Lenkins Kavallerie auf Schleichwegen in der Nähe des Dorfes Siwka der Brücke genähert. Mit Hurragebrüll galoppierten die Reiter, die aus der Dunkelheit plötzlich auftauchten, über die Brücke, schossen die verdutzten Posten nieder, bevor diese das Feuer eröffnen konnten. Noch vor Sonnenaufgang befand sich unsere Division bereits am anderen Ufer des Dnjestr.«

Schritt für Schritt

Von Manjava aus beginnen die Kowpak-Partisanen den Aufstieg zu den mitten in den Karpaten liegenden Ölfeldern von Bitkow und Jablonow. Es zeigt sich, daß dies beschwerlicher ist, als man vermutet hat. Die steinigen, schmalen Wege führen in ständigem Bergauf über bewaldete Hügel. Der Verband hat mehr als dreihundert beladene Panjewagen mit; die Pferde sind bald schweißnaß. Alle müssen zupacken, um die Troßwagen über die schlimmsten Stellen zu ziehen. Und sobald ein Pferd vor Erschöpfung zu Boden geht, stoppt die ganze Kolonne. Es ist unmöglich, auf dem schmalen Weg an den Wagen vorbeizukommen. Selbst die berittenen Melder schaffen es nur mit Schwierigkeiten. »Lediglich der fünfzehn Jahre alte Iwan Iwanowitsch, der seit Beginn unseres Streifzuges schon mehrere Dutzend Pferde gewechselt hatte und immer noch eines suchte, das zu seiner schmächtigen Figur paßte, fand schließlich ein lebhaftes, kleines Pferd in der Größe eines Ponys und ritt wie ein Wirbelwind durch die dichtgedrängte Kolonne.« Trotz des riesigen Aufwandes, den die Deutschen in der ganzen Gegend treiben, um den Partisanengroßverband zu stellen, gelingt es ihnen, in die Berge zu entwischen. Erst mitten in den Karpaten werden sie von Aufklärungsflugzeugen aufgespürt. Immerhin ist es nicht schwer, sie ausfindig zu machen: Da in den kurzen Sommernächten zuwenig Zeit bleibt, die gesteckten Ziele zu erreichen, müssen sie tagsüber ihren Weg fortsetzen. Einige deutsche Jagdmaschinen werden zu ihrer Bekämpfung abgestellt und greifen nun die lange Kolonne mit ihren MG an.

»Wir schafften es gerade noch, die toten Pferde an die Seite zu ziehen und den Weg von den zerstörten Fuhrwerken zu räumen, als man schon wieder das Dröhnen der Flugzeuge und das Heulen der Bomben vernahm. Die Männer konnten sich dabei immer irgendwo verstecken. Uns umgab hoher Wald, aber die Pferdewagen waren in der Regel den Bomben und dem MG-Feuer ausgeliefert. Um die Tiere zu retten, schirrten wir sie jedesmal aus, wenn die Flugzeuge auftauchten, und brachten sie über die steilen Abhänge in die Wälder. Und so marschierten wir Schritt für Schritt den dunklen Gipfeln der Karpaten entgegen, die am Horizont hervorragten. Die Pferde wurden beinahe pausenlos ein- und ausgespannt. Mit Spaten und Äxten schlugen wir einen Pfad durch unseren von umgestürzten Bäumen und Steingeröll versperrten und von Bomben zerfurchten Weg. Manchmal begruben wir einen unserer Kameraden, der nach den Flugzeugangriffen gefallen war. Und endlich, am 19. Juli, tauchten am Horizont dutzende Bohrtürme auf: die Ölfelder von Drogobytsch.«

Kavallerie kontra Fallschirmjäger

Am 10. Juli 1943 findet auf Sizilien einer der letzten Einsätze der italienischen Kavallerie im Zweiten Weltkrieg statt: in den Kämpfen gegen die britischen und US-Fallschirmjäger, die, durch heftigen Wind zerstreut, an weit auseinanderliegenden Punkten der Insel landen. Gehen sie in dem unwegsamen Gelände irgendwo in der Nähe eines italienischen Reitertrupps nieder, werden sie, ehe sie sich versehen und einen Kampftrupp bilden können, in der Regel mit einer stürmischen Attacke und »dem Säbel in der Hand« empfangen. Und in den ersten Tagen der Operation ›Huski‹, der Invasion alliierter

Verbände an der Ostküste Siziliens, hindern die Reiter der 6. Italienischen Armee (Gen. Alfredo Guzzoni) oft die Fallschirmjäger daran, mit den Marinelandetruppen Verbindung aufzunehmen. Auch von ihren eigentlichen Aufgaben, die Anschläge gegen strategisch wichtige Punkte, werden sie häufig durch die italienische Kavallerie, die immer schnell zur Stelle ist, abgehalten.

Die ELAS-Reiter

Am Nachmittag des 8. September gibt General Eisenhower den Abschluß des Waffenstillstandes mit Italien bekannt. Daraufhin laufen die seit vielen Wochen unter dem Codenamen »Fall Achse« vorbereiteten deutschen Gegenmaßnahmen an: Entwaffnung, Gefangennahme oder Entlassung der italienischen Truppen.
Auf diese Art und Weise kommen die ELAS-Partisanen, die Kampftruppe der kommunistischen Untergrundbewegung Griechenlands EAM, zu einer recht ansehnlichen Kavallerieeinheit. Als nämlich Colonello Berti, Regimentschef des zur »Bandenbekämpfung« in Griechenland bestimmten italienischen Kavallerieregiments ›Lancieri di Aosta‹, vor der Alternative steht, entweder in deutsche Gefangenschaft zu gehen oder in den Bergen Griechenlands zu bleiben, zieht er die Berge den Deutschen vor und wechselt mit beinahe geschlossenem Regiment, samt Reitern und Pferden, zur ELAS über.
Ein weiterer Zufall will es, daß mit der Delegation der EAM, die zu Gesprächen mit den Westalliierten in Kairo weilte, und Mitte September heimkehrt, ebenfalls zwei US-Verbindungsoffiziere, Captain Ehrgott und Lieutenant Ford, beides ehemalige Kavalleristen, nach Griechenland fliegen. Nachdem man ihnen eröffnet, daß die ELAS gerade dabei ist, aus den Aosta-Leuten und eigenen Partisanen einen Kavallerieverband aufzustellen, sind sie Feuer und Flamme. »Sie waren von ihrer Mitarbeit begeistert und wollten die Kavallerie besonders gut organisieren und ausrüsten, aber sie stießen andauernd auf die Opposition der Engländer. Außerdem wollten die zuständigen britischen Stellen in Kairo keinen Lufttransport für das von den Amerikanern angeforderte Kavallerieausrüstungsmaterial freigeben.«
Auch einer der Chefs der US-Militärmission bei der ELAS, Lieutenant Colonel Chris, selbst ein begeisterter Reiter, hilft den Roten Partisanen dabei.
»Auf seine Bitte hin hatten wir sogar das 3. Kavallerieregiment (3/7th) nach seinem eigenen Regiment in der US-Armee, der 7. Kavallerie, umbenannt und ihn zum Ehrenkommandeur gemacht. Lt. Colonel Chris nahm eine Menge Ärger auf sich bei seinen Bemühungen, unserer Kavallerie zu helfen und sie mit Ausrüstung zu versorgen. Die Engländer bereiteten auch ihm viele Schwierigkeiten und brachten es schließlich im Dezember 1943 fertig, daß er zurückgerufen wurde.«
Die ELAS-Kavalleriebrigade zwingt die deutschen Einheiten im Herbst 1943

während der Säuberungsaktionen in der Nevropoli-Ebene, sich unter schweren Verlusten zu ihrem Stützpunkt Kardhitsa zurückzuziehen.
»In diesem Winter war die Kavalleriebrigade nicht in der Lage, für ihre Pferde in den Bergen Futter zu bekommen. So beschlossen wir, daß ein Teil der schwächeren Tiere und jene, die verwundet waren, den Bauern in der Ebene übergeben werden sollten, damit sie sie fütterten, sie für ihre eigene Arbeit benutzten und sie im Frühjahr zurückgaben. Auch die Pferde, die wir bei den Bauern requiriert hatten, um die 1. Kavalleriebrigade zu bilden, gaben wir ebenfalls ihren Besitzern zurück. Die Brigade wurde dadurch auf die Größe eines Regiments reduziert.«

Die »Pantherstellung«

Anfang Juli wird das bereits 3200 Mann zählende Kavallerieregiment Mitte des Rittmeisters v. Boeselager in den Raum von Brjansk verlegt. Die Offensivoperation aus den Räumen Orel und Belgorod gegen den sowjetischen Frontbogen um Kursk, das Unternehmen Zitadelle, steht kurz vor ihrem Beginn. Da der Heeresgruppe ausreichende Reserven fehlen, wird auch das Kavallerieregiment Mitte nördlich der Straße Brjansk–Orel in den Kampf geworfen. Nach Wochen harter Einsätze stark mitgenommen, wird das Regiment Mitte August wieder zurückgezogen.
Im September kämpft das Regiment im Vorfeld der sogenannten »Pantherstellung«, einer recht dürftig ausgebauten Verteidigungslinie von Melitopol über Dnjepr und Desna bis nach Witebsk.
Der 22. Oktober bringt wieder härtere Kämpfe, da es den Sowjets gelungen ist, nördlich des Dnjepr die »Pantherstellung Ost« zu durchbrechen.
Die Verluste sind als erheblich zu bezeichnen; auch der Kommandeur der I. Abteilung, Rittmeister Philipp v. Boeselager, fällt aus. Das Gelände liegt unter einem bisher nicht erlebten intensiven Artilleriebeschuß. Nur durch Panzer ist es möglich, die Verbindung zwischen dem Regimentsgefechtsstand und der I. Abteilung aufrechtzuerhalten. Russische Spähtrupps stoßen rechts und links am Regiment vorbei. Auch am frühen Nachmittag des 23. Oktober werden erneute Angriffe des Feindes abgeschlagen, die Gefechtsstärke des Kavallerieregiments Mitte sinkt auf etwa 120 Mann. Es ist auch ein bitterer Tag für v. Boeselager. Die besten Offiziere sind ausgefallen, darunter auch sein Bruder. Zwei Tage später werden die Reste des Regiments herausgezogen und nach Staiki verlegt. Und am 28. Oktober wird es als Heeresgruppenreserve in den Raum Minsk zurückgenommen.

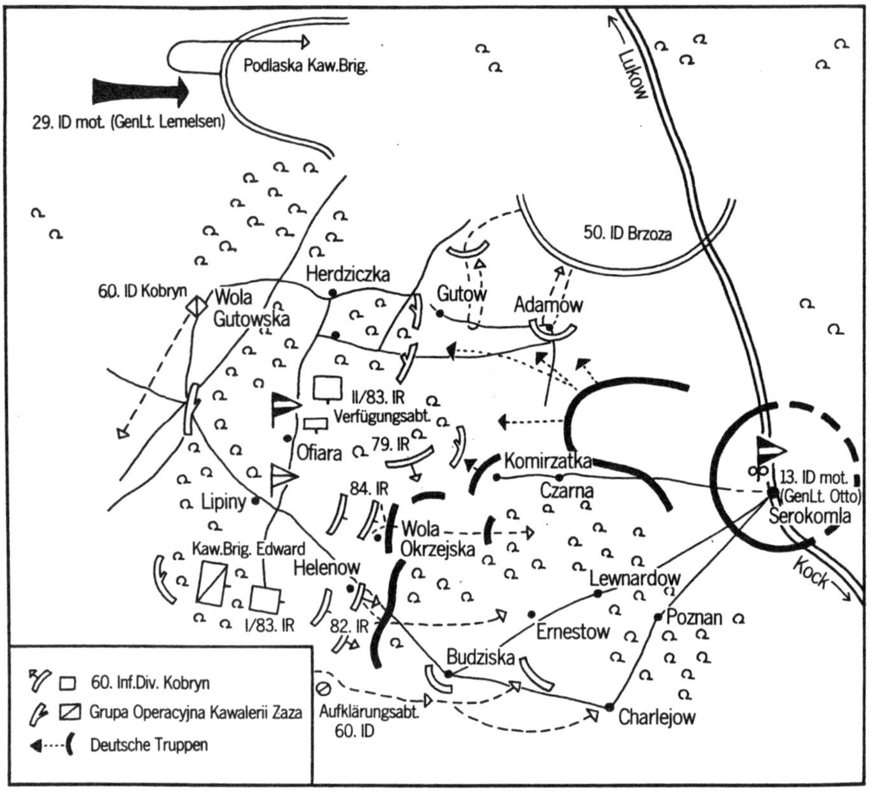

Die Schlacht bei Kock. Lage am Abend des 4.10.1939: Während von Westen her die deutsche 29. Infanteriedivision (mot.) zu Hilfe eilt, nähert sich von Osten her ein sowjetischer motorisierter Verband.

1944

Das große Pferdesterben

Ein Blutbad

Am 10. Januar 1944 erhält das Kavallerieregiment Nord (KR Nord) von Generalfeldmarschall v. Küchler den Befehl, die alte Festung Nowgorod freizukämpfen, um den tiefen Einbruch durchgestoßener Angriffsspitzen auf der Trennungslinie zwischen den Armeeoberkommandos (AOK) 16 und 18 mit allen zur Verfügung stehenden Mitteln zu beseitigen. Das Kavallerieregiment Nord wird schleunigst als einzige Heeresgruppenreserve nach Nowgorod beordert.
Zwei seiner Schwadronen sind sogar als erste deutsche Heereseinheit an der Ostfront vollständig mit Maschinenpistolen ausgerüstet. Der Zufall will es, daß der Gegner, den sie in diesem Abschnitt treffen, eine russische Ski-Division ist, ebenfalls komplett mit MP bewaffnet. Der Treff richtet auf beiden Seiten ein entsetzliches Blutbad an. In nicht ganz 48 Stunden wird das Regiment beinahe völlig aufgerieben, lediglich die Handpferde können gerettet werden. Die andere Schwadron des Kavallerieregiments Nord wird ohne Wissen des Kommandeurs bereits während des Transports nach Nowgorod auf freier Strecke entladen, um örtliche Einbrüche zu bereinigen, und erleidet dabei erhebliche Verluste. Mit Resten aller drei Schwadronen gelingt es dem KR Nord, am folgenden Tag den Anschluß nach Norden wieder zu erkämpfen, um somit die Lücke zwischen den AOK 16 und 18 zu schließen. Der Auftrag ist gerade erfüllt, da erhält das Regiment urplötzlich den Befehl, die mit so erheblichen Verlusten befreite Festung Nowgorod zu räumen.

Hitlers neue Wunderwaffe

Im ersten Jahr ihres Bestehens haben die Kavallerieregimenter Mitte, Nord und Süd sich so bewährt, daß die deutsche Führung auf Kavallerieverbände nicht mehr verzichten will. Und man merkt allmählich, daß der zunehmende Kräftemangel und Absetzbewegungen sowie der Kampf gegen die Partisanen das Vorhandensein von Kavallerieverbänden im Osten notwendig gemacht haben, dazu lenken Engpässe in der Panzerproduktion die Aufmerksamkeit auf das Pferd. Auch der Führer, schon lange auf der Suche nach allen möglichen »Wunderwaffen«, die die Agonie seines Reiches verlängern könnten, entdeckt allmählich seine Liebe für die Kavallerie.

Zu Beginn des neuen Jahres wird dann das Kavallerieregiment Mitte im Gebiet der Rokitno-Sümpfe, ostwärts von Pinsk, mit weit vorgeschobenen Sicherungen eingesetzt und dem XXIII. Armeekorps, mit Gefechtstand Horodno, unterstellt. Die Abschnitte der einzelnen Abteilungen sind ungefähr 20 Kilometer lang. Weit in den Rokitno-Sümpfen stehen Spähtrupps, die oft nur mit Schwimmwagen zu erreichen sind. Da es, mit Ausnahme einiger Unternehmungen im Gebiet von Horodno, an der Front in diesem dort verhältnismäßig schwachen Winter ruhig bleibt, kann die Zeit gut zur Umgliederung und Ausbildung genutzt werden.

Die Tragödie auf der Krim

Seit der Räumung des Kuban-Brückenkopfes im Oktober 1943 wird die Halbinsel Krim, die strategische Schlüsselstellung im Zentrum des Schwarzen Meeres, gegen einen überlegenen Feind durch die 17. Armee verteidigt, wobei die Deutschen bereits nach kurzer Zeit gezwungen werden, sich von Stellung zu Stellung auf die Festung Sewastopol abzusetzen. Erst am Spätabend des 8. Mai 1944 erteilt Hitler den Räumungsbefehl für die Krim.
Die Sewrnaja-Bucht, in der der riesige Hafen von Sewastopol liegt, ist Zeuge eines der größten Pferdemorde in der Geschichte. Etwa 30 000 Pferde, der gesamte Bestand der 17. Armee, werden, um sie den Sowjets nicht zu überlassen, »liquidiert«.
Hier am Rande der Steilküste ist in der ersten Maiwoche 1944 die Veterinärkompanie der 17. Armee angetreten, und in langen Reihen warten die vierbeinigen Kriegskameraden auf ihr Schicksal.
Eigentlich soll jeder Mann sein Pferd eigenhändig erschießen, aber die wenigsten sind bereit, das Todesurteil an ihren treuen Helfern selbst zu vollstrekken. So führen sie die Tiere zum Richtplatz, wo ihnen die Veterinäre das grauenvolle Amt abnehmen. Da gehen sie hin, die braven, nie versagenden vierbeinigen Kameraden, und so mancher Soldat hat dabei Tränen in den Augen.
Kommt das Pferd an die Reihe, wird es von einem Mann der Veterinärkompanie an der Kandare gehalten, der andere legt das Gewehr ans Ohr und drückt ab. Danach werden die Pferde über den Steilhang gestoßen, und sie stürzen 100 Meter tief ins Meer. In der Bucht schwimmen Abertausende von Pferdekadavern, die im Rhythmus der Dünung wogen. Am Nachmittag ist der Richtplatz knöcheltief voller Blut, die auf dem Gelände versammelten Pferde werden immer unruhiger. Da die Zeit jetzt drängt, holt man Maschinengewehre, treibt die Tiere an den Rand der Klippen und schießt so lange, bis kein einziges mehr oben steht.

Der Abschied von »Paprika«

Unter diesen zigtausend Pferden aller möglicher Rassen, Größen und Farben ist auch ein unscheinbarer Schimmel namens »Paprika«, bis heute unvergessen von jemandem, der ihn in sein Herz geschlossen hatte: »Hinter eine gespielte Grimmigkeit mußte ich mich flüchten, um nicht auch weich zu werden. Ganz allein mußte ich sein, um Abschied von meiner ›Paprika‹ zu nehmen. Mit ihren großen Augen, die immer einen melancholischen Ausdruck hatten, sah sie mich an. Ihren Kopf rieb sie an meiner Brust und legte ihn schließlich - ihre Lieblingsstellung - auf meine Schulter.
Weißt du noch, Paprika, wie wir uns kennenlernten? Unter den vielen rumänischen Ankaufpferden standest du im Juni 1941 in Barlad. Niemand wollte dich haben, dein Trab war kurz und hart, einfach scheußlich, ein Schimmel warst du, dazu ein Beißer. Kein Pferd konnte neben dir stehen, ohne geschlagen zu werden. Ja, Paprika, du warst ein Biest. Welchen Namen dir die Wehrmacht gab, wußten wir beide nicht. Ich nannte dich Paprika, und Paprika bliebst du bis heute. Wir beide verstanden uns vom ersten Tag an. Du warst klug, du hattest Temperament. Auf den leisesten Schenkeldruck hast du reagiert. Natürlich war dein Trab fürchterlich. Warum mußtest du auch die Vorderbeine so hoch werfen? Sei mir nicht böse, Paprika, oft hatte ich dich im Verdacht, aus der leichtfertigen Zirkuswelt zu stammen. Aber dein herrlicher, dein unvergleichlicher Galopp, deine Schnelligkeit, dein Springvermögen waren famos.
Weißt du noch, Paprika, die langen Märsche durch Bessarabien, durch die Ukraine, durch die Krim, wenn wir im langsamsten Handgalopp, unmerklich schneller als die fahrende Kolonne, an der Kompanie vorbeizogen? Wenn ich dir langsam die Zügel nachgab und du schließlich am langen Zügel dieses Kunststück vorführtest. Und deine pferdeunähnliche Eigenschaft, sich bei jeder Marschpause lang hinzulegen, alle viere streckend. Wie oft habe ich zwischen deinen Beinen, den Kopf auf deinem Bauch, ein Stündchen geschlafen. Für die Warnung der Kameraden: das Biest schlägt dir noch einmal die Knochen entzwei, hatten wir beide nur ein verächtliches Grinsen.
Und weißt du noch, Paprika, wie wir beide damals dem Gelächter der ganzen Kompanie preisgegeben waren? Natürlich war es meine Schuld, daß ich dich seinerzeit in stockfinsterer Nacht an einen Zaun band, nicht ahnend, daß der weiche Boden Kuhmist war. Mit welcher Wonne hast du dich in dem warmen, weichen Mist gewälzt, du Biest. Alles lachte am Morgen über den grünen Schimmel. Wie bist du nur in Bijuk Sjuren auf das Dach des Hauses gekommen, auf dem du dir das Gras schmecken ließest, aber so schwer wieder herunterzubringen warst? Und gar unser besonderes Kunststück, ein kleines Stück Brot aus meinem Mund zu nehmen, erschreckte stets alle Umstehenden. Du sahst dabei auch nicht schön aus, Paprika, wenn du mit deinen großen, gelben Zähnen an mein Gesicht kamst. ›Einmal beißt dir das Biest noch

die Nase ab‹, hieß es. Wir liebten uns, nicht wahr, Paprika, die ganze Kompanie wußte es ja.
Weißt du noch, Paprika, wie wir uns durch Melderitte das Eiserne Kreuz verdienten? Kannst du dich erinnern, Paprika, wie wir auf der Halbinsel Kertsch in Minenfelder geraten waren, da die Trassierbänder zerschossen im Gelände lagen? Mit gespitzten Ohren, leise schnaubend, hast du dich, unendlich langsam, in der eigenen Spur zurückgesetzt. Nie habe ich dir gesagt, Paprika, daß ich dich einmal nach einem glücklichen Kriegsende kaufen wollte, daß ich dazu schon für dich eine Unterkunft in Berlin bei guten Menschen gefunden hatte. Nun müssen wir uns trennen, ein unerbittliches Kriegsschicksal reißt uns auseinander.
Noch einmal zog ich den warmen Atem Paprikas tief ein, noch einmal legte ich mein Gesicht an ihre samtweichen Nüstern. Ich sah ihr nach, bis der Wall mir den Blick versperrte.«

Dem Ende entgegen

Heißer Sommer

Nach der erfolgreichen Schlacht in Weißrußland im Sommer 1944 spielen die russischen Kavallerieverbände eine entscheidende Rolle beim Einbruch in die breitgestaffelte Verteidigungslinie der Deutschen bei Lemberg, bei den Kämpfen am Dnjestr und im Raum Kischinew sowie an anderen Abschnitten der deutsch-sowjetischen Front.
Am 2. Juli stößt das 4. Gardekavalleriekorps des General Plijew nach Sluzk vor. Von dort greift es in Richtung auf Siedlce an, um den nach Warschau zurückziehenden Truppen den Weg abzuschneiden. In derselben Richtung kämpft auch das 2. Gardekavalleriekorps General Krjukow. General Pliew hat aber wenig Glück. Sein 4. Gardekavalleriekorps wird nordwestlich Brest-Litowsk eingeschlossen. Nur weil er sich hier auf die alten sowjetischen Grenzbefestigungen von 1941 stützen kann, gelingt es ihm, alle deutschen Angriffe abzuwehren.
Während der Nacht versorgen Flugzeuge das Korps mit Munition.

Kavalleriekorps Harteneck

Schon um die Jahreswende wird bekannt, daß die Kavallerieregimenter Mitte, Nord und Süd zu einer Kavalleriebrigade bei der Heeresgruppe Mitte zusammengefaßt werden sollen. Tatsächlich trifft Ende Mai der Befehl ein, die 3. Kavalleriebrigade sei aus dem KR Mitte zu bilden, die 4. Kavalleriebrigade aus den Kavallerieregimentern Süd und Nord.
Ende Juni ist die Aufstellung der 3. Brigade im allgemeinen beendet. Nachdem Ende Juni der Brigadekommandeur Freiherr v. Wolff bei einer Übung tödlich verunglückt ist, übernimmt v. Boeselager die Führung der 3. Brigade. Inzwischen wird ein Generalkommando der Kavalleriebrigaden, das 1. Kavalleriekorps (1. KK. Harteneck), geschaffen: eine Zusammenfassung der deutschen Heereskavallerie mit der 1. ungarischen Kavalleriedivision, wobei die beiden Kavalleriebrigaden, die 3. und die 4., um das deutsche Kommando zu sichern, in Divisionen umbenannt werden müssen.
In den Sommermonaten 1944 hat sich die Lage durch den Zusammenbruch der Heeresgruppe Mitte äußerst ungünstig entwickelt. Nur die 2. Armee steht im Bereich der Heeresgruppe Mitte noch für einen Schutz der Grenze Ost-

preußens zur Verfügung. Die 2. Armee und mit ihr das Kavalleriekorps Harteneck (3. und 4. Kavalleriedivison und 1. Ungarische Kavalleriedivision) müssen, um einen russischen Durchbruch auf die deutsche Grenze zu verhindern, nach Nordwesten auf den Bug und die Narew zurückgenommen werden. Das Kavalleriekorps hatte dabei in hinhaltendem Gefecht der Infanterie den Rückzug zu erleichtern. Der Kriegsberichter A. Haas schildert diese Kämpfe: »Von einer bis zum Indianerhaften gesteigerten Anpassung an das Gelände waren die Soldaten der Kavalleriedivision. Die Sonne hatte die Sümpfe so ausgetrocknet, daß sie für Pferde kein Hindernis mehr waren. In Tarnkleidung, mit Turnschuhen und Gummistiefeln pirschten sich die Spähtrupps durch die Felder. Bis nahe an die vordringenden Sowjetkolonnen galoppierten die Schwadronen heran, saßen ab, legten Hinterhalte, brachen mit Feuerüberfällen aus dem Dickicht und waren danach in kurzem aufgesessen, zu neuen Überfällen bereit. Ein Packzug verteidigte sich erfolgreich gegen 18 Panzer und zwei Bataillone. Bei Kobryn haben 70 Reiter mit drei Sturmgeschützen zwei feindliche Divisionen in so günstiger Aufstellung erwartet, daß sie den angreifenden Feind aufreiben konnten.«
Um den 10. August schaffen es die Deutschen für eine Weile, eine - wenn auch dünne - Abwehrfront zu bilden, und die Absetzbewegungen kommen westlich von Bialystok im Narew-Bug-Bogen vorübergehend zum Stehen. Dann aber beginnt die Rote Armee wieder mit starken Kräften zu drängen. Die Kämpfe nehmen an Härte zu, die Reiter der hier eingesetzten Kavalleriedivisionen müssen absitzen. Die Russen haben schon längst die Luftherrschaft. Um den gefürchteten Angriffen der sowjetischen Schlachtflieger und dem durch die Flieger gelenkten Artilleriefeuer zu entgehen, wird nur nachts angegriffen.
Im Raum Ossowiec, nordöstlich von Warschau, kommt es zu heftigen Abwehrkämpfen. Das Kriegstagebuch der 3. Kavalleriedivision v. Boeselager verzeichnet tagtäglich schwere Verluste: »13. August 1944 - Gazewo, 20 Kilometer nordostwärts Markow - . . . Von den 85 Mann, die rausgingen von unserer Schwadron, ist nur noch ein einziger geblieben, alle anderen sind weg.«

v. Boeselagers Tod

Der 28. August ist ein strahlender Hochsommertag. Um 8 Uhr 05 tritt die 3. Kavalleriedivision zum Angriff gegen die feindlichen Bereitstellungen bei Lomza an. In der Höhe des Dorfes Lady beschließt v. Boeselager, um den Angriff der ihm unterstellten 104. Panzerbrigade durch die Schwadron am rechten Flügel zu überwachen, dorthin zu fahren und sie selbst einzuweisen. Um das Gelände besser zu übersehen, hockt er auf der Bordwand seines Spähwagens, als eine MG-Garbe ihn niederschießt. Seine getreuen Reiter schaffen den Leichnam, den Wirren des Zusammenbruchs und allen Kontrollen zum Trotz, nach Heimerzheim, zum Sitz der Familie v. Boeselager.

Die Husaren an der Weichsel

Die dem deutschen 1. Kavalleriekorps (1. K. K. Harteneck) unterstellte 1. Ungarische Kavalleriedivision ist eine Husareneinheit par excellence. Die ungarischen Husaren repräsentieren mit ihrem Reitergeist seit einem Vierteljahrtausend wohl am besten das Draufgängertum der Leichten Kavallerie.
In den Tagen vom 14. Juli bis zum 2. August steht die Division nordöstlich von Warschau im Rückzugskampf. In einer schneidig geführten Einkreisungsoperation in der Nähe von Siedlce kann sie einige Erfolge verbuchen: Nur ein Mangel an ungarischer Munition und die Erschöpfung der Truppe ermöglichen einer russischen Division, sich im letzten Augenblick hinter den Bug zurückzuziehen. Nach den anstrengenden Kämpfen wird die Husarendivision Mitte August nordwestlich von Warschau in Ruhestellung verlegt. Hier erhält sie Ergänzung mit deutschem Material; zugleich übernimmt Gen. Major vitéz Mihály Ibrányi die Führung der Division.
Auch hier beweisen die Husaren Charakter: Als am 18. August die Deutschen ausdrücklich die Beteiligung der Husaren an der Bekämpfung des Warschauer Aufstandes und den Einsatz gegen polnische Partisanen verlangen, weigert sich der Divisionskommandeur kategorisch: »Die beiden Völker verbindet eine traditionsreiche Sympathie.«
Ebenfalls erfolglos bleiben am 27. August die Bemühungen des General v. Vormann, Oberbefehlshaber der 9. Armee, den kommandierenden General des II. Ungarischen Reservekorps, der bis 1939 als ungarischer Militärattachée in Warschau gelebt hat, zu Verhandlungen mit den Aufständischen einzuspannen, um deren Kapitulation zu erzwingen.
Die Deutschen wissen die Husaren zu schätzen: Am 14. September 1944 meldet der OKW-Bericht: »In den harten Kämpfen nordöstlich Warschau hat sich die Königlich-Ungarische 1. Kavalleriedivision unter Führung von Generalmajor Ibrányi durch Standfestigkeit und schneidig geführte Gegenstöße besonders ausgezeichnet.
Die Kämpfe ziehen sich noch bis Mitte September hin. Und dann wird die Husarendivision nach Ungarn transportiert, wo sich die Lage seit dem Frontwechsel der Rumänen bedrohlich zugespitzt hat. Übrigens zeichnen sich die zur Niederkämpfung des Aufstandes eingesetzten Kosakeneinheiten durch besondere Grausamkeiten aus und lassen in der Erinnerung der Warschauer tiefe Spuren zurück.

Oben: Rußland, Winter 1943/44: eine an den Rückzug der Grande Armée Napoleons mutende Szene.

Links unten: Ostfront, Winter 1943/44: Troßpferdekavalkade.

Rechts unten: Jugoslawien, Winter 1943/44: berittene deutsche Batterie im Schneesturm in den Bergen.

Oben: Die Reiterverbände der Roten Armee: ein Gardekavallerieregiment mit »Säbel-auf«.

Unten und rechts oben: Ob bei Moskau, ob bei Stalingrad oder Charkow: Die Kavallerie der Roten Armee war immer dabei.

Unten: In den Wäldern Kareliens: berittene Patrouille der Roten Armee.

Oben: Serbien 1944: Ein Reitertrupp der jugoslawischen Volksbefreiungsarmee arbeitet sich mühsam bergauf.

Mitte: Jugoslawien 1944: Die westalliierten Kriegsberichterstatter bei einer berittenen Abteilung der Volksbefreiungsarmee. Links Jara Ribnikar, die Frau des Ministers für Information.

Unten: Griechenland, Sommer 1944: zwei von der ELAS-Kavalleriebrigade.

Rechte Seite oben: »Achtung! Frisch gestrichen.« Das gab es auch in Jugoslawien, Frühjahr 1944.

Rechte Seite unten: Im Raum Wilna, Frühjahr 1944: Reiterpatrouille der Partisanen der polnischen Heimatarmee (AK).

PFERDE
TARN-
FARBE

Oben: Sowjetische Sommeroffensive 1944: »Von jedem Panzerkorps hatten zwei Kavalleriebrigaden keilförmig in den Durchbruch hineinzustoßen.«

Rechte Seite oben: Verbrannte Erde – das Zeichen des Krieges. Vorn die Zugpferde der Artillerie.

Rechte Seite unten: Ostfront, Rückzug: Schritt für Schritt westwärts.

Die Trakehner

Die Sommeroffensive der Roten Armee beginnt allmählich abzuebben. Der Widerstand der Deutschen versteift sich, und das Tempo des Rückzuges wird langsamer.
In einem Herbst von unerhörter Pracht nimmt Ostpreußen Abschied von der achthundert Jahre alten Vergangenheit. Zwischen den flammenden Farben der Wälder liegen die silbernen Schilde der Masurischen Seen. Noch immer fahren die Fischer aus den kleinen, an den Ufern zusammengedrängten Dörfern zum Fischfang hinaus. Die Herrensitze der alten Geschlechter träumen unter den mächtigen Bäumen ihrer verwunschenen Parks. Und immer noch jagen die Pferde aus edlen Zuchten des Landes über die weiten Koppeln.
Unter den Gestüten Ostpreußens spielt das im Jahre 1732 von dem Soldatenkönig Friedrich Wilhelm I. gegründete Trakehnergestüt eine überragende Rolle und genoß wegen seiner Züchtungen Weltruf.
Die Trakehner, auch Ostpreußen genannt, sind nicht nur die edelsten und elegantesten Warmblüter Deutschlands, sie sind auch die schnellsten. Nachdem man sie einst für den Kurierdienst auf der Strecke Königsberg–Berlin eingesetzt hatte, zeigte sich, daß sie um ganze vierundzwanzig Stunden eher am Ziel waren als andere Pferde. Mit dem leichten Schlag werden sie als Reitpferde, mit dem schweren als Artilleriezugpferde verwendet. Noch im vorigen Jahrhundert sind die Trakehner den Pferden aller anderen Heere besonders durch ihre Schnelligkeit weit überlegen. Für den Krieg zwar wie geschaffen, wird der Krieg auch ihr schwerstes Schicksal. Schon während der Feldzüge Napoleons furchtbar dezimiert sowie in den nachfolgenden Kriegen schweren Opfern ausgesetzt, werden die Verluste dank der ostpreußischen Ausdauer immer wieder aufgefrischt.
Bei dem deutschen Heer befinden sich selbst noch im fünften Kriegsjahr eine ganze Anzahl von Trakehnern, die, über zwanzig Jahre alt, auch jetzt noch jeden Dienst versehen. Diese Tatsache beweist am besten, daß es gelungen ist, im Ostpreußen ein zähes, hervorragendes Truppenpferd zu schaffen, das sowohl in der großen Hitze Südfrankreichs wie in den harten Wintern Rußlands allen Anforderungen standhält.

Im Wettlauf mit Panzern

Noch im Herbst hat die Rote Armee einen gefährlichen Vorstoß gegen Ostpreußen unternommen. Zwar ist er nach harten Kämpfen an den Masurischen Seen zum Stehen gekommen, aber die Russen werden ihn mit stärkeren Kräften wiederholen. Für die Evakuierung der ostpreußischen Gestüte haben mehrere Monate zur Verfügung gestanden, der NS-Gauleiter Koch verbietet sie jedoch bis zuletzt.

»Als ich etwa am 1. September den Gauleiter persönlich am Telefon sprach, äußerte er, daß – falls die Russen ›vorübergehend‹ vorstoßen sollten – die Trakehner ja im Wettlauf mit den sowjetischen Panzern ihre Leistungsfähigkeit unter Beweis stellen könnten«, beklagt sich der Direktor des Gestüts Trakehnen.
Während des tragischen Flüchtlingstrecks im Januar 1945 erliegt ein großer Teil der Trakehner den unvorstellbaren Strapazen, wird von den nachdrängenden russischen Panzern zusammengeschossen oder bricht im Eis des Haffs ein. Der Zuchtbestand des Gestüts Trakehnen fällt den Sowjets in die Hände. Dennoch können fast 800 Stuten und 45 Hengste nach dem Westen gerettet werden, mit denen in Schloß Erichsburg ein neues Gestüt aufgebaut wird.

XV. Kosakenkorps

Im Herbst 1944 hat sich die Lage auf dem Balkan weiter verschlechtert. Die Heeresgruppe E (Generaloberst Löhr) führt ihre sich aus Griechenland zurückziehenden Divisionen durch Makedonien und Bosnien unter ständigen schweren Kämpfen und großen Versorgungsschwierigkeiten nach Norden. Noch bevor die Truppen der Heeresgruppe das Gebiet nördlich der Save erreichen, entsteht eine äußerst bedrohliche Situation an der Donau- und Draufront, besonders seit die Russen am 18. Oktober 1944 Belgrad erobert haben.
Am 30. November 1944 wird die bisherige Kosakendivision mit ihren beiden alten und der neuen Brigade in das XV. Kosakenkavalleriekorps unter General v. Pannwitz umgewandelt, das sich nun aus der 1. und 2. Kosakenkavalleriedivision und der Plastun-(Schützen-)Brigade mit zwei Plastun-Regimentern zusammensetzt. Diese Brigade unter Oberst Kononow bleibt im Raum Kutina mit dem Auftrag, die Bahnlinie und die Hauptstraße nach Agram zu sichern.
General v. Pannwitz unterstellt sein XIV. Kosakenkavalleriekorps formell der SS: Die Aussicht, mit ihrer Hilfe umfangreicheren Mannschaftsersatz aus den der SS unterstellten Kriegsgefangenenlagern und eine bessere Waffenausrüstung zu erhalten, als sie ihm das Heer geben kann, hat ihn dazu bewogen. Im Dezember 1944 schießen die Kosaken auch auf ihre Landsleute: Die Rote Armee hat die Drau erreicht.

Titos Reiter

Im Herbst 1944 zählt die von Josip Broz Tito befehligte Volksbefreiungsarmee bereits 500 000 Kämpfer. Eine geschlossene Kavallerieeinheit, die Prva

Konjicka Brigada, die 1. Makedonische Reiterbrigade, steht ihnen ab 15. September 1944 zur Seite. Nach einem kurzen Aufenthalt bei Rumi wird die Prva Konjicka Brigada am 1. Dezember 1944 in die 21. Serbische Division des 1. Proletarischen Armeekorps eingegliedert. Die Brigade ist eine gut ausgerüstete Reitereinheit, auf alle kommenden Aufgaben bestens vorbereitet.
Anfang Dezember hält das 34. Deutsche Armeekorps die stark befestigte Front bei Srem zwischen Dunava und Save. Das 1. Proletarische Armeekorps geht am 3. Dezember zum Angriff über, um den Feind nach Westen abzudrängen. Die 21. Serbische Division greift den linken Flügel des Armeekorps entlang der Front zwischen den Dörfern Calma und Martinici an. Die Prva Konjicka Brigada stößt vom Dorf Gibarac aus auf dem kürzesten Weg nach Vrbanja und Gunja vor.
Nachdem am 4. Dezember die 1. Proletarische Division den feindlichen Verteidigungsring an den Hängen der Fruske Gore durchbrochen hat und die 11. Division zur gleichen Zeit das Dorf Erdevik besetzt, gelingt es am 5. Dezember der 21. Serbischen Division, die deutschen Einheiten aus dem Gebiet von Martinici zu vertreiben. Sie setzt ihnen mit einem Teil ihrer Kräfte nach, der andere Teil sichert den Aufmarsch der Prva Konjicka Brigada. Die Reiterei überholt die vordersten Linien der 21. Serbischen Division, beginnt selbst die Verfolgung und gelangt gegen 19 Uhr in den Ort Gibarac. Danach muß sie das weitere Vorgehen stoppen, da in der Zwischenzeit starke deutsche Kräfte in Sida gesichtet werden. Die Brigade bleibt also im Dorf und wartet die Vorhut der 21. Serbischen Division ab.

1. Konjicka Brigada

Am 6. Dezember, im Morgengrauen, rücken die Reitereinheiten in Adasevci ein. Hier erhalten sie die Meldung: Die Flüsse Save und Bosuta sind über die Ufer getreten, und der Vorstoß durch die Wälder von Bosutsk ist nicht möglich. Der Marschplan wird geändert, und die Brigade geht in Richtung Batrovci und Lipovac, wo der unerwartete Angriff der Reiterei die Deutschen dermaßen überrascht, daß sie keinen Widerstand leisten. Eine große Zahl von Soldaten ertrinkt bei dem Versuch zu fliehen im Fluß Bosuta. Die Brigade erbeutet eine große Menge Waffen, Munition und Ausrüstung.
Die Reiterei übernimmt die Sicherung der linken Flanke der 21. Serbischen Division gegen einen eventuellen feindlichen Überfall aus den Wäldern von Bosutsk. Angesichts der Bedeutung des Verkehrsknotenpunktes Vinkovac für den Rückzug der deutschen Truppen aus Griechenland zieht das 34. Deutsche Armeekorps neue Kräfte heran, um jeder Bedrohung standzuhalten. In dieser Situation wird die Prva Konjicka Brigada nach Novo Selo abgezogen, von wo aus sie als bewegliche Reserve die Wälder von Bosutsk kontrolliert. Die Brigade übernimmt die Aufgaben einer Reitervorhut und sichert die lin-

Balkan, Herbst 1944:
Die Kämpfe der berittenen jugoslawischen und griechischen Partisanen

ke Flanke der Hauptkräfte des 1. Proletarischen Armeekorps an der Front von Sremsk. Am 22. Dezember greift die 5. Brigade der 21. Serbischen Division überraschend die deutschen Truppen an der Eisenbahnlinie südlich des Dorfes Otok an. An diesem Frontabschnitt ist die deutsche Verteidigung wegen der Überschwemmung recht schwach. So gelingt es der 5. Brigade auf Anhieb, den Bahndamm zu nehmen und gut einen halben Kilometer durchzustoßen, als gegen 19 Uhr die Reiter diese Bresche bemerken. Unter Ausnutzung der Dunkelheit, des bewaldeten und teilweise überschwemmten Gebietes, in dem die feindlichen motorisierten Kräfte nicht eingesetzt werden können und sich auf Infanterie beschränken müssen, schlägt sich die Prva Konjicka Brigada 5 Kilometer hinter der feindlichen Front bis zum Dorf Vranjevo durch, ohne auf jeglichen Widerstand zu stoßen.
In der Morgendämmerung des 23. Dezember dringt eine Schwadron der 1. Abteilung in das Dorf Gradiste ein. Das unerwartete Auftauchen der Reiter ruft Panik in den deutschen Reihen hervor. In der ungefähr zwei Stunden

dauernden Straßenschlacht erleidet der Feind große Verluste. Eine Schwadron der 2. Abteilung verfolgt ganze 24 Stunden lang zu Pferde den Feind bis vor den Ort Zupanji. Hier überraschen sie die deutschen Soldaten, die, gerade bei der Weihnachtsfeier, der Meinung sind, sie befänden sich im sicheren Hinterland. Die Gefangenen geben zu, daß sie den Angriff der Partisanenreiterei für ... eine russische Luftlandung gehalten haben.
Nachdem sie drei Tage hinter feindlichen Linien verbracht haben, kehrt die Prva Konjicka Brigada in der Nacht vom 25. zum 26. Dezember 1944 zurück und wird zur Auffrischung nach Sid beordert.

1945

Das letzte ›Hurraaa...‹

Die sowjetische Offensive

Mit Schneestürmen und eisiger Kälte, wie es sie seit Jahren nicht mehr gab, bricht der Winter herein. Am 12. Januar 1945, um 1 Uhr 30 nachts, eröffnen Hunderte von sowjetischen Batterien aus dem Baranow-Brückenkopf ein fünfstündiges Trommelfeuer. Gegen 7 Uhr flaut der Geschoßhagel für kurze Zeit ab und steigert sich dann mit ungeheurer Wucht. Dicht hinter dem Vorhang berstender Granaten treten tiefgegliederte Sturmkolonnen sowjetischer Infanterie an, die, vorn mit minenspürenden Strafbataillonen und Pionieren, unaufhaltsam über die zerstampften Stellungen hinwegstolpern, während rasch folgende Panzerdivisionen ihre Flanken sichern. Am Sonntag, dem 14. Januar, vollzieht sich der russische Vormarsch auf der gesamten Front vom Baltikum bis zu den Karpaten. Eine Volkswanderung unbekannten Ausmaßes setzt sich in diesen Tagen in Bewegung: Millionen von Menschen aus dem deutschen Osten lassen alles, was ihnen lieb und teuer ist, liegen und versuchen, vor der Roten Armee zu entkommen.

Der schöne große Treck

»Wer hätte je so schöne Pferde gesehen«, schreibt am 18. Februar 1945 ›Das Reich‹, »da reiten sie vorweg, ein alter graubärtiger Herr mit etwas müden Augen, aber straff, aufrecht, mit kurzem Pelz und Nerzmütze gekleidet, die Beine in gut gearbeiteten Reitstiefeln, neben ihm die Frau, eine weißhaarige, aber wohl nicht gar so alte Dame im Reitsitz der Frauen, schließlich der Junge, der Enkel wohl, munter vor sich hinplaudernd. Sie reiten Hengste, untrüglich arabischer Abstammung alle drei, herrliche Pferde, Schimmel und Apfelschimmel. Ihnen folgen Wagen auf Wagen, bespannt mit Stuten, feingliedrigen, trockenen und edlen Tieren, ebenfalls vorwiegend Schimmel. Die Wagen sind mit Menschen, Futtersäcken, Heubündeln, mit Töpfen, Betten und Kisten beladen, wohl acht oder neun Fahrzeuge, denen an Strickhalftern einige Fohlen folgen, und diesen wieder schließen sich Bauerngefährte mit den kräftigen zähen kleinen Pferden des Ostens an. Der Gutsherr aus dem Warthegau reitet aus der Spitze heraus und läßt den Treck passieren. Für jeden hat er ein aufmunterndes Wort: ›Wir sind schon bald in Doberschütz, dort rasten wir ein paar Tage!‹ Oder: ›Meinst du, Wilhelm, daß die Stute

durchhält?‹ Nun traben sie dahin, ein wundervolles Bild edler Pferde, das die Linien der herben Landschaft für das Auge zu ästhetischer Vollendung führt, dennoch in jedem Menschenschicksal, in jedem Gefährt, in jedem Gepäckstück die ergreifende Darstellung dieses unbarmherzigen Krieges, der alles in seinen Strudel reißt: Kultur und Schicksal, Mensch, Landschaft und Tier.«
Nun, nicht überall geht es so idyllisch zu, wie die NS-Zeitschrift es ihren Lesern weismachen will: Nur langsam kommen die Trecks vorwärts. Die Schneeverwehungen werden immer höher und formen sich zu fast unüberwindbaren Hindernissen. An einer dieser Kolonnen entlang galoppiert ein Reiter mit der Nachricht: »In einer halben Stunde sind die Russen hier!« Wer zu Fuß ist, flieht feldein durch den tiefen Schnee; aber die Wagen auf der Straße sind ineinander verkeilt und kommen kaum voran. Plötzlich krepieren Granaten dicht neben dem Weg; scheinbar aus dem Nichts beharkt ein Maschinengewehr die Trecks. Auf einmal tritt Stille ein. Dann rollen schwere Panzer heran, und hinter ihnen stampfen Soldaten in weißen Tarnanzügen durch den Schnee. Eines der Ungetüme kriecht auf die Straße, schiebt wie eine riesige Dampfwalze Wagen zur Seite oder zerquetscht sie. Weitere Panzer folgen. Verletzte Pferde liegen im Straßengraben und wiehern vor Schmerzen. Dutzende von Fuhrwerken werden zerdrückt, von der Straße geworfen, umgestürzt, Menschen zermalmt.

In Pommern

Das weit vorgestoßene Kavalleriekorps des Generals Oslikowski dringt überraschend in Allenstein ein, wo gerade erst mehrere deutsche Eisenbahnzüge mit Panzern und Artillerie eingetroffen sind. In der Stadt selbst entbrennen erbitterte Kämpfe. Nur das rechtzeitige Erscheinen der Truppen der 48. Armee auf dem Schauplatz rettet die Kavallerie und die sie begleitenden Panzer vor einer Niederlage. In der Nacht zum 27. Januar führen deutsche Infanterie- und Panzerdivisionen einen Vorstoß aus dem Raum Heilsberg in Richtung Elbing, um den dort kämpfenden Truppen zu Hilfe zu kommen. Es gelingt den Deutschen, Teile der 48. Armee etwa 20 Kilometer zurückzudrängen.
»Wir reagierten sofort und warfen einen großen Teil der Kräfte der 5. Gardepanzerarmee sowie des 8. Panzer- und das 3. Gardekavalleriekorps in diesen Raum«, berichtet Marschall Rokossowskij. »Der Oberbefehlshaber der 5. Panzerarmee, General Wolski, meldete mir telefonisch, daß sich der Gegner seinem Gefechtsstand nähere. Einige Zeit später galoppierte das Gardekavalleriekorps in Richtung des Durchbruchs an Wolskis Gefechtsstand vorbei.« Die Kämpfe werden immer härter. Um den 19. Februar wird der sowjetische Vorstoß auf der Linie Mewe-Czersk-Konitz gestoppt. Auch die 1. Belorussische Front kommt nicht weiter voran. Und das benachbarte 2. Gardekavalleriekorps bleibt im Abschnitt Landeck-Rederitz stehen. Doch

schon einige Tage später rollt die sowjetische Offensive weiter. Rokossowskij: »Ich stellte dem Kommandeur des 3. Gardekavalleriekorps, General Oslikowski, die Aufgabe, Neustettin zu nehmen und gleichzeitig die linke Flanke und den Rücken der Stoßgruppierung der 2. Weißrussischen Front zu sichern. Das 3. Gardekavalleriekorps erfüllte alle unsere Erwartungen: Oslikowskis Reiter umgingen mit Unterstützung von Artillerie und Flugzeugen Neustettin, zerschlugen den Gegner in erbittertem Kampf und besetzten die Stadt. Die Fliegerkräfte General Werschinis leisteten dabei den Kavalleristen große Hilfe. Sie versorgten sie mit Informationen über deutsche Stellungen und bombardierten wichtige Punkte.«

»Vorwärts – mir nach!«

Westpommern am Morgen des 1. März 1945. Der kühle Wind fegt schwere, bleierne, tief hängende Wolken über die wellige Landschaft, in der zwischen dunklen Wäldern kleine Seen glitzern, und hier und da liegen noch schmutzige Schneestreifen. In einem Dorf, unweit des Städtchens Schönfeld südlich von Greifenberg, spielt die Militärkapelle. »Noch ist Polen nicht verloren«, die polnische Nationalhymne.

Zwei Reiterschwadronen traben vor einer Gruppe höherer Offiziere, die eine, unter Leutnant Spisacki, biegt nach rechts ab auf den Wald zu, die von Leutnant Starak zieht geradeaus in Richtung Eisenbahnlinie. Einige Kilometer weiter in einer Senke - Schönfeld, dazwischen flache Wiesen mit schachbrettähnlich angelegten Entwässerungskanälen, geteilt durch den Schienenstrang, daneben parallel verlaufend eine Landstraße. Zu beiden Seiten des Städtchens schützen zwei Seen seine Flanken, dahinter wieder Wiesen und Wälder. Hier erstreckt sich der Pommernwall: die letzte deutsche Verteidigungslinie zwischen Oder und Berlin.

Die Reiter der 1. Samodzielna Warszawska Brygada Kawalerii, der Kavalleriebrigade, die auf der Seite der Sowjetunion im Rahmen der ›1. Armia WP.‹, der 1. Volkspolnischen Armee, kämpfen, haben eine harte Nuß zu knacken: Sie sollen nach Möglichkeit an dieser Stelle den Pommernwall durchbrechen. Schon seit zwei Tagen versuchen die Polen hier die deutsche Linien zu bezwingen. Die Panzer und die Infanteriesturmabteilung blieben am Vortag im aufgeweichten Gelände stecken und wurden dann im Hagel der Panzerfaustgeschosse durch zähe, in den Entwässerungsgräben gut getarnte Panzerknakker vernichtet. Die Infanterie mußte sich in heftigem MG-Feuer unter Verlusten zurückziehen. Was den T-34-Panzern und der Sturminfanterie nicht gelungen ist, sollen jetzt zwei Kavallerieschwadronen unter dem Schutz der restlichen verbliebenen Panzer möglich machen. Die einzige Hoffnung ist, daß die Deutschen ihre Panzerfäuste weiterhin auf die T 34 und nicht auf die Pferde richten werden.

Einige Panzer rollen nacheinander auf die Landstraße zu, eine rote Leuchtkugel schießt in hohem Bogen durch die Luft: Das Startzeichen für die Kavallerie zur Attacke. Der Schwadronschef, Leutnant Starak, reißt den Säbel hoch: »Vorwärts - mir nach!« Mit Hurraaa-Geschrei setzen sie sich in Galopp und überqueren rasch die Landstraße. Die dichten Rauchschwaden der brennenden Panzer bilden eine Schutzwand. Jetzt haben sie schon die entsetzten, völlig desorientierten Panzerfaustschützen erreicht: »Russische Kosaken! Russische Kosaken!« Sie haben es wohl nicht für möglich gehalten, daß mit den Panzern auch die Kavallerie kommt. Im Rücken der deutschen Stellungen sitzen die Reiter ab und greifen von hinten an.
Die zweite Schwadron des Leutnant Spisacki, die sich in einem kleinen Waldstück sammelt, gerät in Schwierigkeiten. Noch vor Beginn ihrer Attacke bleibt ein Teil der Panzer im dicken Schlamm stecken und brennt, durch deutsches Pakfeuer von der Flanke her getroffen. Die explodierenden Kampfwagen machen die Pferde scheu, und fetter, schwarzer Rauch erschwert die Orientierung. Sie galoppieren blindlings hindurch: In den sich vor ihnen ausbreitenden Schützengräben herrscht Stille, erst dann geht die Schießerei loß, womöglich waren die Deutschen einen Augenblick lang durch den Anblick der auf sie zugaloppierenden Reiter ganz verdutzt. Die Schwadron überspringt die ersten deutschen Stellungen, geht in einer Mulde kurz vor Schönfeld in Deckung und sitzt ab. Es war die letzte polnische Kavallerieattacke der Geschichte.
Beide Schwadronen kämpfen sich weiter auf die Ortschaft zu. Erst am Abend wird mit Unterstützung der Panzer und der Infanterie das mit einigen Bunkern befestigte Schönfeld genommen. Verluste: sieben Ulanen. Die Infanterie zählt 370 Tote und Verletzte.

Die vierte Attacke kam nicht

Erstaunlicherweise hält trotz der hoffnungslosen Lage der Zustrom von Kosakenfreiwilligen an. Und noch drei Monate vor der Kapitulation werden die beiden Brigaden, die 1. und 2., in Divisionen umgewandelt, die zusammen das XIV. Kosakenkavalleriekorps bilden. Das Korpskommando führt weiterhin v. Pannwitz, jetzt Generalleutnant.
Anfang März 1945 kämpft die 2. Kosakenkavalleriedivision, unterstützt durch Teile der 1. Division, im Papuk-Gebirge und in der Bila Gora. Zu dieser Zeit führen die Kosaken an der Draufront zähe Gefechte gegen die Rote Armee und die Bulgaren.
Der Unteroffizier der Roten Armee, Sascha Wolkin, erlebt in den Bergen Jugoslawiens einen Kosakenangriff: »Die Sicht war nicht weiter als 300 Meter. Kurz vor Dunkelwerden meldete der Posten: ›Faschistische Kosaken, ein paar hundert Reiter greifen uns an‹. Zwei MG werden eilig in Stellung ge-

bracht. ›Spähtrupps zur Erkundung vor‹, rief der Leutnant, aber da kamen sie schon in breiter Front im Galopp an. Ungefähr 150 Kosaken. Sie schossen wie besessen aus ihren Maschinenpistolen. Nun feuerten überraschend auch unsere beiden Maschinengewehre los. Fast die Hälfte der Reiter ging im ersten Feuerschlag zu Boden, und die herrenlosen Pferde rasten weiter. Wir atmeten gerade auf, da galoppierte die zweite Welle heran, diesmal stärker. Die MP-Einschläge der Kosaken hämmerten gegen die Stellungen. Plötzlich hatte eines unserer Maschinengewehre Ladehemmung. Aber der Angriff wurde kurz vor den Schützengräben zusammengeschossen. Und nun die dritte Attacke. Nur noch ein MG war einsatzbereit. Mit knatternden Maschinenpistolen und Urrääa-Rufen jagten die Kosaken heran, aber auch diese Attacke brach im Feuer zusammen. Eine vierte Attacke kam zum Glück nicht. Wir hätten auch keine Munition mehr gehabt.«

»Sa prava – na Kuban!«

Am 7. März abends reitet die I. Abteilung des Kuban-4-Kosakenregiments, durch Dunkelheit und strömenden Regen gegen russische Schlachtflieger geschützt, über eine Pontonbrücke. Den Rest der Nacht verbringt die Abteilung gut getarnt mit den Pferden und Fahrzeugen in den Wäldern an der Drau. Ein Teil des Brückenkopfes ist am Tage zuvor abgeschnitten worden, und eine Infanteriekompanie soll noch während der Nacht den feindlichen Ring um den Brückenkopf sprengen. Durch diese Öffnung werden die 1. Abteilung vom Don-1-Kosakenregiment und die 1. Abteilung des Kuban-4-Kosakenregiments in vollem Galopp die Verbindung mit den abgeschnittenen Truppen aufnehmen und dann in einer Reiterattacke die Sowjets so weit wie möglich zurückwerfen.

Um 0 Uhr 45 steigt eine rote Leuchtkugel auf: Die Infanterie ist zum Angriff aufgebrochen. Und 30 Minuten später gibt eine grüne Leuchtkugel das Zeichen für die Kavallerie zum Aufsitzen und Anreiten. Vorn auf dem Weg krachen die ersten Minen. Das dumpfe Donnern der Hunderte von Pferdehufen übertönt selbst die durch die Nacht peitschenden Schüsse. Im freien Galopp rasen die Kosaken in die Nacht hinein: »Sa prava – na Kuban!« hallt der Kosakenschrei. Eine Schwadron verfängt sich im Stacheldrahtverhau, die andere Schwadron erreicht jedoch ungehindert mit »Urrääa-Rufen« eine sowjetische Batteriestellung. Die Kosaken schwenken die Beutegeschütze um und feuern auf den Feind. Noch vor Sonnenaufgang ist die befohlene Linie erreicht.

Die im fremden Jugoslawien gegen die Rote Armee und Tito-Partisanen kämpfenden Kosaken können nicht ahnen, daß ihr Schicksal inzwischen längst besiegelt ist. In Jalta auf der Krim haben nämlich am 10. Februar Churchill und Roosevelt beschlossen, ihrem Bundesgenossen Stalin zur Hand zu gehen und »alle Personen, auch gegen deren Willen und notfalls gewaltsam, an die Sowjetunion auszuliefern, die am 1. September 1939 Bürger der Sowjetunion oder am 22. Juni 1941 Angehörige der Roten Armee gewesen waren und in deutscher Uniform oder als freiwillige Mitarbeiter der Deutschen in Gefangenschaft geraten waren.« So der Text der Geheimklausel. »Ich glaube nicht, daß diese Leute noch viel Zukunft haben«, sagt später US-General Omar Bradley.

Bis zur Elbe

Am 15. April löst die sowjetische 10. Armee General Romanowski das 3. Gardekavalleriekorps an der Ostseeküste ab, dem noch der weite Ritt bis zur Oder bevorsteht. Das 3. Gardekavalleriekorps Oslikowski bildet jetzt die Reserve der 2. Weißrussischen Front und bezieht am linken Flügel der 49. Armee Stellung. Einige Tage nach Überschreiten der Oder stößt das 3. Gardekavalleriekorps, im großen Bogen Berlin umgehend, bis zur Elbe vor. Es soll die deutschen Truppen abschneiden, die in Richtung Berlin marschieren.

Zur Erhaltung der Kolonien

Am 8. Mai abends erreichte das XIV. Kosakenkavalleriekorps die Gegend von Slov und Warasdin. Am Abend erhält einer der Offiziere der 1. Kosakendivision einen Anruf der 8. Partisanenarmee Titos: Deutschland habe kapituliert, und ab 23 Uhr dürfen auf deutscher Seite keine Marschbewegungen mehr stattfinden. Von Pannwitz läßt um 23 Uhr die Kosakenverbände marschbereit antreten und eröffnet ihnen: »Durchschlagen zur österreichischen Grenze und zur englischen Armee des Lord Alexander.«
Bereits vor Wochen versuchte man, mit dem britischen Oberbefehlshaber in Italien, Feldmarschall Alexander, Verbindung aufzunehmen. Oberstleutnant v. Rentelen, der 1919 mit dem damaligen Captain Alexander an den Kämpfen im Baltikum gegen die Bolschewisten teilgenommen hatte, wird zum Feldmarschall geschickt, um ihn an diese Tatsache zu erinnern. Und übrigens ». . . Die Kosaken könnten noch einmal wertvolle Verbündete für die Engländer zur Erhaltung ihrer Kolonien werden.« Später wird noch ein weiterer Kampfgenosse aus dem Jahre 1919, Rittmeister v. Gudenus, zum britischen Hauptquartier geschickt, um den gleichen Vorschlag zu übermitteln. Beide Herren wurden bei Feldmarschall Alexander gar nicht vorstellig, sie gingen mit dem nächsten Transport ins Gefangenenlager, was natürlich v. Pannwitz nicht weiß.
Nach allen Seiten um sich schlagend, gelingt den Kosaken ein halbwegs geschlossener Durchbruch durch die Berge auf österreichisches Gebiet.

... den Sowjets übergeben

Und am frühen Morgen des 9. Mai scheint das Schlimmste überwunden zu sein: Gegen 10 Uhr morgens stoßen zwei Kosakenoffiziere auf Vorhuten der 11. Britischen Panzerdivision. Von Pannwitz begibt sich unverzüglich zum Divisionsstab der Engländer. Einige Stunden später marschiert die 1. Kosakendivision entlang der Straße Lavamünd-Völkermarkt, als ihr plötzlich eine Pkw-Kolonne entgegenkommt. Im vordersten Wagen sitzt v. Pannwitz, dahinter die englischen Offiziere. Die Regimenter biegen von dem Marschweg ab und formieren sich zur Linie. Von Regiment zu Regiment geht der Befehl: »Erste Kosakenkavalleriedivision, Parademarsch.« Das Trompeterkorps schwenkt gegenüber v. Pannwitz und den englischen Offizieren ein, und die Division, Regiment nach Regiment, reitet wie in alten Zeiten an den verdutzten Briten vorbei. Nach diesem Entreé wähnen sich die gefangenen Kosaken in den ersten Tagen einigermaßen sicher, da die Engländer ihnen innerhalb ihrer Camps weitreichende Freiheiten lassen.
Nun fordert man sie auf, ihre buntgemischten Waffen abzugeben, »da sie mit neuen englischen Standardmodellen ausgerüstet werden sollen«. Nachdem die Kosaken den Engländern blind vertrauen und ihnen ihre Waffen bringen, lockt man die Kosakenoffiziere, 1475 an der Zahl, zu einer Versammlung nach Spittal, um »wichtige Angelegenheiten mit ihnen zu besprechen«. Dort werden sie überwältigt und den Sowjets übergeben.
Die 20 000 Kosaken, Kalmücken, Kaukasier und deren Familien im Lager bei Lienz, jetzt ihrer Anführer beraubt, werden von den Engländern mit blankem Bajonett und Gewehrkolben zusammengetrieben, gewaltsam auf Lastwagen verladen und zur nahe gelegenen Eisenbahnstation und von dort zu den Sowjets gebracht.

Im Eifer ...

Apokalyptische Szenen spielen sich dabei ab: Frauen springen mit ihren Kindern in die reißende Drau, Männer erschießen ihre Familien und sich selbst. Viele schneiden sich die Pulsadern auf oder erhängen sich, andere werden von den Engländern, falls sie sich sträuben, erschossen oder erschlagen. Insgesamt sind es in den letzten Maitagen über 50 000 Kosaken, Soldaten und Angehörige, die von Österreich aus nach Rußland abgeschoben werden.
Die korrekten Engländer lassen nichts außer acht, um das Stalin gegebene Versprechen möglichst reibungslos zu erfüllen. Und in dem Eifer liefern sie sogar zahlreiche altemigrierte Russen und deutsches Rahmenpersonal mit ab, Menschen also, die überhaupt nicht unter das Jalta-Abkommen fallen. Von Pannwitz und die meisten Kosakenoffiziere werden nach der Übergabe

gehängt. Das Gros der Kosaken verschwindet für Jahre in den sibirischen Bergwerken.
Das meiste Glück haben die Pferde: Die Pferdekenner bemächtigen sich der wertvollsten der herrenlosen Tiere, der größte Teil wird nach Großbritannien gebracht.

Das Ende der deutschen Kavallerie

Am Abend des 8. Mai 1945 befindet sich die 4. Deutsche Kavalleriedivision, die bis zuletzt in Ungarn kämpfte, jetzt südlich von Knittelfeld. Noch kurz zuvor hat sie den Angriff der russischen Panzerspitzen erfolgreich abgewehrt, und man beschließt entgegen den Befehlen, die ab Mitternacht des 9. Mai keine Bewegungen der deutschen Truppe mehr zulassen, noch in der gleichen Nacht im Eilmarsch nach Westen aufzubrechen. Erst am Morgen des 10. stoßen ihre Spähtrupps auf einen britischen Verband an der Brücke von Tamsweg. Nach langen Verhandlungen wird der Division gestattet, die britischen Linien zu passieren und weitere Anordnungen abzuwarten. Dann zieht die Division als geschlossener Großverband, 22000 Mann und 16000 Pferde, mit dem gesamten Troß über die Mur-Brücke, vor den staunenden Engländern, die in der letzten Zeit nur noch Trümmer eines geschlagenen Heeres sahen. Die letzte deutsche Kavallerieeinheit kapituliert am 11. Mai 1945 vor der 8. Britischen Armee und wird mit Mann und Pferd im Mur-Tal interniert.
Nachdem die Weiden kahlgefressen sind, stellt sich heraus, daß die 4. Kavalleriedivision mit ihrem großen Pferdebestand im Raum Mauterndorf nicht mehr verpflegt werden kann, und man beschließt, sie in die amerikanische Besatzungszone zu verlegen. Am 9. Juni 1945 sammeln sich im Tal der Mur, unweit der steirischen Stadt St. Michael, genau einen Monat nach der bedingungslosen Kapitulation der deutschen Wehrmacht, die Schwadronen des 5. Kavallerieregiments der 4. Kavalleriedivision zur Parade. Der Oberst reitet die Front des Regiments entlang, langsamer, als es sonst üblich ist, als ob er dieses endgültige Vorbei, das nun folgen muß, hinauszögern will. Zum letzten Mal spricht er zu seinen Reitern. Und durch das Tal hinauf zu den noch schneebedeckten Alpen hallt das letzte »Hurraaa!« . . . Die deutsche Kavallerie hat endgültig aufgehört zu bestehen.

n rechts: Kosaken der Roten Armee tränken ihre Pferde an Elbe bei Magdeburg.

en: Raum Klagenfurt, Ende Mai 1945. Von den Engländern waffnet und an Stalin widerrechtlich ausgeliefert: die Pann-z-Kosaken.

Frühjahr 1945, das Ende: ein Pferd, der treue Kamerad in guten und schlechten Zeiten.

Anhang

Deutsche Brandzeichen

1

2

3

4

1 Landesbauernschaft Ostpreußen
Warmblut
linke Halsseite

2 Landesbauernschaft Sachsen
Warmblut und Kaltblut
linker Hinterschenkel

3 Landesbauernschaft Schlesien
Warmblut und Kaltblut
linke Halsseite

4 Landesbauernschaft Thüringen
Kaltblut
linker Hinterschenkel

Regimentsabzeichen

Deutschland

1

2

3

4

Regimentsabzeichen
1 Kavallerieregiment 18
2 Reiterregiment 1

Kragenspiegel
3 22. SS-Freiwilligen-Kavallerie-division ›Maria Theresia‹

Abzeichen auf den Schulterklappen
4 Reiter

Finnland

1

2

3

Regimentsabzeichen am Ärmel

1 Kengitysseppä	= Armee-Feldschmiede
2 Eläinlääkintämies	= Veterinär
3 Ratsuri	= Reiter

Italien

1

2

3

4

Mützenabzeichen

1 Dragoner
2 Ulanen
3 Kavallerie
4 Kavalleriedepot

1

2

3

4

5

6

7

8

9

10

Regimentsabzeichen

1 1. Leichtes Reiterregiment J. Pilsudski
2 2. Leichtes Reiterregiment Rokitmański
3 7. General K. Sosnkowskis Lubelski Ulanenregiment
4 17. König Boleslaw Chrobys Wielkopolski Ulanenregiment
5 18. Pomorski Ulanenregiment
6 19. General E. Różyckis Ulanenregiment
7 23. Grodzieński Ulanenregiment
8 25. Wielkopolski Ulanenregiment
9 26. Wielkopolski Ulanenregiment Hetman K. Chodkiewicz
10 27. Ulanenregiment König Stefan Batory

Schulterabzeichen

11 27. Ulanenregiment König Stefan Batory
12 7. General K. Sosnkowskis Lubelski Ulanenregiment

11

12

Sowjetunion

1

2

Kragenabzeichen

1 Kavallerie

Schmuckzeichen

2 der Reiterei der Roten Armee

England

1

2

3

4

5

6

7

Mützenabzeichen

1 1st The Royal Dragoons

2 9th Queen's Royal Lancers

3 10th Royal Hussars (Prince of Wales's Own)

4 16th/5th Queen's Royal Lancers

5 3rd The King's Own Hussars

6 17th/21st Lancers

Regimentsabzeichen

7 Royal West Kent Regiment

1

2

3

4

Regimentsabzeichen

1 8^{e} Regiment de Cuirassiers (8^{e} Cuir)
2 14^{e} Regiment de Dragons (14^{e} Drag)
3 12^{e} Regiment de Chasseurs (12^{e} Chas)
4 2^{e} Regiment de Spahis Algeriens (2^{e} RSA)
5 9^{e} Regiment de Spahis Algeriens (9^{e} RSA)
6 7^{e} Regiment de Spahis Algeriens (7^{e} RSA)
7 10^{e} Regiment de Spahis Algeriens (10^{e} RSA)

5

6

7

Bulgariens Kavallerieverbände

2 Kavalleriedivisionen mit insgesamt 42 Schwadronen gehörten im Sommer 1939 zu dem 70 000 Mann starken Heer. Bei Kriegsausbruch wurde die Zahl verdoppelt, und ab 1941 nahm die Armee, unter deutscher Leitung umorganisiert, am Ostfeldzug teil.

Maos Kavallerieverbände

Rings um das Sondergebiet des von Maos Truppen beherrschten Teils Chinas standen 1940/41 an der Nordfront 11 Kavalleriedivisionen, an der Mittelfront 3 Kavalleriedivisionen, alles in allem etwa 100 000 Reiter.
Mao Tse-tung über die Rolle der berittenen Aufklärungsabteilungen in seiner Ansprache auf einem Empfang für die Delegierten der vorbildlich Studierenden in den Hinterlandsregimentern der Armee (18. September 1944):
»Die Aufklärung hat den Zweck, die Anwesenheit, das Verhalten und die Stärke des Gegners festzustellen. Der Aufklärungsdienst ist im wesentlichen Sache der Kavallerie der Volksbefreiungsarmee, der sich hier ein weites Feld bedeutungsvoller Tätigkeit bietet. List und Gewandtheit, taktisches Verständnis und schnelle Auffassung, Unerschrockenheit und entschlossenes Handeln – all diese Reitertugenden kommen dabei zur Geltung. Von größter Bedeutung ist es, die feindliche Kavallerie möglichst frühzeitig aus dem Felde zu schlagen und die unbedingte moralische Überlegenheit über sie zu gewinnen.«

Deutschlands Kavallerieverbände

Das deutsche kaiserliche Heer verfügte im Jahre 1914 über 110 aktive Kavallerieregimenter. Im 100 000-Mann-Heer (Reichswehr) gab es 18 Reiterregimenter, später auf 3 Kavalleriedivisionen verteilt. Im Jahre 1935 löste man die 3 Kavalleriedivisionen auf. Die meisten der Reiterregimenter wurden in Kavallerieregimenter umbenannt und umgegliedert. Aus ihnen sollten im Kriegsfall die Aufklärungsabteilungen der Infanteriedivisionen gebildet werden. Lediglich in Ostpreußen verblieb als einziger Verband der Heereskavallerie die 1. Kavalleriebrigade mit ihren beiden Reiterregimentern 1 und 2, die im wesentlichen ihre alte Gliederung in 5 Reiterschwadronen und auch ihren alten Namen behielten.
Der Kampfwert der 1. Kavalleriebrigade entsprach abgesessen etwa der eines Infanterieregiments. Ihre artilleristische Feuerkraft war allerdings etwas stärker, obwohl ihr die schweren Infanteriegeschütze (15 cm) fehlten. Dafür hatte sie mehr leichte Geschütze. Die beiden Reiterregimenter verfügten jeweils über mehr schwere Waffen als ein Infanteriebataillon. Ihre besondere Stärke lag in der Geländegängigkeit.
Bereits im Polenfeldzug hatte sich die 1. Kavalleriebrigade bewährt, jedoch machte sich das Fehlen moderner schwerer Waffen bemerkbar. Ein Teil der deutschen Kavallerie, und zwar der kleinere, bestand aus Heereskavallerie (1. K.-Br. – später 1. K.-D., weiter: K.-R. Nord, Mitte und Süd, später 3. u. 4. K.-D.), während der größere Teil in Form der Divisionsaufklärungsabteilungen (motorisiert) als Divisionskavallerie der Infanterie-, Jäger- und Gebirgsdivisionen verwendet wurde.

1. Kavalleriebrigade

Stand: 1. 9. 39: Kommandeur: Oberst Feldt;
Reiterregiment 1: Kommandeur: Oberstleutnant Wachsen;
Reiterregiment 2: Kommandeur: Oberst v. Saucken;
Reitende Artillerieabteilung 1: Kommandeur: Oberstleutnant Holste.
Die 1. Kavalleriebrigade wurde am 25. 10. 39 umbenannt in 1. Kavalleriedivision und verstärkt durch die am 7. 12. 39 aufgestellte Reiterbrigade 2 mit
Reiter-Rgt. 21: I 1–5, II 6–10 aus den Aufkl.-Abt. 8, 28, 162; 7, 54, 14;
Reiter-Rgt. 22: I 1–5, II 6–10 aus den Aufkl.-Abt. 3, 17, 173; 21, 30, 156;
Reiter-Art.-Abt. 2 (1.–3. Bttr.) und Stab Reit.-Art.-Rgt. 202.
Am 14. 2. 40 wird die Division umgegliedert, II/21 aufgelöst und dadurch die 3 anderen Regimenter auf gleiche Stärke gebracht (2 Abteilungen zu je 4 Schwadronen, 9 schwere Infanteriegeschütze und 10. Stabsschwadron).
Reiterbrigade (aus 2) seit 2. 4. 41 Reit.-Brig. 1; Reiter-Rgt. 1: I., II; Reiter-Rgt. 2: I., II; Reiter-Rgt. 22: I., II; Kav.-Rgt. 21: (1.–5. Schw.); Radf.-Abt. 1: (s. 1941 mit 5. Begl.-Bttr.); Reit.-Art.-Rgt. 1 (aus Stab 202, Reit.-Art.-Abt. 1. und 2.) I., II., dazu Herbst 1940 III. (schw.) Abt. Div.-Einheiten 40 (Kav.-Nachr.-Abt. 86).

Reiterregiment 1

Stand: 1. 9. 39
Gliederung:
Kommandeur: Oberstleutnant Wachsen.
Regimentsstab mit einer berittenen und einer motorisierten Staffel.
Nachrichtenzug:
1 Funktrupp *a* mot. (1 Kfz. 15, 1 gr. Funkwagen); 1 Fernsprechtrupp mot. (1 Kfz. 15); 3 Torn. Funktrupps *b* ber.; 1 Fernsprechtrupp ber.; 1 Nachrichtengerätewagen bespannt (NF 4); Gesamtstärke (einschl. Hwm.): 1 Offz., 29 Uffz. u. Mannsch.; 25 Pferde (17 Reit-, 4 Pack-, 4 Zugpferde); 1 NF 4; 2 Kfz. 15, 1 Funkwagen.
1. Schwadron:
1 Schwadronstrupp; 3 Reiterzüge zu je 1 Zugtrupp und 3 Gruppen (Gruppen gegliedert in je 2 Schützen- und einen MG-Abmarsch, 13 Uffz. u. Reiter, 14 Pferde; 1. und 2. Gruppe jedes Zuges außerdem 1 Packpferdeführer mit 1 Muni.-Packpf.); je Zug = 1 Offz., 44 Uffz. u. Mannsch., 50 Pferde, 3 le. MG; 1 schwerer Maschinengewehrzug zu 1 Offz., 39 Uffz. u. Mannsch., 48 Pferde, 4 s. MG 34; San.-Abmarsch; Handpf.-Staffel, Hwm.; Troß zu 28 Uffz. u. Mannsch., 35 Pferde, 1 Feldküche, 4 HF 2, 3 HF 1, 1 Beiwagen-, 1 Solo-Krad.
Gesamtstärke: 5 Offz., rund 216 Uffz. u. Mannsch., rund 254 Pferde.
Abgesessen verfügte die Schwadron über eine Feuerkraft von 4 s. MG 34, 9 le. MG 34, 14 MP 38, rund 68 Karabinern 98.
2. bis 4. Schwadron:
wie 1. Schw.
5. (schwere) Schwadron:
Schwadronstrupp; 1 schwerer Granatwerferzug (Zugtrupp und 3 Gruppen zu je 2 Gr.-W. 8-cm-Kal., jeder Werfer auf sechsspännigem Fahrzeug, Werferführer und 2 Schtz. ber., 4 Schützen auf Protze); 2 Kav.-Geschützzüge (je Zug Zugtr., 2 K.-G. 7,5-cm-Kal., sechsspännig und 1 Muni.-Staffel, Schützen auf Protze, Gesch.-Führer ber.); 2 Feldküchen, Troß.
Gesamtstärke: 4 Offz., 226 Uffz. u. Mannsch., 225 Pferde, 20 Fahrz., 6 Granatwerfer Kal. 8 cm, 4 Kav.-Geschütze Kal. 7,5 cm.

Stabsschwadron (mot.):
Schwadronstrupp; Panzerspähtrupp (2 Vierrad-Spähwagen mit MG 34, 1 Funkwagen alter Art); Panzerabwehrzug (Pakzug, 3 Pak Kal. 3,7 cm, mot. Z., 1 le. MG 34); Pionierzug (3 Gruppen m. je 1 le. MG 34 und Floßsäcken); Troß.
Gesamtstärke: 3 Offz., rund 150 Uffz. u. Mannsch.
Leichte Kavalleriekolonne:
11 Fahrzeuge (HF 1) vierspännig (5 Munitionsfahrz., 5 Haferfahrz., 1 Schmiedewagen).
Gesamtstärke: 39 Unteroffiziere u. Mannschaften, 50 Pferde.
Zum Regiment gehörten ferner: Sanitätskraftwagen, mehrere LKW (Nachschub)
Stärke: 42 le. MG 34; 16 s. MG 34; 6 Granatwerfer Kal. 8 cm; 4 Kavalleriegeschütze Kal. 7,5 cm; 3 Panzerabwehrkanonen Kal. 3,7 cm.
Soll-Bestand des Regiments: 39 Offz., 2 Bea., 204 Uffz., 1195 Mannsch., 1421 Pferde, 91 besp. Fahrzeuge, 1 unbesp. Fahrz., 21 Pkw, 12 Lkw, 27 Kräder, davon 9 mit Beiw.

Der Reiter war mit Säbel und Karabiner 98 k bewaffnet, Zug- und Gewehrführer mit Pistole 08. Radfahrschwadron, MG-Staffel waren mit Beiwagenkrädern motorisiert. Nach 1940 fielen die Säbel auch bei den Reiterschwadronen weg, ebenso wurden die Karabinerschuhe abgeschafft. Die Reiter trugen nunmehr den Karabiner auf dem Rücken, Gruppenführer erhielten Maschinenpistolen.
Die 1. Kavalleriedivision nahm in Ostholland und am Frankreich-Feldzug teil und ritt 1000 Kilometer in Gewaltmärschen kämpfend über Aachen bis Bordeaux. Am 22. 6. 41 überschritt sie im Rahmen der gepanzerten Verbände des Generals Guderian südlich Brest den Bug. Im Pripjetgebiet hatte sie ein schwieriges Einsatzgebiet, wurde in die Verfolgungskämpfe bis zur Beresina eingespannt, schlug die Abwehrschlacht am Dnjepr und bei Gomel. Reiter und reitende Artillerie fochten noch in der Schlacht bei Brjansk mit. Am 3. 11. 41, dem Namenstag des Hubertus, des Schutzheiligen der Reiterei, mußte die 1. Kavalleriedivision im Raum Gomel absitzen. Anschließend wurde sie im Winter 1941/42 im Raum von Paris zur 24. Kav.-Panzerdivision umgeschult und der 6. Armee unterstellt, die in Stalingrad blieb. In Anerkennung ihrer bisherigen Leistungen behielten die alten Reiterregimenter ihre gelbe Waffenfarbe an der Uniform und die Bezeichnungen Schwadron, Abteilung, Wachtmeister und Rittmeister. Welches der Grund für die Auflösung geschlossener Reiterverbände war, kann heute nicht mehr mit Sicherheit festgestellt werden; Mangel an Pferden kann es jedoch nicht gewesen sein, denn zum gleichen Zeitpunkt erfolgte der Ausbau der SS-Kavallerie unter dem späteren Schwager Hitlers, Fegelein, zur Division, die sich in Gliederung, Ausrüstung und Einsatzgrundsätzen an die gerade aufgelöste Kavalleriedivision anlehnte.
Durch die Motorisierung wurden die traditionsreichen Reiterregimenter teilweise in Panzer- und Sturmgeschützeinheiten sowie in Radfahr- und Füsilierabteilungen umgewandelt. Diese Verbände wurden als Aufklärungsabteilungen Infanteriedivisionen zugeordnet.
Gliederung einer Divisionsaufklärungsabteilung mit Reiterschwadron: Stab mit Nachrichtenzug (mot.), 1 Reiterschwadron, 1 Radfahrschwadron, 1 schwere Schwadron (mot.).
Stab: Kdr., Adj., Ord.-Offz., Verpfl.-Offz., Abt.-Arzt, Abt.-Veterinär, Zahlmeister (der Abt.-Vet. befand sich meist bei der Reiterschwadron), Stabspersonal (Melder, Schreiber, usw.), Gefechtstroß, Verpflegungstroß, Gepäcktroß (Kdr., Adj. hatten je 2 Pferde, Ord.-Offz., Arzt u. Vet. je 1 Pferd).
Nachrichtenzug (mot.): Zugführer, 1 Funkstelle (mot.) als Verbindung zur Division, 1 Funkstelle (mot.) als Verbindung zum Panzer- bzw. Kradspähtrupp, 1 Funktrupp (mot.) als Verbindung zu 3 berittenen Funktrupps, 3 berittene Funktrupps mit Tornisterfunkgeräten.
Fortan sah man Reiterschwadronen sich nur noch in den Aufklärungsabteilungen der Infanteriedivisionen in hartem Einsatz abnutzen. Die Gliederung dieser teilmotorisierten Aufklärungsabteilungen in je eine Reiter-, Radfahr- und (motorisierte) schwere Schwadron mit Kavalleriegeschützzug, Pakzug und Panzerspähtrupp war wenig sinnvoll und im Einsatz kaum als geschlossener Verband zu führen. Die rund 25 Aufklärungsabteilungen, die an der Ostfront über Reiterschwadronen verfügten, wurden als »Feuerwehr« der Divisionskommandeure in Krisenlagen verschlissen.
Da dies dem Wesen der Waffe nicht ganz entsprach, entschloß sich das Oberkommando des Heeres, die Reiterschwadronen in Kavallerieregimentern erneut zusammenzufassen, um eine jederzeit bewegliche Reserve zu haben. Daraufhin wurden in den Jahren 1942 und 1943 im Bereich der Heeresgruppe Mitte verschiedene Kavallerieverbände aufgestellt. Auf Geheiß des Generaloberst Model, Oberbefehlshaber der 9. Armee (linker Flügel, Heeresgruppe Mitte), entstand am 19. 3. 42 aus den Aufklärungsabteilungen (A.-A.) des 6., 23. und 27. Armeekorps, verstärkt durch die Reiterzüge der Infanterie, das Armeekavalleriekommando zur besonderen Verwendung (z. b. V.). Es wurde in Waldgebieten im Raum Rshew eingesetzt: Unternehmen ›Seydlitz‹ (2. 7. 42) und andere.

Armeekavalleriekommando z. b. V.
Kommandeur: Oberst Holste;
Armeekavallerieregiment 1 – Kommandeur: Major Laubner;
Armeekavallerieregiment 3 – Kommandeur: Major Briegleb;
Armeekavallerieregiment 2 – Kommandeur: Oberstleutnant v. Baath;
1. Schwadron (Reiter-Schw. A.-A. 26) – Chef: Rittmeister Bräuning;
2. Schwadron (Radf.-Schw. A.-A. 26) – Chef: Oberleutnant Dresing;
3. Schwadron (Radf.-Schw. A.-A. 6) – Chef: Oberleutnant d. R. Dresler;
4. Schwadron (Schwere, aus A.-A. 6 und 26) – Chef: Oberleutnant Maßmann;
5. Schwadron (Reiter-Schw. A.-A. 6) – Chef: Oberleutnant Begeré.
Das Armee-Kav.-Kdo. z. b. V. hatte man bereits am 24. 7. 42 völlig unerwartet aufgelöst und die A.-A. zu ihren Stammdivisionen zurückgeführt.

Ein anderer Verband: *Reiterverband v. Winnig*, aufgestellt 1942/43, aufgelöst im Frühjahr 1943. Am 31. 3. 43 erfolgte die Umbildung der Waffengattung ›Schnelle Truppen‹ in die Waffengattung ›Panzertruppen‹. Damit schieden Kavallerieformationen und Radfahrertruppen sowie die Aufklärungsabteilungen bzw. Füsilierbataillone der Infanteriedivisionen aus der Waffengattung ›Schnelle Truppen‹, die sie bis dahin zusammen mit den gepanzerten Truppen, mot. Schützenregimentern und Panzerjägerabteilungen gebildet hatten, aus und wurden zur Waffengattung ›Infanterie‹ (In 2) überführt.

Frühjahr 1943. Aus dem *Reiterverband v. Boeselager*, dessen Aufstellung GFM v. Kluge (Heeresgruppe Mitte) unterstützt hatte, indem er die noch vorhandenen Reste von A.-A. zusammenzog sowie v. Boeselager bei der Auswahl von Personal und Material aus Nachschubtransporten Vorrang gab, ging später das Kavallerieregiment Mitte hervor. Von Boeselager gelang es, aus den verteilten Reiterschwadronen der Div. A.-A. und Reitern, die in anderen Einheiten steckten, ein Truppe zu bilden, die sich bis Kriegsende bewährte.

Es waren die A.-A. 6 und die 1. (Reiter-)Schwadron, die v. Boeselager bis Anfang 1942 geführt hatte, und nun den Stamm des neuen Reiterverbandes darstellten. Außerdem gehörten zu dem Reiterverband v. Boeselager: 2. (Reiter-) Schwadron: aus 3. (Reiter-)Schwadron der A.-A. 34 (später Radf.-Abt. 34) der 34. Inf.-Div. 3. (Reiter-)Schwadron: aus 1. (Reiter-)Schwadron der A.-A. 35 (35. Inf.-Div.). 4. (Reiter-)Schwadron: aus 1. (Reiter-)Schwadron der Schnellen Abt. 102 der 102. Inf.-Div. 5. (schwere) Schwadron, der Reiterverband »Trubtschewski« (350 Kosaken) und die 6. Schwadron aus der Reiterschwadron der Schnellen Abteilung 186 (ehem. A.-A. 186). Die Reiterschwadronen wurden mit dem MG 42 und einer Granatwerfergruppe ausgerüstet. Die schwere Schwadron erhielt außer einem s. MG-Zug zu 4 Gewehren einen Granatwerferzug mit 6 schweren Werfern und einen Zug 10,5-cm-Leichtgeschütze. Die Soll-Stärke der ersten 5 Schwadronen betrug 28 Offiziere, 160 Unteroffiziere, 920 Mann sowie 1123 Pferde. Vorgesehen: eine Panzerabteilung (3 Sturmgeschützschwadronen) und die Reitende Artillerieabteilung.

Kavallerieregiment Mitte
Stand: März 1943
Gliederung:
Regimentsstab: Nachrichtenschwadron (teilmot. 7); 3 Reiterabteilungen: Stab und Nachrichtenzug; 3 Reiterschwadronen je 18 le. MG, 2 s. MG, 2 m. Gr.-W; 1 schwere Schwadron 8 s. MG; schwere Schwadron (mot.); Krad-Erkundungszug, 3 le. MG; Panzerspähzug 8 Pz.-Sp.-Wg. (2 cm u. MG); Pionierzug 3 le. MG; Pakzug 3 s. Pak, 3 le. MG; 1 Artillerieabteilung; Stabsbatterie; 3 Batterien zu 4 le. Gesch.; 1 Nebelwerferbatterie zu 6 Nb.-W. (mot.), geplant: 1 Flak-Batterie (mot.), (12 Flak 2 cm Sfl.); Ausbau der schweren Schwadron: Panzerjägerschwadron: 6 s. Pak (mot. Z.), 6 le. Pak (Sfl.); Panzerspähschwadron: Pionierschwadron: 1 Kolonnenabteilung (teil-mot.), 1 Krankenkraftwagenzug (mot.) mit chirurgischer Gruppe; 1 Veterinärlazarettstaffel; 1 Kw.-Werkstattzug.
Stärke: 6199 MP, 5967 Pferde, 237 Kfz, 115 Kräder, 308 Wagen (bespannt), 495 Mann, 188 le. MG, 42 s. MG, 36 m. Gr.-W., 3 s. Pak, 12 le. Geschütze (10,5 cm), 6 Nebelwerfer, 55 Funkgeräte, 8 Panzerspähwagen.
Die Gefechtsstärke einer Schwadron sollte nach dem Absitzen zum Kampf (1 Mann = 4 Pferde) 168 Mann betragen; die Erfahrung zeigte jedoch, daß beim Absitzen auf 1 Mann = 2 Pferde reduziert werden mußte. Die zahlenmäßig kleinere Schwadron konnte so leichter geführt werden, sie erreichte darüber hinaus durch die gesammelte Feuerkraft (alle leichten MG im Einsatz) den gleichen Erfolg. Das Absitzen im Verhältnis 1 Mann = 2 Pferde hatte auch den Vorteil, daß bei den Handpferden ausgeruhte Kräfte zum Austausch vorhanden waren. Der Fronteinsatz der einzelnen Schwadronen erfolgte bei Grabenstellungen infanteristisch. Die Pferde waren meistens 2 bis 3 Kilometer hinter der HKL fliegersicher untergebracht.

Im Frühjahr bzw. Sommer 1943 entstanden an der Ostfront bei den Heeresgruppen Nord und Süd die Kavallerieregimenter Nord (Prinz Karl zu Salm-Hordtmar), und Süd (Prinz zu Sayn-Wittgenstein).

Am 23. 11. 43 wurde die bisherige 1. (Reiter-)Schwadron der A.-A. 112 als 9. Reiterschwadron im *Kavallerieregiment Nord* aufgestellt. Ausrüstung und Bewaffnung des Regiment Nord waren ausgezeichnet, das Pferdematerial überdurchschnittlich gut. Eine »Schimmelschwadron« verfügte sogar über Berberpferde der ehemaligen französischen Kolonialtruppen. Die Reiter waren durchweg mit dem Sturmgewehr 44 bewaffnet. Die mittleren Granatwerferzüge der schweren Schwadronen befanden sich auf Panjewagen. Ende 1944 erhielt das Kav.-Rgt. Nord zu Ehren des GFM v. Mackensen die Bezeichnung »Kav.-Rgt. 5« und das Ärmelband »Generalfeldmarschall von Mackensen« verliehen. Als Traditionsabzeichen trugen der Regimentsstab, die I. Abteilung mit Ausnahme der 3. Schwadron und die 11. Schwadron an der Schirm- und Feldmütze den Totenkopf der Leibhusaren unterhalb des Hoheitszeichens über dem Eichenlaubkranz.
Mitte des Jahres 1944 wurden aus den Kavallerieregimentern Nord, Mitte und Süd die 3. und 4. Kavalleriebrigade gebildet.

3. und 4. Kavalleriedivision
Im Juli 1944 wurden die 3. Kav.-Brigade und die 4 Kav.-Brigade mit der 1. Ungarischen Kav.-Division zum Kavalleriekorps Harteneck zusammengefaßt und im März 1945 ohne erkennbare Umgliederung in die 3. und 4. Kavalleriedivision umbenannt. Beide Verbände wurden im Spätherbst 1944 nach Ungarn verlegt.
Gliederung: Divisionsstab mit Kartenstelle und Feldgendarmerietrupp, 2 Reiterregimenter, 1 Artillerieregiment, 1 schwere Kavallerieabteilung, 1 Panzerjägerabteilung, 1 Pionierschwadron, 1 Nachrichtenabteilung, 1 Kommandeur der Nachschubtruppen, 1 Sanitätskompanie, 1 Veterinärkompanie, 1 Feldersatzabteilung.
Uniformierung: Gelbe Waffenfarbe an Kragenspiegeln, Schulterklappen und Feldmützen. Zu den Reithosen wurden Reitstiefel und Sporen getragen. Die aus dem K.-R. 5 und K.-R. 13 hervorgegangenen Div.-A.-A. hatten weiter den entsprechenden Totenkopf an der Feldmütze, ebenso die aus dem K.-R. 6 hervorgegangenen den Schwedter Adler. Später trugen sämtliche Angehörige der 3. K.-D. den Schwedter Adler, bei der 4. K.-D. das neuaufgestellte K.-R. 5 den Totenkopf der Leibhusaren und das R.-R. 41 den Totenkopf der Braunschweiger Husaren.
Im Februar 1945 erreichte die 3. Kavalleriedivision ihre Soll-Stärke: 11333 Mann. Die Division kam im Mai 1945 bei Graz in amerikanische Gefangenschaft. Die 4. Kavalleriedivision geriet im Mai 1945 in Mauterndorf/Tauern in englische Gefangenschaft.

SS-Kavallerie

Die ursprünglich aus einem SS-Totenkopf-Reitersturmbann zu Beginn des Jahres 1940 entstandenen SS-Reiterstandarten waren nach dem Vorbild der Reiterregimenter des Heeres aufgestellt, sie verfügten jedoch über eine zusätzliche Radfahrabteilung und eine Reitende Batterie.
SS-Totenkopf-Reiterstandarte 1, 21. 5. 40 in Warschau durch Teilung der am 15. 11. 39 errichteten SS-TK-Reiterstandarte, 5 sp. 7 Schw. und reit. Bttr.
SS-Totenkopf Reiterstandarte 2, 21. 5. 40 in Lublin durch Teilung der SS-TK-Reiterstandarte mit 5 sp. 7 Schw.
SS-Kavallerie-Rgt. 1 seit 25. 2. 41, jetzt statt des Totenkopfs mit Sigrunen der Waffen-SS am Spiegel; gibt 1942 die 6. und 7. Schwadron an das Pi-Btl. und die Radf.-Abt. der SS-Kav.-Div. ab; 22. 10. 43 umbenannt in SS-Kav.-Rgt. 15.
Umformierung der SS-Kav.-Brigade: 22. 12. 41 bis 18. 4. 42 als SS-Reiter-Brig. Fegelein vor Moskau (Rshew) – Sept. 1942 SS-Kav.-Div. Mittelrußland. SS-Kav.-Rgt. 2 seit 25. 2. 41, erhielt statt des Totenkopfs die Sigrunen der Waffen-SS auf den Spiegeln, gibt 1942 die 7. Schw. an die Radf.-Aufkl.-Abt. der SS-Kav.-Div. ab und wird 22. 10. 43 in SS-Kav.-Rgt. 16 umbenannt.
Sowohl die 1941 aufgestellten SS-Kavallerieregimenter wie auch die SS-Kavalleriebrigade lassen deutlich das Vorbild der 1. Kavalleriebrigade des Heeres erkennen.

1942 entstand aus der Brigade die Kavalleriedivision der Waffen-SS, die sich in Gliederung, Ausrüstung und Einsatzgrundsätzen noch stark an das Vorbild der ehemaligen Kavalleriedivisionen des Heeres anlehnte und wie diese noch über eine Radfahraufklärungsabteilung verfügte. Dementsprechend wies sie auch fast alle Mängel und Unzulänglichkeiten auf, die bei der 1. K.-D. zu Beschränkungen ihres Kampf- und Verwendungswerts geführt hatten. Die 8. SS-Kav.-Division, durch eine Panzeraufkl.-Abt., Sturmgeschütze, Pak- und Fla-Abteilungen sowie weitere motorisierte schwere Waffen und Spezialeinheiten verstärkt, wurde zu einem modernen kampffähigen Verband umgegliedert. Im Frühjahr 1944 kam als Schwesterverband die SS-Freiwilligenkavalleriedivision hinzu, die im Herbst 1944 den Namen ›Ungarn‹ und am Ende des Jahres die Nr. 22 erhielt. Außerdem wurde sie auch ›Maria Theresia‹ genannt. Beide Divisionen gingen in den Kämpfen um Budapest unter.

SS-Freiwilligendivision Lützow: Aus den Restteilen der beiden Divisionen wurde anschließend auf Befehl des Reichsführers-SS Himmler vom 19. 2. 45 mit der Aufstellung der 37. SS-Freiwilligenkavalleriedivision ›Lützow‹ begonnen. Kommandeur: SS-Standartenführer Karl Gesele. Die Aufstellung erfolgte im Raum Preßburg und mußte bei dem Näherkommen der Front nach Westen in den Raum Znaim–Raab verlegt werden. Hinzu traten ungarische Volksdeutsche – meist als Rekruten – und auch rumänische Hilfswillige. Der Kommandeur der Division mit Div.-Stab wurde mit unterstellten Teilen des Heeres (1 Regiment mot., 1 MG.-Bataillon und eine ungarische Honvéd-Division) im März und April 1945 in der Lücke zwischen der 6. Panzerarmee und der 8. Armee nördlich von Wien auf Befehl des OKH eingesetzt und stand im Kampf gegen die nachfolgende sowjetische Front. Inzwischen wurde die weiter in Aufstellung begriffene Division in den Raum von Pisek verlegt, weiter aufgefüllt und ausgerüstet.

Gliederung:
Stand: April 1945
Stab der Division
SS-Kavallerieregiment 92: Stab, I. Abt., II. Abt.
SS-Kavallerieregiment 93: Stab, I. Abt., II. Abt.; SS-Artillerieabteilung 37; SS-Pionier-Batl. 37: Aufstellung begann im Februar 1945.
SS-Feldersatz-Batl. 37: mit Stab und 4 Kompanien.
Am 5. 5. 45 kapitulierte die Division und ging in amerikanische Gefangenschaft.

Deutsche Kosakenverbände

Das Heer stellte ab 1943 außerdem eine Kosakenkavalleriedivision auf, die unter Führung des Generalleutnants v. Pannwitz mit einer aus ihr hervorgegangenen 2. und bei Kriegsschluß in der Aufstellung begriffenen 3. Division das XV. Kosakenkavalleriekorps bildete. Sie alle wiesen in Gliederung, Bewaffnung und Ausrüstung deutliche Elemente der 1. deutschen Kavalleriedivision auf. Vom Schulreiten und deutscher Reitvorschrift hielten die Kosaken nichts. Die Pferde wurden mit Gewichtshilfen und mit der Nagaika dirigiert. Die Offiziere trugen wie zur Zeit des Zaren Sporen. Kandaren wurden kaum verwendet, nur die Trense eignete sich für das Reiten kosakischer Art. Die Pferde wurden vorzüglich erzogen; allein an einen Reiter, seine Gewohnheiten, seine Stimme gewöhnt, folgten sie auf Ruf oder Pfiff. Das deutsche Rahmenpersonal betrug etwa 160 Mann auf ein Kosakenregiment von 2000 Reitern. Es gab »Betreuungsoffiziere«, die die Kosaken überwachten. Der Kultur- und Betreuungszug beim Divisonsstab gab eine Frontzeitung »Kasatschi Klitsch« heraus.

1. Kosakendivision
Am 4. 8. 43 aus dem am 15. 11. 42 bei der Hgr. A gebildeten Reiterverband v. Pannwitz als Stab, den seit 13. 5. 43 für die Division in Aufstellung befindlichen und den schon seit 1942 bestehenden Kos.-Reiter-Rgt. Platow und v. Jungschulz (fr. Fürst v. Urach) in folgender Gliederung:
1. Brigade. Kommandeur: Oberst Wagner. 1. Donkosakenregiment – 4. Kubankosakenregiment – 2. Sibirkosakenregiment – Artillerieabteilung Kaukasus.
2. Brigade. Kommandeur: Oberst v. Schulz. 3. Kubankosakenregiment – 5. Donkosakenregiment – 6. Terekkosakenregiment – Artillerieabteilung Kaukasus.
Bis zum Jahr 1944 wurden diese beiden Brigaden unter Zuteilung von Divisionstruppen zu Divisionen umgewandelt und bildeten nun das Kosakenkorps mit Generalleutnant v. Pannwitz als kommandierendem General. Die beiden Divisionen standen 1944 in Kroatien gegen Titos Partisanenarmee im Einsatz. Das Divisionskommando der 2. Division, die also die Kosakentruppenteile der vormaligen 2. Brigade umfaßte, stand in Nowo Gradiska. Bis auf das 5. Donkosakenregiment, das der alte Kosakengeneral Kononow kommandierte, hatten alle Regimenter deutsche Regimentskommandeure; auch etwa die Hälfte der Offiziere und ein Teil der Unterführer waren deutsches Rahmenpersonal. Die Kommandosprache innerhalb der Regimenter war russisch.
Dezember 1944 Übernahme in die Waffen-SS und Umbildung durch das SS-Führungshauptamt bis 30. 4. 45 unter dem XV. SS-Kos.-Kav.-Korps in 1. und 2. Kos.-Division.
General v. Pannwitz wurde Anfang 1945 auf dem Allkosakenkongreß in Virovititza in Jugoslawien zum Obersten Feldataman aller Kosakenheere ernannt, eine Würde, die einst den Zaren vorbehalten war.

2. Kosakenkavalleriedivision
November 1944 aus der 2. Kos.-Kav.-Brigade des Heeres in die Waffen-SS übernommen mit
Kubankosakenreiter-Rgt. 3; Donkosakenreiter-Rgt. 5; Terekkosakenreiter-Rgt. 6; Div.-Einheiten 2.
Uniformen: Die Kopfbedeckung der Kosaken gibt es in zwei Arten: Kubanka, die traditionelle Pelzmütze der Kuban- und Terekkosaken, und Papascha, die höhere Mütze der Donkosaken. Die Pelzmützen waren aus schwarzem Fell, für Offiziere aus Krimmer oder Karakul, vorn die Abzeichen des deutschen Heeres. Die Sibirkosaken trugen sie in Weiß. Die Deckel der Pelzmützen waren aus Stoff, jeweils in der Farbe des betreffenden Kosakenheeres. Über den Deckeln für alle Dienstgrade ein Kreuz aus Silbertresse. Die Stahlhelme waren auch bei den Einsätzen verpönt.
Ab 1944 trug die 2. Kosakendivision Uniform und Abzeichen des Heeres, also die normale Feldbluse mit Kragenlitzen; Schulterklappen und Hoheitsabzeichen wie die übrigen Heeresverbände; als Waffenfarbe für die Kosakenregimenter das Goldgelb der Kavallerie und für die Artillerieeinheiten Hochrot. Die Dienstgradabzeichen und -bezeichnungen waren deutsch, die Kosakenunteroffiziere und -wachtmeister trugen die Kragentresse aus Silberborte.
Als besonderes Abzeichen trugen sämtliche Angehörigen der Kosakenregimenter auf dem linken Ärmel einen schräggeviertelten Schild in zwei Farben und am oberen Rand des Schildes einen feldgrauen Streifen mit den hellgrauen zyrillischen Buchstaben des Heeres.
Unteroffiziere und Mannschaften Koppel des Heeres, Offiziere braunes Offizierskoppel. Häufig wurde die Schaschka, der Kosakensäbel mit bügellosem Messinggriff und schwarzer Lederscheide, an den Gürtel gehängt. Feldgraue und auch dunkelblaue Reithose mit einem Streifen entlang der Außennaht. Schwarze Reitstiefel mit Anschnallsporen.

Im Dienst und außer Dienst wurde die Purka getragen, ein steifer Umhang aus schwarzem gepreßtem Kamelhaar. Die Purka wurde vorne am Hals durch eine Spange zusammengehalten. Sie bedeckte beim Reiten das Pferd vom Sattel bis zur Kruppe und schützte es vor Nässe und Kälte. Der sogenannte Baschlyk, eine große Kapuze mit zwei langen schalartigen Enden, an einer Schnur um den Hals getragen, flatterte beim Reiten von den Schultern.
Den Kosaken wurden auch die deutschen Auszeichnungen verliehen, nachdem bereits im Sommer 1942 eine »Tapferkeits- und Verdienstauszeichnung für Angehörige der Ostvölker« gestiftet worden war.

Das Kalmückische Kavalleriekorps

Aufgestellt bei der 6. Armee – Stalingrad, um Lücken in der Kalmückensteppe zu schließen, durch die Pz. AOK 1 als Abwehrtrupp 103.
Im August 1942 bestehend aus: Sonderführer (Abwehroffizier) Dr. Doll, 2 Deutschen als Fahrer und Funker. Das Korps wurde zunächst in 2 Brigaden geteilt, jede Brigade hatte 2 Regimenter.
Im August 1943 war das Kalmückische Kavalleriekorps wie folgt gegliedert: I. Abteilung 5 Schwadronen; II. Abteilung 5 Schwadronen; III. Abteilung 5 Schwadronen; IV. Abteilung 5 Schwadronen. Weitere 5 Schwadronen waren in der Kalmückensteppe zum Kampf gegen die Rote Armee zurückgeblieben. Jede Abteilung verfügte über eine Jagdschwadron, die aus besonders ausgesuchten Kalmücken bestand. Stärke jeder Schwadron 120 bis 150 Reiter.
Die Stellung des Kalmückischen Kavalleriekorps war in der Wehrmacht einmalig. Es ähnelte in seiner Zusammensetzung und Haltung eher einem Freikorps. Auf Grund der Sonderstellung des Kalmückischen Kavalleriekorps fühlten sich die Kalmücken nicht als deutsche Hilfstruppe, sondern als ein Verband von Verbündeten. Deutsche im Kalmückischen Kavalleriekorps besaßen keinerelei Befehlsbefugnis über kalmückische Soldaten; sie waren zuständig allein für die Erledigung von Verwaltungsgeschäften, für den Sanitätsdienst und andere rein funktionale Angelegenheiten.
Auf der Ebene unterhalb des Verbandsstabes lag die Führung der Abteilungen (Divisionen) und Schwadronen ausschließlich in kalmückischen Händen. Wie in russischen Verbänden standen dem Kommandeur jeweils ein Gehilfe (pmoscnik) und ein Stabschef (nactaba) zur Seite. Die Mehrzahl der Offiziere stammte aus der Kavallerie der Roten Armee. So gab es einige Hauptleute, die die sowjetische Kriegsakademie absolviert hatten.

Erfahrungen
Im Laufe des Ostfeldzuges wurden einige interessante Erfahrungen gesammelt: Die braunen Pferde neigten überdurchschnittlich zu Lahmheiten und inneren Erkrankungen, die Füchse wiederum waren besonders anfällig für Druckstellen, aber widerstandsfähig gegen Lahmheiten. Rappen hatten die meisten Ausfälle durch Erschöpfung. Am besten hielten die Schimmel durch. Die Ausfälle durch Erschöpfung lagen weit unter dem Durchschnitt, auch sonstige Ausfälle hielten sich im Rahmen.
Von den getöteten oder verstorbenen Pferden fielen etwa 75% durch Feindeinwirkung, insbesondere Artilleriebeschuß und Flieger aus, rund 17% durch Erschöpfung oder Herzschlag. Und die Ernährung durch Kraftfutter war den Pferden wichtiger als Ruhe. Besonders beliebt waren die sogenannten »Heeresfutterkonserven«. Ein Preßling, etwa 5000 g schwer, war eine Mischung aus 2000 g Hafer, 300 g Futterhefe, 1300 g Kartoffelflocken, 750 g Heuhäcksel, 650 g Strohhäcksel.

Bereiterinnen des deutschen Heeres
Als die Offiziere und Unteroffiziere der Wehrkreis-Reit- und -Fahrschulen dringend an der Front benötigt wurden, setzte man zur Ausbildung der Remonten sog. Bereiterinnen ein.
Ihre Aufgabe: die Ausbildung der Remonten als Reit- und Zugpferde für die Infanterie und die bespannten Truppenteile (die Kavallerie zog ihre Remonten in den Remonteschwadronen der Ersatztruppenteile heran). Sie waren auch zuständig für die Heranbildung von Reitlehrern für die unberittenen Truppen und schulten in Kurzlehrgängen Regiments-, Bataillons- und Abteilungskommandeure. Oft hatte eine Bereiterin 8 bis 10 Remonten und 1 bis 2 weitere Schulpferde am Tage zu reiten und dann noch diese Pferde einzufahren. Ihr Alter lag durchschnittlich zwischen 18 und 40 Jahren. Rang- und Dienstgrade gab es nicht. Die Bereiterinnen trugen die Uniformjacke der Stabshelferinnen, Reithose mit Reitstiefeln.

Pferdelazarette
Bei den Veterinärtruppen im Felde, im rückwärtigen Gebiet und in der Heimat, wie Veterinärkompanien, Pferdelazaretten, Pferdeparken u. a., waren ständig 5650 Tierärzte und Veterinäroffiziere tätig, dazu kamen 250 Truppenoffiziere, 700 Sanitätsoffiziere, 400 Offiziere im Truppensonderdienst, 8100 Unteroffiziere und Mannschaften sowie 3700 Beschlagschmiede. Zusammen dienten im Veterinärwesen der Wehrmacht etwa 13 000 Mann. Ihre Arbeit lag in erster Linie in der Behandlung verwundeter und kranker Pferde. Kleinere, leicht bewegliche Lazarettstaffeln waren nahe der Front eingesetzt. Die großen Truppenverbände verfügten über mobile Pferdelazarette, die mehrere hundert kranke Pferde aufnahmen. Im Heimatgebiet gab es ortsfeste Pferdelazarette, mit den modernsten tierärztlichen Hilfsmitteln ausgerüstet. Viele Pferdelazarette hatten eine besondere Seuchenabteilung. Zumindest in den ersten Kriegsjahren wurde den genesenden Pferden eine Erholungszeit gegönnt, ehe der Dienst wieder begann. Zu den Nachschubpflichten des Veterinärdienstes gehörte auch die Versorgung mit Ersatzpferden, Hufbeschlagmitteln und -gerät und Arznei- und Verbandsmaterial.

Deutsche Kavalleriemusik
Die Anfänge der Musik der Reiterei gehen bis in die Zeit der Minnesänger und Ritter zurück. Sie blieb besetzungsmäßig beinahe in unveränderter Form 600 Jahre erhalten. Ihre glanzvolle Entwicklung im 19. und 20. Jahrhundert bildete zugleich ihren Höhepunkt und Abschluß. Der größte Erneuerer der deutschen Musik der Reiterei war der Königlich-preußische Kammermusiker Friedrich Wilhelm Wieprecht, der spätere Musikdirektor des Preußischen Gardekorps und der erste Königlich-preußische Armee-Musikinspizient. Sein Reformwerk blieb bis zum Ende des Zweiten Weltkrieges für ein Trompeterkorps der Reiterei bestimmend. Innerhalb der berittenen Truppen bestand im Zweiten Weltkrieg ein besonders herzliches Verhältnis zu ihren Trompetenkorps, nicht zuletzt dank der engen Verbindung des einzelnen Trompeters zur Truppe aufgrund seiner taktischen Verwendung als Signal-Trompeter.

Englands Kavallerieverbände

Bei Kriegsausbruch blieben lediglich die 5. Kavalleriebrigade mit ihren 3 Yeomanry Regimentern, die Cheshire Yeomanry, die North Somerset Yeomanry und die Yorkshire Dragoons von dem Umsteigen auf Panzer verschont. Von der 5. Kavalleriebrigade wurde das Regiment Cheshire oder Earl of Chester's Yeomanry unter Lt. Col. D. E. Williams, M. B. E., T. D. in den Nahen Osten beordert, um im Juni 1941 an der Kampagne in Syrien teilzunehmen. Es war der letzte Einsatz

einer berittenen Einheit der britischen Armee. Die Bewaffnung der Yeomanry-Reiter bestand aus Karabinern und Säbeln. Jede Schwadron hatte einen Hotchkiss-MG-Zug, und bei der HQ-Schwadron befand sich ein Vickers-MG-Zug. Die Pferde waren überwiegend Jagdpferde. Das Yeomanry-Regiment bewährte sich bestens.
»Dieser erfolgreiche Feldzug in Syrien verbesserte unsere strategische Lage im Nahen Osten ganz erheblich«, notierte Churchill. Kurz danach mußte das Regiment absitzen und wurde eine Nachrichteneinheit der Royal Signals. »Es gab keine traditionelle Abschiedsparade zu Pferde«, berichtet Colonel Williams, »aber das ganze Regiment nahm teil an einem Geländeritt von 4 Meilen, das mit dem Durchschwimmen des Jordan endete, wobei sich alle amüsiert haben.«

Finnlands Kavallerieverbände

Finnlands berühmtester Kavallerist: der legendäre General C. C. Mannerheim, im Jahre 1933 zum Feldmarschall ernannt. Zwischen 1933 und 1945 war er Oberbefehlshaber der finnischen Armee und außer dem Sowjetmarschall Budjenny wahrscheinlich der einzige Feldmarschall der Kavallerie. Im Jahre 1920 existierten 3 verschiedene Kavallerieeinheiten: das Uudenmaan-Rakuuna-Regiment (URR), das Karelische Berittene Jägerregiment (KRJR) und das Hämeen-Kavallerieregiment (HRR). Im Rahmen der Neuorganisation wurde das Karelische Berittene Jägerregiment (KRJR) aufgelöst, und die Reiter wurden zum Hämeen- und Uudenmaan-Rakuuna-Regiment versetzt. Aus beiden Regimentern wurde eine Kavalleriebrigade gebildet und in Lappeenranta stationiert.
Vor Beginn des Winterkrieges 1940/41 setzte sich die Kavalleriebrigade aus dem Stab, dem Uudenmaan-Rakuuna-Regiment, dem Hämeen-Kavallerieregiment, dem 1. Berittenen Jägerbataillon, einer Batterie bespannter Artillerie, einer Unteroffiziersschule, einer Panzerschwadron und einer Pionierkompanie zusammen. Von 1929 bis 1941 war der Kommandeur Generalmajor Georg Palmroth.
Kurz vor dem Winterkrieg bekam jede Infanteriedivision eine leichte Schwadron, zu der auch Kavallerie gehörte. Die leichten Schwadronen setzten sich zusammen: der Stab mit dem Stabszug, eine Abteilung mit Maschinenpistolen sowie eine Reiterschwadron und eine Fahrradkompanie. Zu Beginn des Winterkrieges zählte die finnische Kavallerie 8000 Mann.

Kavallerieregiment Uusimaa/Häme
Stand: 1939/40
Kommandeur, Stab, HQ-Schwadron, 4 Schwadronen mit je 3 Zügen, 1 Unterstützungszug, 1 Schwadronschefzug, 1 MG-Schwadron, Troß.

Frankreichs Kavallerieverbände

Das Land mit einer der größten Reitertraditionen besaß bei Kriegsausbruch nur Reste seiner ehemals berühmten Kavallerie. Die 5 leichten Kavalleriedivisionen, die Divisions Légères de Cavalerie (DLC), wurden im Mai 1940 aus den noch verbliebenen 3 Kavalleriedivisionen umgebildet. Alle diese Einheiten besaßen eine ähnliche Gliederung. Es waren gemischte Gruppen mit unterschiedlicher Beweglichkeit: eine berittene Kavalleriebrigade zu 2 Kavallerieregimentern mit bespannter Artillerie und eine mechanisierte Brigade zu 2 motorisierten Regimentern (= 1 MG-Rgt. in 36 gepanzerten Mannschaftswagen und 1 Dragoner-Rgt., d. h. auf Kraftwagen verladene Schützen). Die Divisions Légères de Cavalerie (DLC) hatten einschließlich der Panzergrenadiere eine Gefechtstärke von etwa 10 000 Mann mit 2200 Pferden. Außerdem gab es folgende berittene Einheiten:
1 selbständige Brigade de Cavalerie à cheval (BC); 3 Brigades Spahis (BS); dazu hatte jedes Armeekorps und jede Infanteriedivision eine Aufklärungsabteilung: Groupment de Reconnaissance.
Die Kavallerie bestand aus den Regimentern der: Cuirassiers, Dragons, Dragons montes, Chasseurs à cheval und Hussards.
In den nordafrikanischen Kolonien waren die berittenen Truppen aufgeteilt in:
5 Régiments de chasseurs d'Afrique; 7 Régiments de spahis algériens; 1 Régiment de spahis tunesiens; 4 Régiments de spahis marocains; 1 Régiment êtranger de cavalerie der Fremdenlegion; 6 Compagnies de remonte.
Eine besondere Einheit der französischen Kavallerie war die in Syrien stationierte »Groupment Collet«, ein nach seinem Kommandeur Col. Collet bezeichneter unabhängiger tscherkessischer Reiterverband, verstärkt durch leichte Wüstenaufklärungsfahrzeuge, 12 Panzer R 39 sowie 75-mm- und 25-mm-Feldgeschütze.
Die Spahis-Brigade, Kommandeur Col. Jouffrault, errang im Feldzug von 1940 trotz der Niederlage unvergeßlichen Ruhm. Diese Eliteeinheit war in Compiègne und Senlis stationiert. Dank der vielseitigen Ausbildung und der Reitsporterfolge genossen ihre Offiziere den besten Ruf im französischen Heer. Die Brigade setzte sich teils aus französischen Freiwilligen, teils aus Eingeborenen der kriegerischen Beduinenstämme Nordafrikas zusammen. Ihre Kriegsstärke betrug 80 Offiziere, 2200 Unteroffiziere und Spahis, davon 930 Franzosen; sie verfügten über 2000 Pferde und 150 Fahrzeuge aller Art. Jouffraults Spahis-Brigade griff wie die Feuerwehr im Feldzug von 1940 an allen Brennpunkten ein, wo es galt, der allgemeinen Auflösung Einhalt zu gebieten: so am 13. Mai in Longwy (Luxemburg), am 15. Mai an der Aisne bei Sissonne, dann an der Somme, Anfang Juni an der unteren Seine und später an der Loire. Während der Waffenstillstand unterzeichnet wurde, kämpfte die Spahis-Brigade unverdrossen im Rhônetal. Als Jouffrault davon erfuhr, bekundete er: »Les hostilités ont cessé ce matin, à minuit 30. L'armistice qui consacre notre défraite, est signé. C'est une humiliation que la lère Brigade des Spahis n'a pas méritée . . .!« Nach Beendigung des Feldzuges wurde Jouffrault mit seiner Spahis-Brigade als »der einzige Unbesiegte im allgemeinen Zusammenbruch« (le seul invaincu de la débâcle) genannt.
Nach dem Waffenstillstand wurde in dem unbesetzten Teil Frankreichs, die der Petain-Regierung unterstellte Streitmacht, die sogenannte Armée de L'Armistice, organisiert. Sie wurde in 8 Divisionen aufgeteilt und mit den gleichen Bezeichnungen der ehemaligen, inzwischen besetzten Gebiete versehen:
La 7e Division militaire, à Bourg-en-Bresse; La 9e Division militaire, à Châteauroux; La 12e Division militaire, à Limoges; La 13e Division militaire, à Clermont-Ferrand; La 14e Division militaire, à Lyon; La 15e Division militaire, à Marseille; La 16e Division militaire, à Montpellier; La 17e Division militaire, à Toulouse.
Der Armeestab unter dem Oberbefehl von Général Verneau hatte seinen Sitz in Vichy.
Zu jeder dieser Divisionen gehörte ein Kavallerieregiment. Die Kavallerieregimenter umfaßten 2 Reiterschwadronen, 3 Radfahrerschwadronen, 1 Schwadron Panzerfahrzeuge Typ Panhard.
Im Jahre 1943/44 kämpften in Italien im Rahmen des Corps expéditionnaire Français (General Juin) die sogenannten Goumiers, die Soldaten der berittenen marokkanischen Trosse, die, mit Tragtieren ausgestattet, sich in dem unwegsamen Gelände der Apenninen bestens bewährten. Die Goumiers des General Guillaume waren auch mit die ersten, die im Mai 1944 in das heißumkämpfte Monte Cassino vordrangen.

Griechenlands Kavallerieverbände

Die griechische Reiterei erwarb sich in dem 5 Monate und 27 Tage andauernden Krieg gegen Italien, Deutschland, Ungarn, Rumänien und Bulgarien erstaunliche Meriten, immerhin war sie die größte griechische Kavalleriestreitmacht seit dem Untergang des Byzantinischen Reiches.
Oberbefehlshaber des griechischen Heeres war General Alexandros Papagos, übrigens selbst ein ehemaliger Kavallerieoffizier. Am 28. 10. 40 wurde Griechenland von Italien angegriffen. An den Operationen war auch die 1. Kavalleriedivision unter Generalmajor Georgios Stanotas beteiligt. Dieser Großverband wurde bei der Mobilmachung in Langada aufgestellt und gehörte zur Allgemeinen Reserve des Obersten Befehlshabers. Am 29. 10. 40 wurden einige Einheiten der 1. Kavalleriebrigade Kommandeur Sokrates Dimaratos unterstellt, die ihrerseits eine selbständige Einheit im Rahmen des Heereskorps B in Thessaloniki bildete.
Gliederung der 1. Kavalleriebrigade:
1. und 3. Kavallerieregiment mit je 4 Schwadronen; 1 MG-Abteilung (12 MG) und 1 Mörserschwadron (4 × 8,1 cm); 1 mot. Regiment mit einer Aufklärungsschwadron; 3 MG-Schwadronen (12 MG) und 1 Mörserschwadron (4 × 8,1 cm); 1 Reiterschwadron mit 3 MG-Zügen (12 MG); 1 bespannte Artillerieeinheit, bestehend aus 2 Batterien (8 Geschütze 7,5 cm); 1 Gebirgsbatterie (4 Geschütze, Skoda, 7,5 cm); 1 Pionierschwadron; 2 Fernmeldeschwadronen.
Die 1. Selbständige Kavalleriebrigade war einer der größten Verbände im griechisch-italienischen Krieg des Jahres 1940. Am 1. 1. 41 wurde die Brigade aufgelöst und erneut der Kavalleriedivision angegliedert.
Außerdem gab es folgende berittene Einheiten: die Aufklärungsabteilungen der Heereskorps, die Aufklärungsdivisionsabteilungen. Die 4 Heereskorps-Aufklärungsabteilungen bestanden aus 2 Schwadronen, 1 MG-Bataillon (12 MG) und 1 Mörserzug (2 × 8,1 cm). Die 5. Aufklärungsabteilung hatte lediglich 1 Schwadron mit 1 MG-Zug (4 MG) und 1 Mörserzug (2 × 8,1 cm).
Die Aufklärungsabteilungen der Heereskorps und Divisionen waren aus den Kavallerieregimentern A, B, C und D und der 5. Kavallerieschwadron entstanden. Jede der Divisionsaufklärungsabteilungen verfügte über 2 Schwadronen und 1 MG-Zug (4 MG), ausgenommen die 11. Aufklärungsabteilung, die nur 1 Schwadron mit 1 MG-Gruppe (nur 2 MG) besaß.
Insgesamt verfügte die griechische Kavallerie im Krieg 1940/41 über 47 Kavallerieschwadronen, 4 mot. Schwadronen, 10 MG-Schwadronen, 15½ MG-Züge, 3 Mörserschwadronen und 5 Mörserzüge. Die operativen Erfordernisse, die Geländebeschaffenheit, dazu ungünstige Wetterverhältnisse und die Schwierigkeiten beim Ersatz der Pferde führten zwangsläufig zu mehreren Umstellungen. Einige Kavallerieeinheiten wurden aufgelöst und andere neu aufgestellt.
Im September 1943 stellte ELAS, die Kampftruppe der Kommunistischen Untergrundbewegung Griechenlands EAM, eine berittene Partisanenabteilung, die 1. Kavalleriebrigade, auf.

Italiens Kavallerieverbände

Sie entstammen den im 17. Jahrhundert gegründeten Regimentern, und die italienischen Kavallerieoffiziere waren zwischen den beiden Weltkriegen Sieger zahlreicher internationaler Reitturniere. Die Kavallerieeinheiten wurden Anfang der dreißiger Jahre stark reduziert und mit modernen automatischen Waffen der Infanterie ausgerüstet. Man führte die Bezeichnung »Schnelle Divisionen« (Corpe d'Armata Celere) ein, um damit ihre Funktion zu unterstreichen. In den Krieg zog die italienische Kavallerie mit:
13 Kavallerieregimentern; Schwadrongruppen mit leichten Kampfwagen; 5 Schwadronen Troß.
Jedes Kavallerieregiment bestand aus 2 Schwadronsgruppen zu je 2 Schwadronen, jede Schwadron aus 3 Reiterzügen und jeder Reiterzug aus 3 Squadre. Dazu 1 MG-Schwadron zu 4 MG-Zügen. Insgesamt zählte ein Kavallerieregiment 37 Offiziere, 37 Unteroffiziere, 798 Mann, 818 Pferde, 39 Fahrräder, 6 Motorräder, 16 Lkw, 1 Pkw, 36 MP und 12 MG.
In Libyen befanden sich folgende einheimische berittene Einheiten: die Spahis als Polizeitruppe, die Savaris, die reguläre Libysche Kavallerie und die irregulären Reiterverbände, die Sapties.

Die italienischen Kavallerieregimenter der Jahre 1939 bis 1943

1. Divisione Celere ›Eugenio di Savoia‹
Regimento ›Cavalleggeri di Saluzzo‹ (1848) Motto: »Quo fata vocant«.
Kommandeur: Col. Barone Emilio Guidobono.
Regimento ›Cavalleggeri di Alessandria‹ (1850), Motto: »In pericula surgo«.
Kommandeur: Col. Antonio Ajmone-Cat,
1 Gruppo Carri L »S. Giusto«,
Regimento ›Lancieri di Firenze‹ (1753), Motto: »Con l'animo che ogni battaglia«.
Kommandeur: Col. Guiseppe Ferrari.

2. Divisione Celere ›Emanuele Filiberto Testa di Ferro‹
Regimento ›Lanciero di Vittorio Emanuele II‹ (1859), Motto: »Per la gloria del nome«.
Kommandeur: Col. Spartaco Casciotti und die
II Gruppo Carri L ›S. Marco‹.

3. Divisione Celere ›Principe Amedeo Duca d'Aosta‹
Regimento ›Savoia Cavalleria‹ (1692), Motto: »Savoye! Bonnes nouvelles«.
Kommandeur: Col. Weiss Poccetti.
Reg. ›Lanciero di Novara‹ (1828), Motto: »Albis Ardua«.
Kommandeur: Col. Egidio Guisiana und die
III Gruppo Carri L ›S. Giorgio‹.

1. Armata
Regimento ›Cavalleggero di Monferrato‹ (1850), Motto: »Semper ut quondam«.
Kommandeur: Col. Pado Tarnassi.

2. Armata
Regimento ›Piemonte Reale Cavalleria‹ (1692), Motto: »Venustas et audax«.
Kommandeur: Col. Oscar Gritti.
Regimento ›Genova Cavalleria‹ (1683), Motto: »Soit a pied soit a cheval, mon honneur est sans egal«.
Kommandeur: Col. Carlo Cheriana Majneri.
Regimento ›Cavalleggeri Guide‹ (1859), Motto: »Alla vittoria e all'onor son guida«.
Kommandeur: Col. Gaetano Pelligra.

4. Armata
Reg. ›Nizza Cavalleria‹ (1690), Motto: »Nicea Fidelis«.
Kommandeur: Col. Conte di Bergola.

Comando Superiore Albania
Regimento ›Lancieri di Aosta‹ (1774), Motto: »Aosta d'fer«.
Kommandeur: Col. Giovanni di Francavilla.

Regimento ›Lancieri di Milano‹ (1859), Motto: »Sic personat virtus«.
Kommandeur: Col. Giorgio Morigi.

Auf Sardinien
Gruppo ›Cavalleggeri di Sardegna‹.

Mit der Bulle vom 11. 8. 37 ernannte der Papst Pius XI. San Giorgio zum Schutzpatron der Kavallerie Italiens. Im Jahre 1939 wurde ein Lehrregiment, Reggimento di Formazione, der Kavallerie mit der 2. Schwadronsgruppe und den MG-Zügen von ›Genova Cavalleria‹ und der 1. Schwadronsgruppe der ›Lancieri di Aosta‹ aufgestellt. Unter Colonello Pelligras beteiligte sich das Reggimento di Formazione an der Besetzung Albaniens. 1940 entstand der Verband der Kavallerie für Italienisch-Ostafrika, Raggruppamento di Cavalleria per l'Africa Orientale Italiana, bestehend aus Cavalleria Coloniale und Cavalieri di Neghelli. Im gleichen Jahr wurden 3 Schnelle Divisionen in das Schnelle Armeekorps umbenannt. Im Oktober 1940 nahmen die Regimenter ›Lancieri di Aosta‹, ›Lancieri di Milano‹ und ›Cavalleggeri Guide‹ mit dem Armeekorps der Ciamuria, Raggruppamento Celere del Litorale (Schneller Verband des Küstenstreifens), am Feldzug an der griechisch-albanischen Front teil. Am 20. 7. 41 wurden die Regimenter ›Savoia Cavalleria‹ und die ›Lancieri di Novara‹ mit ihren Schnellen Divisionen in das Italienische Expeditionskorps Rußland (Corpo di Spedizione, CSIR) eingegliedert und an die Ostfront verlegt. Als allerletzte berittene italienische Einheit in Ostafrika schlug sich die 14. Gruppe der Cavalleria Coloniale bei Gondar. Noch in der Zeit vom 26. 8. bis zum 15. 9. 41 erwähnte der Tagesbericht des Commando Supremo die Kämpfe der 14. Reitergruppe an den Wildflüssen Gumara und Maghece, dann wurden sie aufgerieben.

Japans Kavallerieverbände

Das Heer besaß vor 1939 4 Kavalleriebrigaden und bei den 17 Infanteriedivisionen je 8 leichte berittene Batterien. Ein Kavallerieregiment gehörte zur Kaiserlichen Garde und war in Tokio zur Bewachung des Kaiserlichen Palastes stationiert. Bei der Heeresgruppe ›China‹ befanden sich in der mongolischen Armee einige Kavallerieabteilungen.
In der Heeresgruppe ›Kwantung‹ in China kämpfte im Rahmen der 6. Division die 4. Kavalleriebrigade mit ihrem 6. und 10. Reiterregiment.
Bei den Landungsoperationen auf der Halbinsel Malaya und dem Vormarsch in Richtung Singapur im Dezember 1941 nahm an der Seite der 5. Divison das 5. berittene Aufklärungsregiment Oberst Shizuo Saeki teil.

Jugoslawiens Kavallerieverbände

Die Völker Jugoslawiens standen ein ganzes Jahrhundert hindurch im Kampf um die nationale Befreiung und um die Vereinigung zu einem gemeinsamen Staat, was erst 1918 erfolgte. Den Grundstock der jugoslawischen Reiterei bildeten vornehmlich die serbischen Kavallerieverbände: 1 Reiterdivision, 1 Gardedivision und 6 Schwadronen. Bereits im August 1919 wurden die Reiterregimenter der Armeebezirke gebildet. Um die Führung der Kavallerie zu vereinheitlichen, wurde 1937 der Reiterstab gegründet. Jede Division sollte eine Reiterabteilung haben, jede Armee ein Reiterregiment. Vor Beginn des Zweiten Weltkrieges wurden 3 Kavalleriedivisionen aufgestellt. Zu ihnen gehörten auch motorisierte, sogenannte »Schnelle Einheiten«. Die Bewaffnung der Kavallerie bestand aus Säbeln, Karabinern, leichten Infanteriewaffen, bespannter Artillerie, gepanzerten Aufklärungsfahrzeugen und leichten Panzern.

Während des deutschen Überfalls auf Jugoslawien im April 1941 erlitt die jugoslawische Kavallerie schwere Verluste. Nur das 7. Kavallerieregiment bei Kacanik und das 2. Kavallerieregiment leisteten zwischen der Drave und Zagreb den vordringenden deutschen Truppen einen kurzen, aber erbitterten Widerstand. Teile der 2. Reiterdivision fochten bei Deligrad ihre letzte Schlacht, dann zogen sie sich hinter den Fluß Juzne Morave zurück. Eine Handvoll Unentwegter ging in die Berge, wo gleich nach der Kapitulation der Kampf von neuem entbrannte.
Die Partisanen von Ucick und Cacansk organisierten 1941 je eine Reiterschwadron für Kurier- und Aufklärungsdienste. Titos Volksbefreiungsarmee sah im gleichen Jahr vor, daß jede Brigade einen Reiterzug von 30 Mann aufstellen sollte. Im April 1942 wurde ein berittener Zug bei der Partisanenabteilung Savinjal in Slowenien gebildet, eine berittene Schwadron wurde im selben Jahr beim Stab der 3. Operationszone in Kroatien aufgestellt. Das Anwachsen und die Erfolge der Volksbefreiungsarmee im Jahre 1944 führten zur Aufstellung großer operativer Formationen. Ende des Jahres 1944 zählten Titos Truppen ungefähr 500 000 Mann, organisiert in 17 Armeekorps. Bei einzelnen Divisionen entstanden Reiterzüge, und einige örtliche Kommandanten richteten kleine Reitereinheiten zur Sicherung ihres Gebietes ein. Im September 1944 wurde beim Stab Makedonien eine Reiterschwadron aufgestellt, die im November desselben Jahres zu einer Reiterabteilung mit 2 Schwadronen und einer MG-Schwadron vergrößert wurde.
Die bevorstehende Befreiung des Landes machte die Schaffung großer berittener Verbände notwendig: So entstand am 15. 9. 44 in Slavkovicz in der Nähe von Ljiga, 80 Kilometer von Belgrad entfernt, die 1. Reiterbrigade, dem 1. Proletarischen Armeekorps angegliedert.
Außer dem Stab und dem Troß zählte die Brigade am Anfang 2 Abteilungen, je 2 Schwadronen von je 2 Zügen. Es waren 450 Reiter, bewaffnet mit Karabinern, MP und MG. Nach der Säuberungsaktion der Gebiete um Valjev und Arandelovc von versprengten deutschen und Cetnik-Einheiten wurde die 1. Reiterbrigade am 18. 11. 44 an die Sremsker Front verlagert, danach sicherte sie bis April 1945 die linke Flanke der 1. Armee, und nach dem Zusammenbruch der deutschen Front verfolgte sie den Feind bis Zagreb und Maribor.

Die Kavallerieverbände der Mandschurei

Die Kavallerie, etwa 25 000 Mann in 10 Großverbänden, rekrutierte sich größtenteils aus den mongolischen Grenzstämmen, deren hervorragende Reitkunst und deren zähe Pferde bekannt waren. Die Mandschurei war ein Marionettenstaat, sein Kaiser Kang De der letzte Vertreter der drei Jahrhunderte alten Mandschu-Dynastie.
Als die Japaner im September 1931 in die Mandschurei eindrangen, gab es keine einheitliche Armee im Land. Jeder Provinzgouverneur besaß seine eigene Privatarmee, auf die sich seine Macht stützte. Nach mehreren Revolten dieser Heerführer lösten die Japaner alle in der Mandschurei bestehenden Truppenteile auf und begannen, eine neue Armee aufzubauen. Den Truppen wurden japanische Berater beigegeben, und das ganze Offizierskorps stand unter deren Kontrolle. Das Dienstreglement glich dem des japanischen Heeres. Die Verbände der mandschurischen Kavallerie beteiligten sich gemeinsam mit der japanischen Kwantung-Armee an den Kämpfen in Nordchina, nahmen die wichtige Stadt Kalgan ein und eroberten die von den chinesischen Truppen besetzte Innere Mongolei.

Norwegens Kavallerieverbände

Die Verbände bestanden 1940 aus dem Kavallerieinspekteur mit dem Stab, 3 Dragonerregimentern und der Reserveoffiziersschule Skoleskadronen. Die Kavallerie war als Aufklärungseinheit gedacht, in Notfällen sollte sie eine mobile Reserve des Generalstabs sein. Die Reiterverbände sollten abgesessen kämpfen. Die Reserveoffiziersschule tat das ganze Jahr über ihren Dienst. Bei den Regimentern gab es dagegen nur im Sommer einen Reiterausbildungslehrgang von 84 Tagen. Sonst waren in der übrigen Zeit bei den Regimentern nur die Verwaltungsstäbe tätig. Der deutsche Angriff im April 1940 brachte die Mobilmachung durcheinander, und der Einsatz der Kavallerie verlief völlig anders als geplant. Es war vorgesehen, daß die Reiterverbände Flanken- und Rückenangriffe durchführen und dann in den Wäldern untertauchen sollten. Die deutsche Wehrmacht vereitelte dies jedoch.

Der Einsatz der einzelnen Regimenter spielte sich folgendermaßen ab: Einige Einheiten des Dragonerregiments 1 bei Gardemoen, nördlich von Oslo improvisiert eingesetzt, wurden von dem Kommando des deutschen Luftattachés Spiller überraschend gefangengenommen.

Das Dragonerregiment 2, in Hamar motorisiert aufgestellt, kämpfte als Infanteriebataillon.

Das Dragonerregiment 3 wurde schon Anfang April in Einsatzbereitschaft versetzt, seine Gliederung jedoch geändert: Statt 2 Reiterschwadronen stellte man nur eine auf, dagegen vergrößerte man den MG-Zug zu einer MG-Schwadron.

Gliederung der Dragonerregimenter

Stand: 15. 9. 39

Stab; HQ-Schwadron; 2 Reiterschwadronen; MG-Schwadron; 2 Radfahrerschwadronen; 1 Granatwerfertrupp.

Die Dragonerregimenter 1 und 2 besaßen zusätzlich:

1 motorisierte MG-Schwadron; 2 MG-Züge; 1 Schützenzug; 1 Ausbildungstrupp.

Das 3. Dragonerregiment war verstärkt durch 1 motorisierten MG-Zug.

Polens Kavallerieverbände

Die Tradition der Reiterei überdauerte die 125 Jahre der Unfreiheit, und mit dem Erlangen der nationalen Selbständigkeit am 11. November 1918 entstand eine neue polnische Kavallerie. Bereits eineinhalb Jahre später machte sie von sich reden: Sie schlug im August 1920 die Roten Reiter des Marschall Budjenny, der das Weichbild von Warschau erreicht hatte und bis Thorn vorstieß, überraschend zusammen und rettete damit Polen (»Das Wunder an der Weichsel«).

37 berittene Regimenter – gegenüber 90 Infanterieregimentern – zeigen am besten die Bedeutung, die man seitdem Pferd und Reiter an der Weichsel beimaß. In der Tat war die polnische Kavallerie eine völlig selbständige strategische Waffe. Paradoxerweise fehlte aber eine zeitgemäße Doktrin für die Verwendung der so zahlreichen Kavallerieverbände. Statt zum Beispiel der Infanterie die Aufgabe der Stellungsverteidigung zu übertragen, wurde die Infanterie – obwohl gar nicht motorisiert – zu umfangreichen Bewegungsmanövern veranlaßt; die bewegliche Kavallerie dagegen setzte man für die Verteidigung ein, wobei deren Vorteil, die Beweglichkeit, sich überhaupt nicht entfalten konnte. Der zweite schwerwiegende Fehler: Man faßte die Kavallerie nicht in größeren Verbänden, wie zum Beispiel in Divisionen oder besser noch in Korps, zusammen, um ihr damit eine entscheidende Kampfkraft zu sichern. Im Gegenteil: die bestehenden Brigaden wurden noch durch Abkommandieren ganzer Regimenter für zweitrangige Aufgaben geschwächt. Alle 11 Kavalleriebrigaden konzentrierte man entlang der deutschen Grenze. Ergebnis: Die Masse der polnischen Kavallerie, etwa 70 000 Reiter, über die ganze riesige, 1500 Kilometer zählende Front verteilt, spielte im September 1939 weder strategisch noch taktisch eine Rolle, mit Ausnahme der ›Wolynska Brygada Kawalerii‹.

Die Feuerkraft eines Kavallerieregiments entsprach der eines Infanteriebataillons, jedoch besaß die Kavallerie keine Mörser. Zahlenmäßig hatte das abgesessene Kavallerieregiment die Stärke von 2 Infanteriekompanien. Der Militärdienst bei der Kavallerie dauerte 23 Monate. Die Kavallerieoffiziere rekrutierten sich teils aus Gutsherrenkreisen und teils aus der Intelligenzschicht.

Eines der charakteristischen Überbleibsel bei der polnischen Kavallerie war die Lanze: eine Stoß-Stangen-Waffe, auf etwa 3 Meter langem Stahlrohrschaft mit Faustriemen. Unterhalb der vierkantig geschliffenen Stoßklinge befand sich am Schaft ein schmales, etwa 20 Zentimeter breites und 50 Zentimeter langes Fähnchen mit den Regimentsfarben. Gesamtgewicht: etwa 2,10 Kilogramm. Obwohl schon seit etwa 1934 Lanzen als Waffen selbst bei Manövern nicht mehr benutzt und als verpönt nur auf Troßwagen mitgeschleppt wurden, zogen seltsamerweise im September 1939 Kavallerieverbände mit dieser recht altertümlich anmutenden Waffe ins Feld. Außerdem hatte jeder Reiter neben Karabiner und Säbel ein Bajonett, eine kurze Schaufel, Gasmaske, Brotbeutel und Kochgeschirr sowie den runden französischen Stahlhelm. Offiziere und Unteroffiziere unterschieden sich schon auf den ersten Blick von den anderen durch ihre eleganten, gutgeschnittenen Reitstiefel, die für die deutschen Scharfschützen als Merkmal galten. Die Sättel der Kavallerie und bespannten Artillerie stammten häufig aus den Zeiten der k. u. k. Monarchie. Mehrere Regimenter hatten Kavalleriekarabiner des neuen polnischen Typs.

Die Kavallerie Polens war die letzte selbständige strategische Kavallerie in ihrer ursprünglichen Form. Und mit dem Ende des deutsch-polnischen Krieges von 1939 hörte eine Waffenart auf zu existieren, die beinahe keinen Unterschied zu Kavallerieverbänden des ausgehenden 19. Jahrhunderts aufwies. Die tiefe Verbundenheit der Reiter zu ihrem Regiment und dessen Tradition gab der Kavallerie im September 1939 die führende Rolle unter den polnischen Streitkräften.

Gliederung und Stärke der Samodzielna (selbständige) Brygada Kawalerii

Brigade-Stab

Aufklärungsabteilung:

1 Radfahrerschwadron; 1 berittener s. MG-Zug; 1 Panzerabteilung mit 1 Panzerwagenschwadron, 7 Pz.-Wagen Citroën-Kegresse; 1 Schwadron mit 13 leichten Aufklärungspanzern, Typ TKS (2,65 to).

Infanterie:

1 Schützenbataillon (nicht in allen Kavalleriebrigaden).

Kavallerie:

3 bis 4 Kavallerieregimenter (nur 5 Kavalleriebrigaden hatten je 4 Kavallerieregimenter).

Kavallerieregiment

Regimentsstab

1 Nachrichtenzug (2 bespannte N2-Funksender); 1 Pioniertrotte; 1 Radfahrerschwadron; 1 Pak-Zug (437-mm-Geschütze) (bespannt); 4 Reiterschwadronen, je 3 Züge mit je 1 MG und 1 Panzerbüchse, 50 bis 60 Mann; 1 s.-MG-Schwadron (12 s. MG = 8 auf Packpferden, 4 auf bespannten leichten Wagen); 1 Verpflegungstroß (bespannt).

In der Ersatzschwadron wurden die jungen, alljährlich für das Regiment eingekauften Remonten eingeritten. Während des Krieges sollte die Schwadron die Ausbildung der Reserven

übernehmen. Insgesamt konnte ein Kavallerieregiment etwa 230 bis 250 Reiter in den Kampf schicken.
Außerdem besaß die Samodzielna Brygada Kawalerii:
1 Artilleriegruppe (bespannt), 3 oder 4 Batterien mit je 4 Feldgeschützen m. 02/26, russ. Modell v. 1900/1914, Kal. 75 mm, Reichweite: 8,5 Kilometer.
Flak:
1 motorisierter Zug, Batterie-Typ B mit 2 40-mm-Geschützen.
Pioniere:
1 Pionierschwadron (bespannt).
Nachrichtenabteilung:
1 Schwadron mit 2 Sendern des Typs N1 und ein Sender RKD, teilweise motorisiert; 6 Troßkolonnen (bespannt); *Gesamtstärke:* etwa 6350 Mann und 5400 Pferde.

Polens Große Kavallerieverbände

September bis Oktober 1939

Mazowiecka Brygada Kawalerii, gehörte zur Armee ›Modlin‹.
Kommandeur: Oberst Jan Karcz (Warszawa).
1. Pulk szwolezerow Jozefa Pilsudskiego (Warszawa); 7. Pulk ulanow Lubelskich (Minsk Mazowiecki); 11. Pulk ulanow Legionowych (Ciechanow); 1. Dywizjon Artylerii Konnej (Warszawa); 3. Batalion Strzelcow (Rembertow).
Mazowiecka Brygada Kawalerii, kämpfte bei Kriegsausbruch bei Krzynowloga Mala an der ostpreußischen Grenze, verzögerte dann als Nachhut den Vormarsch der deutschen Kräfte an der Achse Przasnysz–Pultusk. Vom 5. bis 7. September verteidigte die Brigade die Flußlinie der Narew von Pultusk bis Serock, dann die Flußlinie des Bug. Sie durchbrach die Einkesselung der Panzerdivision ›Kempf‹ und wurde in den Frontverband ›Polnoc‹ (Nord) eingegliedert. Am 24. September bei Suchowola zerschlagen.
Wolynska Brygada Kawalerii, gehörte zur Armee ›Lodz‹.
Kommandeur: Julian Filipowicz (Rowne).
12. Pulk ulanow Podolskich (Krzemieniec); 19. Pulk ulanow Wolynskich (Ostrog); 21. Pulk ulanow Nadwislanskich (Rowne); 2. Pulk strzelcow konnych (Hrubieszow); 2. Dywizjon Artylerii Konnej (Dubno); 11. Batalion Strzelcow.
Wolynska Brygada Kawalerii, führte seit den Morgenstunden des 1. September den ganzen Tag hindurch erfolgreiche Gefechte mit der 4. Panzerdivision bei Mokra (zerstörte 76 Panzer und 74 Fahrzeuge). Am nächsten Tag hielt sie den Feind bei Ostrowy auf und führte in der Nacht vom 3. zum 4. September in Kamiensk einen gelungenen Streifzug gegen die Panzerkolonnen der 1. Panzerdivision. Während des Rückzugs der Armee ›Lodz‹ zeichnete sich die Brigade am 8. September in der Schlacht bei Cyrusowa – Wola aus. Später schloß sie sich der *Nowogrodzka Brygada Kawalerii* (Gen. Anders) an und nahm am 13. September an der Schlacht bei Minsk Malowiecki und am 23. September an der Schlacht bei Krasnobrod teil. Die beiden Brigaden schlugen sich in Richtung auf die ungarische Grenze durch und wurden am 27. September von der Roten Armee zerschlagen.
Wilenska Brygada Kawalerii, gehörte zur Armee ›Prusy‹.
Kommandeur: Oberst K. Drucki-Lubecki (Wilno).
4. Pulk ulanow Zaniemenskich (Wilno); 13. Pulk ulanow Wilenskich (Nowa Wilejka); 23. Pulk ulanow Grodzienskich (Postawy); 3. Dywizjon artylerii Konnej (Podbrodzie).
Die *Wilenska Brygada Kawalerii* nahm an der Schlacht bei Piotrkow teil, zog sich dann an die mittlere Weichsel zurück und wurde an dem Flußübergang bei Maciejowice am 8. und 9. September zerschlagen. Reste der Brigade schlossen sich der *Pomorska Brygada Kawalerii* an. Das 23. Ulanenregiment, von der Brigade abgeschnitten, zog sich in die Berge bei Kielce zurück und führte dort einige Tage Partisanenkrieg.
Suwalska Brygada Kawalerii, gehörte zur Samodzielna Grupa Operacyina ›Narew‹.
Kommandeur: Brigadegeneral Z. Podhorski (Suwalki).
3. Pulk szwolezerow Mazowieckich (Suwalki); 1. Pulk ulanow Krechowieckich (Agustow); 2. Pulk ulanow Grochowskich (Suwalki); 3. Pulk strzelcow konnych (Wolkowysk); 4. Dywizjon artylerii Konnej (Suwalki).
Suwalska Brygada Kawalerii, lag bis 4. September im Raum Suwalki an der Grenze zu Ostpreußen, von wo sie mit Teilen des 3. Pulk szwolezerow einige Streifzüge nach Ostpreußen hinein unternahm. Die Brigade wurde im Eilmarsch in den Raum Zambrow verlegt und schlug sich am 9. und 10. September mit Teilen der Panzerdivision ›Kempf‹. Ihr gelang der Ausbruch aus dem Kessel von Zambrow in die Bialowieza-Heide (18. September), wo sie in eine Kavalleriedivision mit 2 Brigaden (›*Plis*‹ und ›*Edward*‹) umorganisiert wurde. Auf dem Marsch zur ungarischen Grenze wurde sie der Samodzielna Grupa Operacyna ›Polesie‹ (Gen. Kleeberg) einverleibt und kapitulierte mit dieser am 6. Oktober bei Kock.
Krakowska Brygada K., gehörte zur Armee ›Krakow‹.
Kommandeur: Brigadegeneral Zygmunt Piasecki (Krakow).
3. Pulk ulanow Slaskich (Tarnowskie Gory); 8. Pulk ulanow ksiecia Jozefa Pontiatowskiego (Krakow); 5. Pulk strzelow konnych (Debica); 5. Dywizjon artylerii Konnej (Oswiecim).
Krakowska Brygada Kawalerii, führte am 1. und 2. September schwere Kämpfe im Raum Wozniki. Beim Rückzug am 4., als Nachhut des nördlichen Armeeflügels, beteiligte sie sich mit ihrem 8. Ulanenregiment bei Szczekociny an der Schlacht gegen die deutsche 2. motorisierte Division. Zur Sicherung des Flußüberganges setzte sie sich auf das rechte Weichselufer ab.
Am 16. September führte sie bei Farnogrod einen schweren Kampf gegen überlegene feindliche Kräfte, nahm dann an der sogenannten ersten Schlacht bei Tomaszow teil, kapitulierte jedoch nicht mit der Armee ›Krakow‹. Das 8. Ulanenregiment schied bei Szczekociny aus der Brygada aus und kämpfte in der sogenannten zweiten Schlacht bei Tomaszow weiter als Bestandteil der Armee ›Lublin‹.
Podolska Brygada Kawalerii, gehörte zur Armee ›Poznan‹.
Kommandeur: Oberst Leon Strzelecki (Stanislawow).
6. Pulk ulanow Kaniowskich (Stanislawow); 9. Pulk ulanow Malopolskich (Trembowla); 14. Pulk ulanow Jazlowieckich (Lwow); 6. Dywizjon artylerii Konnej (Stanislawow); 7. Batalion Strzelcow.
Podolska Brygada Kawalerii, deren Hauptaufgabe die Eroberung Berlins war, wurde mit eiligen Eisenbahntransporten in den Raum Posen gebracht und schirmte die Stadt am 3. September von Westen her ab. In der ersten Phase der Schlacht an der Bzura stieß sie als Vorhut der Hauptstreitkräfte nach Uniejow und Wartkowice vor und kämpfte bei Ozorkow. Am 14. September auf den linken Flügel bei Brochow geworfen, marschierte sie am 17. September als Einheit der Operationsgruppen des General Abraham durch die Kampinos-Heide in Richtung Warschau. Am 19. September schlug sich das 14. Ulanenregiment mit einer Reiterattacke durch die deutsche HKL bei Weglowa Wolka und erreichte die Samodzielna Grupa Operacyjna ›Warszawa‹, wo sie bis zur Kapitulation kämpfte.
Wielkopolska Brygada Kawalerii, gehörte zur Armee ›Poznan‹.
Kommandeur: Brigadegeneral Dr. Roman Abraham (Poznan).
15. Pulk ulanow Poznanskich (Poznan); 17. Pulk ulanow Gnieznieskich (Leszno); 7. Pulk strzelcow konnych Wielkopolskich (Poznan); 7. Dywizjon Artylerii Konnej (Poznan); 10. Batalion Strzelcow.

Wielkopolska Brygada Kawalerii, überwachte vom 1. bis 3. September den Raum Leszno – Rawicz und machte zwei unbedeutende Streifzüge über die deutsche Grenze. In der Schlacht an der Bzura hatte sie auf dem linken Flügel der Hauptstreitkräfte die Aufgabe, die Stadt Glowno zu erobern. Am 14. September wurde sie in Richtung Brochow verlegt, wo sie in zweitägigen schweren Kämpfen gegen die deutsche 4. Panzerdivision den Flußübergang über die Bzura bei Brochow verteidigte. Auf ihrem Marsch nach Warschau führte sie am 16. und 17. September heftige Kämpfe in der Kampinos-Heide und dann bei Sierakow und Laski. In der Nacht zum 20. September schlug sie sich durch die deutsche HKL bis in das belagerte Warschau durch und nahm an der Verteidigung der Hauptstadt bis zur Kapitulation teil.
Nowogrodzka Brygada Kawalerii, gehörte zur Armee ›Modlin‹.
Kommandeur: Brigadegeneral Wladyslaw Anders (Baranowicze).
25. Pulk ulanow Wielkopolskich (Pruzana); 26. Pulk ulanow (Baranowicze); 27. Pulk ulanow (Nieswiez); 4. Pulk strzelcow konnych Ziemi Leczychiej (Plock); 9. Dywizjon artylerii Konnej (Baranowicze); 5. Batalion Strzelcow.
Nowogrodzka Brygada Kawalerii schirmte bis zum 4. September bei Dzialdowo und Lidzbark den linken Flügel der Armee ›Modlin‹ ab. Am 5. und 6. September marschierte sie über Plock und Modlin nach Wiazowna, wo sie den Kern der Kavalleriebrigade des General Anders bildete. Am 13. September stieß sie mit der *Wolynska Brygada Kawalerii* nach Minsk – Mazowiecki vor und zog sich dann über Laskarzew und Ryki als Reserve des Oberbefehlshabers in den Raum Lubartow zurück, nahm mit der Kavalleriebrigade des General Anders an der sogenannten zweiten Schlacht bei Tomaszow teil, schlug sich am 23. September über Krasnobrod bis nach Majdan Sopocki durch. Am 27. September wurde sie vor der ungarischen Grenze von den Sowjets zerschlagen.
Pomorska Brygada Kawalerii, gehörte zur Armee ›Pomorze‹.
Kommandeur: Brigadegeneral Stanislaw Grzmot-Skotnicki (Starogard).
16. Pulk ulanow Wielkopolskich (Bydgoszcz); 18. Pulk ulanow Pomorskich (Grudziadz); 8. Pulk strzelcow konnych (Chelmno); 11. Dywizjon Artylerii Konnej (Bydgoszcz); 1. Batalion Strzelcow (Chojnice); 2. Batalion Strzelcow (Tczew).
Pomorska Brygada Kawalerii, hatte die Aufgabe: Handstreich auf die Freie Stadt Danzig. Ihr 18. Ulanenregiment führte am 1. September die ersten Reiterattacken des Zweiten Weltkriegs bei Krojanty durch. Während des Durchbruchversuches aus dem Kessel bei Swiecie wurde die Brigade beinahe aufgerieben. Die restlichen Regimenter schlossen sich mit ihrer Artillerie der Armee ›Poznan‹ an, die einen Vorstoß aus dem Raum am Fluß Ner unternahm. Am 12. September schlugen sich die restlichen Regimenter und 2 Batterien bei Ozorkow. Die Brigade, die die westliche Nachhut der Armee ›Poznan‹ bildete, brach über die Kampinos-Heide nach Warschau durch. Hier bildete sie mit 2 anderen Brigaden, die Warschau ebenfalls erreicht hatten, die *Wielkopolska-Pomorska-Podolska-Kavalleriebrigade* und verteidigte die Hauptstadt bis zur Kapitulation.

Kresowa Brygada Kawalerii, gehörte zur Armee ›Lodz‹.
Kommandeur: Oberst Stefan Kulesza (Brody), ab 5. 9. 39 Oberst Jerzy Grobicki.
20. Pulk ulanow (Rzeaszow); 22. Pulk ulanow Podkarpakkich (Brody); 6. Pulk strzelcow konnych (Zolkiew); 1. Pulk kawalerii Korpusu Ochrony Pogravicza; 13. Dywizjon artylerii Konnej (Brody); 4. Batalion Strzelcow.
Kresowa Brygada Kawalerii. Vom 3. September an schirmte sie den nördlichen Armeeflügel an der Warthe ab. Beim Rückzug wurde sie in mehrere Gruppen versprengt und teilweise zerschlagen, ihre Reste wurden in die Kavalleriegruppe des General Anders eingegliedert und deckten die Gruppe während ihrer Operation bei Minsk Mazowiecki an der Weichselseite ab. Im Verlauf des zweiten Rückzuges teilte sie das Schicksal der Kavalleriegruppe des General Anders und wurde am 27. September auf dem Marsch zur ungarischen Grenze von der Roten Armee zerschlagen.

Podlaska Brygada Kawalerii, gehörte zur Samodzielna Grupa Operacyjna ›Narew‹.
Kommandeur: Brigadegeneral Ludwik Kmicic-Skrzynski (Bialystok).
5. Pulk ulanow Zaslawskich (Ostroleka); 10. Pulk ulanow Litewskich (Bialystok); 9. Pulk strzelcow konnych (Gryjewo); 14. Dywizjon artylerii Konnej (Bialystok).
Podlaska Brygada Kawalerii, schützte bis zum 4. September die Grenzen nach Ostpreußen, wo sie in der Nacht vom 3. zum 4. September einen Streifzug auf ostpreußisches Gebiet bei Belczece durchführte. Erst am 6. September wird sie hinter den Fluß Narew zurückgezogen und bleibt in der Reserve des Oberbefehlshabers. Eine der kleineren Einheiten der Brigade unter Rittmeister T. Skarzinskj wurde überrannt und führte im Rücken des Feindes einige Tage den Krieg weiter. Am 9. September unternahm die Brigade einen Vorstoß auf Ostrow Mazowiecki und Brok. Am 18. September schlug sie sich aus dem Kessel bei Zambrow bis in die Bialowieza-Heide durch, wo sie sich der Samodzielna Grupa Operacyjna ›Polesie‹ angliederte und ihr Schicksal bis zur Kapitulation am 6. Oktober bei Kock teilte.
Brigade des Oberst Adam Zakrzewski (aus der Armee ›Lublin‹).
Diese Brigade wurde um den 10. September herum im Raume Garwolin zusammengestellt. Die meisten Offiziere und Mannschaften stammten aus der Kavallerieschule Grudziadz. Am 12. September schlossen sich der Brigade die improvisierte Kavalleriegruppe des Oberst T. Komorowski (dem späteren Chef der Heimatarmee AK und Oberbefehlshaber des Warschauer Aufstandes) und Teile von 4 verschiedenen kleineren und größeren zersplitterten Kavallerieeinheiten an. Die Brigade wurde in der Schlacht bei Krasnobrod am 21. September zerschlagen; den Resten gelang es, nach schweren Kämpfen am 22. und 23. September mit der Roten Armee bei Sopocki die ungarische Grenze zu erreichen.

Rezerwowa Brygada Kawalerii ›Wolkowysk‹ (101., 102., 110. Pulk ulanow und 103. Pulk szwolezerow).
Wurde bei Wilna in Nordostpolen am 17. September nach dem Einmarsch der Roten Armee aus dem Zentrum der Kavalleriereserve formiert, um an den zu erwartenden Kämpfen gegen die Sowjets teilzunehmen. Das 102. Ulanenregiment überschritt die litauische Grenze und wurde interniert. Die Brigade zog sich jedoch in südwestlicher Richtung zurück, wo sie nicht auf deutsche Streitkräfte stieß. Das 110. Ulanenregiment ging zur Unterstützung Warschaus zurück, in seinen Reihen befand sich der Major Dobrzanski, der spätere legendäre Partisanenchef Hubal.

Rumäniens Kavallerieverbände

Rumänien zählte nach der Sowjetunion und Polen zu der größten Kavalleriemacht der Welt. Das Gros der rumänischen Reiterverbände bildeten die Roschiori- und Kalaraschen-Regimenter. Sie hatten eine lange Tradition und waren einst eine Art Miliz, vom Landadel und den freien Bauern in der Walachei und an der Moldau zum Selbstschutz gegründet. Im Sommer 1939 bekam die rumänische Kavallerie einheitliche Ausrüstung mit tschechoslowakischen Z. B.-Karabinern, leichten und schweren MG und wurde in 6 Kavalleriebrigaden, davon 3 teilmotorisiert (je ein Regiment dieser Brigaden erhielt Halbketten-Skoda-Wagen), neu gegliedert.

5. Kavalleriebrigade
Roschiori-Regiment 7; Roschiori-Regiment 8; Roschiori-Regiment 6 (mot.); Reitendes Artillerieregiment 2; 1 mot.-mechanisierte Schwadron; 1 Pionierschwadron (beritten); 1 Nachrichtenschwadron (mot); 1 Flakkompanie (mot.).

6. Kavalleriebrigade
Kalaraschen-Regiment 5; Roschiori-Regiment 9; Roschiori-Regiment 10 (mot.); Reitendes Artillerieregiment 4; 1 mot.-mechanisierte Schwadron; 1 Pionierschwadron (beritten); 1 Nachrichtenschwadron und Flakkompanie (mot.).

8. Kavalleriebrigade
Kalaraschen-Regiment 2; Roschiori-Regiment 4; Kalaraschen-Regiment 3 (mot.); Reitendes Artillerieregiment 3; 1 mot.-mechanisierte Schwadron; 1 Pionierschwadron (beritten); 1 Nachrichtenschwadron und Flakkompanie (mot.).

1. Kavalleriebrigade
Roschiori-Regiment 1; Roschiori-Regiment 2; Kalaraschen-Regiment 13; Reitendes Artillerieregiment 1; 1 mot.-mechanisierte Schwadron; 1 Pionier- und Nachrichtenschwadron; 1 Flakkompanie.

7. Kavalleriebrigade
Kalaraschen-Regiment 9; Roschiori-Regiment 12; Roschiori-Regiment 11 (mot.); Reitendes Artillerieregiment 5; 1 mot.-mechanisierte Schwadron; 1 Pionier- und Nachrichtenschwadron; 1 Flakkompanie.

9. Kavalleriebrigade
Roschiori-Regiment 3; Roschiori-Regiment 5; Kalaraschen-Regiment 11; Reitendes Artillerieregiment 6; 1 mot.-mechanisierte Schwadron; 1 Pionier- und Nachrichtenschwadron; 1 Flakkompanie.

Reiterregiment (Roschiori oder Kalaraschen)
1 Stabsschwadron (Escadrun de commando) mit einem Fernmeldezug; 1 Pionierzug mit Flammenwerfergruppe; 4 Schützenschwadronen mit 4 Zügen, 13 l. MG (Gesamtstand je Schwadron: 178 Mann); 1 schwere Waffenschwadron; 1 Teil mit 12 s. MG; 1 Teil mit 16/60-mm-Mörser; 4 Batterien mit 7,5-mm-Krupp-Geschützen.
Die 5., 6. und 8. Kavalleriebrigade mit dem Gebirgskorps bildeten bis Ende 1941 die 3. Rumänische Armee (Gen.-Oberst Dumitrescu). Ende Juni 1941 wurde zusätzlich die 7. Kavalleriebrigade, Ende August 1941 die 1. Kavalleriebrigade und Mitte Juli 1942 die 9. Kavalleriebrigade an der Front eingesetzt.
Die Kalaraschen-Regimenter 1, 4, 6, 7, 8, 10 und 12 trugen den Namen Korpskavallerie (Regimente de Corp de Armata) und stellten die berittenen Aufklärungsabteilungen der Infanteriedivisionen und der Armeekorps. Auch das Gardereiterregiment und die selbständige berittene Jägerabteilung des Gardereiterregiments bildeten Aufklärungsabteilungen.

Berittene Aufklärungsabteilungen (Divisions-A.-A.)
1 Schützenschwadron mit 1 s. MG-Zug

Berittene Aufklärungsabteilungen (Korps-A.-A.)
2 Schützenschwadronen; 1 Schwere Waffenschwadron mit 1 s. MG-Zug; 1 80-mm-Minenwerfer-Zug; 1 Zug 37-mm-Pak.

Am 1. 3. 42 wurden alle 6 Brigaden in Kavalleriedivisionen umbenannt, ihre Zusammenstellung blieb bestehen. Nach den Niederlagen im Winter 1942/43 wurden die 5., 7. und 8. Kavalleriedivision zur Auffrischung und Umorganisierung in die Heimat verlegt. Die 1. rumänische Kavalleriedivision blieb mit der 6. deutschen Armee in Stalingrad. Anfang 1944 wurde die 1. Kavalleriedivision neu aufgestellt und kam in Südbessarabien zum Einsatz. Die 6. und die 9. Kavalleriedivision kämpften am Kubanbrückenkopf und auf der Krim bis zur Räumung der Halbinsel im Mai 1944, wo sie schwere Verluste erlitten.

Schweizer Kavallerieverbände

Zwar neutral, erlebten die Eidgenossen jedoch in ihrem »Zweifrontenkrieg« den Zweiten Weltkrieg hautnah – und den Reitern war für alle Fälle eine nicht geringere Rolle zugedacht worden.
Die Truppenordnung von 1936 verzichtete erstmals bei der Definition der Truppengattungen auf den Begriff Kavallerie und führte den Begriff »Leichte Truppen« ein. Ihr erster Waffenchef war Oberstdivisionär Jordi (1936 bis 1947). Die Kavalleriebrigaden wurden nun Leichte Brigaden in den 3 Armeekorps; die Dragonerregimenter, je 2 pro Brigade, wurden Leichte Regimenter, bestehend einerseits aus 3 Dragonerschwadronen – der sogenannten Reitergruppe – und anderseits einem Radfahrerbataillon, dessen vierte Kompanie motorisiert war.
Aus den Dragonerabteilungen in den Felddivisionen 1, 2, 4, 5, 6 und 7 entstanden Aufklärungsabteilungen, bestehend aus je einer Dragonerschwadron und einer Radfahrerkompanie. Die restlichen 6 Schwadronen standen den Divisionskommandanten für Verbindungsaufträge direkt zur Verfügung, wurden dann aber im Verlauf des Aktivdienstes in den Jahren 1939 bis 1945 ebenfalls den Aufklärungsabteilungen eingegliedert. Die Kavallerie-MG-Schützen hob man auf; statt dessen aber wurde in den nunmehr noch verbliebenen 30 Dragonerschwadronen, mit leicht verringertem Bestand, die Zahl der leichten Maschinengewehre von 4 auf 9 erhöht. So gruppiert, und mit erheblich erhöhter Feuerkraft, rückten die Dragoner in den Aktivdienst des Zweiten Weltkrieges ein.
Eine der Kavalleriebrigaden, bestehend aus den 18 Schwadronen der Leichten Regimenter, stand im Winter 1944/45 im Jura und an der Nordgrenze im Dienst. Eine ebenfalls eilig aufgestellte Leichte Division umfaßte im Herbst 1940 an der Saane die Leichten Brigaden 1 und 2 und die Aufklärungsabteilung 5 unter einem Kommando. Von 1939 bis 1945 leisteten die Dragonerschwadronen bis zu 750 Tagen aktiven Dienst.

Sowjetische Kavallerieverbände

Zu Beginn des Zweiten Weltkrieges verfügte außer Polen und Rumänien nur die Rote Armee über große Reiterverbände. Der ehemalige Dragonerwachtmeister Budjenny, einst einer der besten Reiter der zaristischen Kavallerie, stellte während der Revolution 1917 die Rote Reiterarmee auf die Beine. In wenigen Wochen organisiert und von eiserner Hand geführt, eroberte sie in kurzer Zeit die Ukraine, dann den Süden Rußlands. Im Krieg gegen Polen wurde sie erst kurz vor Warschau und Thorn angehalten. Den sowjetischen Strategen war die Rolle der Kavallerie voll bewußt. Woroschilow stellte auf dem 17. Parteikongreß 1934 fest: »Es ist notwendig, ein für allemal der Theorie über die Ersetzung des Pferdes durch die Maschine ein Ende zu machen.«
Für den Aufbau einer Kavallerie erwiesen sich die Kosaken als Soldaten und Pferdezüchter unentbehrlich. Nun, einen

Großteil der Kosakenbevölkerung hatte Stalin bereits liquidiert oder deportiert. Der Boden der Kosaken wurde enteignet, ihre besten Söhne als »Kulaken« gestempelt, und sogar der Militärdienst in der Roten Armee war dem Reitervolk untersagt. Am 17. 3. 36 hielt Marschall Budjenny in Rostow eine Reiterparade ab. Und dies sollte die neue Politik den Kosaken gegenüber einleiten. In der Tat, im gleichen Jahr wurden 5 Kavalleriedivisionen der Roten Armee in Kosakendivisionen umbenannt. Es war übrigens die einzige Truppe, die eine bunte Paradeuniform erhielt: die alte, zaristische Uniform mit den neuen Hoheits- und Rangabzeichen. So wurden die Kosakendivisionen zum Kern der Reitertruppen der Roten Armee.

Auf dem 18. Parteikongreß am 13. 3. 39, dem letzten vor Kriegsausbruch, sagte Marschall Woroschilow: »Die berittenen Truppen können als Beispiel für Disziplin und militärisches Können dienen. Unsere Kavalleristen wissen sich geschickt der technischen Kampfmittel zu bedienen.« Und in den »Reiter-Kampfvorschriften« von 1941/42, der Basis für die Verwendung der Reiterei in den bevorstehenden Auseinandersetzungen mit der deutschen Wehrmacht, wurden die Beweglichkeit und Anpassungsfähigkeit groß geschrieben. Der Wert der Kavallerie für Flanken- und Rückenangriffe oder zur Beunruhigung des Feindes wurde unterstrichen. Bereits in den Jahren 1937/38 hatte man große Kavallerieverbände als »strategische Kavallerie« geschaffen, die sowohl selbständig als auch im Zusammenwirken mit anderen Waffengattungen eingesetzt werden konnten. Und die Feuerkraft einer Kavalleriedivision sollte sich je nach Bedarf ändern.

Die Standarddivision umfaßte 3 Kavallerieregimenter; 1 Aufklärungsschwadron; zwischen 1 Bataillon und 1 Regiment Panzer; 1 Artillerieregiment mit je 3 Batterien 76-mm-Geschützen und 2 Batterien 120-mm-Mörsern (Haubitzen); 1 Batterie leichte Flak; 1 Schwadron Pioniere; 1/2 Nachrichtenschwadron und Versorgungstruppen. Das Kavallerieregiment war als kleine, aber mobile Kampftruppe gedacht. Obwohl es zahlenmäßig weniger als die Hälfte eines Infanterieregiments der Roten Armee darstellte, hatte es fast die gleiche Feuerkraft durch die Unterstützungswaffen.

Ein Kavallerieregiment bestand aus 4 Reiterschwadronen mit 8 MG, 6 Panzerbüchsen und einer großen Anzahl von MP, 1 Schwadron mit 16 MG, 1 Batterie 76-mm-Feldgeschütze, 1 Batterie 45-mm-Pak, 1 Schwadron mit 12 Granatwerfern 82 mm, 1 Gruppe in etwa Zugstärke mit leichter Flak, 1 Nachrichtengruppe, 1 Aufklärungsgruppe, 1 Gruppe Pioniere, 1 »chemische« Gruppe.

Obgleich die großen Kavallerieverbände recht gut mit feuerkräftigen Waffen ausgestattet waren, wurden sie oft durch Begleitinfanterie, Feldartillerie, Flak- und Pakartillerie verstärkt. Sie waren als Ergänzung, nicht jedoch als Ersatz für Panzer- und motorisierte Truppen gedacht. Für die Ausbildung des Kavallerieoffizierskorps sorgte die Budjenny-Akademie. Um den Nachwuchs zu sichern, wurden gleich in den ersten Monaten des Krieges nicht weniger als 9 Kavallerieoffiziersschulen gebildet.

Die ersten Sporen verdiente sich die neue Kavallerie im Fernen Osten. Zu der von Marschall W. K. Blücher befehligten 1. selbständigen Fernostarmee gehörten 6 Kavalleriedivisionen, von denen zwei, die mongolische 6. und 8. Kavalleriedivision, an den Grenzschlachten gegen die Japaner vom 20. bis 31. August 1939 teilnahmen.

Hier führte auch erstmalig die Kavallerie mit Panzerunterstützung eine Angriffsoperation durch. Ihre erste Operation im Zweiten Weltkrieg führte die sowjetische Kavallerie am 17. September 1939, als die Sowjetunion Polen überfiel. An der von Armeekommandeur M. P. Kowaljew befehligten »Bjelorussischen Front« befanden sich damals die 3., 6. und 24. Kavalleriedivision sowie eine selbständige motorisierte Kavalleriegruppe Kommandeur W. I. Utschikow; die andere, die »Ukrainische Front«, verfügte über ein Kavalleriekorps (4. und 5. Kavalleriedivision). Zu den drei sowjetischen Armeen, die zwischen dem 12. und 17. Juni 1940 die baltischen Länder besetzten, gehörten auch Kavallerieverbände, die 25., 30. und 4. Kavalleriedivision, der »Nordwestfront« unterstellt. Im Juni 1941 besaß die Rote Armee im europäischen Teil der Sowjetunion 26 bis 30 Divisionen Kavallerie. Nach dem Überfall Hitlers auf die Sowjetunion am 22. Juni 1941 beteiligte sich die Kavallerie an den Rückzugskämpfen der Roten Armee. In der Schlacht um Moskau spielten die sowjetischen Reiterverbände eine entscheidende Rolle. Schon im November 1941 wurden 4 Kavalleriekorps in Gardekorps umgewandelt. Nach den Erfahrungen der ersten Monate im Kriegsjahr 1941 ging man dazu über, die Kavalleriedivisionen in Korps zusammenzufassen und sie mit selbständigen Aufgaben zu betrauen. Ein Kavalleriekorps war sowohl zahlenals auch waffenmäßig recht stark, es bestand aus 3 Kavalleriedivisionen.

Gliederung:

Divisionsstab mit Stabsquartier und NKWD-Zug; Nachrichtenhalbschwadron; 3 Kavallerieregimenter, Stab-, Nachrichtenzug, Flakzug; 4 Reiterschwadronen, je 8 le. MG, 4 le. Granatwerfer, 6 Panzerbüchsen; 1 MG-Schwadron, 16 s. MG; 1 schwere Schwadron, Pakzug 4 Pak 4,5 cm; Geschützzug 4 Gesch. 7,6 cm; 1 Granatwerferschwadron, 6 m. Granatwerfer; 1 Pionierzug; 1 Gasabwehrzug; 1 Aufklärungsabteilung; 1 Reiterschwadron, 8 le. MG, 4 Pz.-G.; 1 Aufkl.-Pz.-Schwadron (10 T 70); 1 Pionierzug; 1 Pionierschwadron; 1 Gasabwehrschwadron; 1 Flakbatterie (mot., 6 Flak 3,7 cm); 1 Artillerieabteilung; Stabsbatterie; 2 Batterien zu 4 s. Granatwerfern; 1 Batterie zu 4 Kanonen (7,6 cm); 1 Artilleriekolonne (teilmot.); 1 Verpflegungsnachschubkolonne (mot.); 1 Sanitätsschwadron (mot.); 1 Veterinärlazarett.

Stärke:

rund 5040 Mann; 5128 Pferde; rund 130 Kfz; 3 Kräder; rund 300 Wagen.

Bewaffnung:

447 MP; 118 le. MG; 48 s. MG; 48 le. Granatwerfer; 18 mittelschwere Granatwerfer; 8 s. Granatwerfer; 76 Panzerbüchsen; 12 Pak (4,5 cm); 16 Geschütze (7,6 cm); rund 25 Funkgeräte; 10 Panzer (T 70); 9 Fla-MG (12,7 mm); 6 Flak (3,7 cm).

Ungarns Kavallerieverbände

Das Land der Husaren, die im vorigen Jahrhundert sowohl auf dem Schlachtfeld als auch auf der Operettenbühne harte Kämpfe ausfochten, stellte auch aus seinen Husarenregimentern 2 Kavalleriebrigaden auf.

Die Husarenregimenter waren mit ihren 12 Eskadronen recht schwerfällig. Da man die Reitereskadronen so stark halten wollte, daß diese zum »Gefecht abgesessen« der Feuer- und Stoßkraft einer Schützenkompanie gleichkämen, bestanden die Eskadronen aus mehr als 300 Reitern. Weil die Friedenseskadronen aber nur über etwa 100 Reiter und Reitpferde verfügten, mußten die zusätzlichen 200 Reitpferde, die nicht zugeritten waren, von den Bauern eingezogen werden. Dieser Umstand verzögerte einesteils die Mobilisierung und die Marschbereitschaft der Kavallerie, andererseits waren die untrainierten, das Tragen des Sattels nicht gewohnten Reitpferde zu größeren Märschen einfach unfähig.

Bereits am 27. 6. 41 drang das ungarische Schnelle Korps ›Gyorshadtest‹, bestehend aus 2 motorisierten und 1 Kavalleriebrigade, zusammen 44 444 Männer, aus den Ostkarpaten in Richtung Dnjepr vor. Dort wurde es der deutschen 17. Armee, Heeresgruppe Süd, unterstellt und zur Flußsicherung verwendet, und zwar im Abschnitt zwischen Dnjepropetrowsk und Saporoshje. Als die Kavallerieeinheiten des Schnellen Korps im Jahre 1942 aus der Ostfront herausgezogen wurden, erfolgte eine Umformung, deren Ergebnis eine Division mit 3 Husarenregimentern war, die bis zum Jahre 1944 auf den Stand einer modernen Kampfeinheit gebracht wurde. Die Aufstellung der 1. Kavalleriedivision erfolgte im Rahmen des SZABOLCS-Organisationsplanes und wurde im Spätherbst 1943 abgeschlossen. Zwischen 1. Mai bis ca. Mitte September 1944 befand sich noch eine ungarische Besatzungsmacht an der Ostfront. Sie bestand aus dem 2. Reservearmeekorps und umfaßte 3 Infanterie- und 1 Kavalleriedivision. Ihr Wirkungsbereich erstreckte sich auf das Gebiet östlich und südlich von Warschau.

Die neue 2. Ungarische Armee wurde im August 1944 in Ungarisch-Nordsiebenbürgen organisiert. Sie unternahm am 5. September eine Operation gegen rumänische Truppen, aber nach dem konzentrierten Gegenangriff sowjetisch-rumänischer Armeen (2. Ukrainische Front) mußte sie sich bis Ende Oktober aus Siebenbürgen zurückziehen. Die 3. Ungarische Armee, bestehend aus einigen Ersatz- und Reservedivisionen sowie aus der 1. Kavalleriedivision, wurde Mitte September 1944 in größter Eile aufgestellt, da die Rote Armee bereits auf ungarischem Territorium stand. Die 1. Kavalleriedivision kämpfte im Bereich der ungarisch-rumänischen Grenze und zog sich im Oktober/November zwischen Donau und Theiß in Richtung Budapest zurück. Sie ging im Frühjahr 1945 in der Nähe der ungarischen Hauptstadt zu Grunde.

Gliederung:

Die Aufklärungsbataillone der Divisionen hatten eine Reiterkompanie. Bis 1942 gab es 2 Kavalleriebrigaden mit je 2 Husarenregimentern. Sie trugen die traditionellen historischen Namen:

1. Jasigisch-kumanisches Husarenregiment ›Franz Joseph‹
2. Husarenregiment ›Fürst Arpád‹
3. Husarenregiment ›Graf Nádasdy Ferenc‹
4. Husarenregiment ›Graf Hadik András‹.

Jedes dieser Husarenregimenter gliederte sich in:

2 Halbregimenter; 1 Husarenbatterie; 1 Radfahrerbataillon; 1 mot. Batterie mit 10,5-cm-Haubitze; 1 Pionier- und Fernmeldekompanie; 3 Batterien berittene Artillerie; und Versorgungstruppen.

Im Jahre 1942 wurden die beiden Kavalleriebrigaden in einer Kavalleriedivision zusammengefaßt. Die 3 Husarenregimenter waren unterteilt in:

2 Halbregimenter; 1 Husarenbatterie; 1 Radfahrerbataillon; 1 mot. Batterie mit 10,5-cm-Haubitze; 1 Flak-Panzerbatterie; 1 Aufklärungsabteilung (2 Panzerspähwagen-Kompanien mit je 14 Panzerspähwagen); 1 Reitende Artillerieabteilung; 1 mot. Artillerieabteilung; 1 Flakabteilung; 1 mot. Pionierkompanie; 1 mot. Fernmeldekompanie.

US-Kavallerieverbände

Die amerikanische Armee wurde als erste in der Welt vollmotorisiert. So ersetzte man auch in den wenigen Kavallerieregimentern, dem Überbleibsel des Ersten Weltkrieges, das Pferd durch den Motor.

Der Stabschef General Douglas MacArthur ließ im Januar 1933 das 1. Kavallerieregiment in Fort Knox, Kentucky, absitzen und motorisierte es. Später wurde auch das 13. Kavallerieregiment einer motorisierten Brigade zugeordnet und kurz darauf das 4. und 6. Kavallerieregiment in das ›Horse-Mechanized Corps Recoccaissance Regiment‹ (HMCRR) umgewandelt, das alle Vorzüge beider Beförderungsarten besaß: eine Gruppe von 8 Reitern und 8 Pferden mit Futter, Proviant und vollständiger Ausrüstung sowie mit leichten und schweren Maschinengewehren im Gepäck, konnten innerhalb von 5 bis 7 Minuten auf einen Lastwagen mit Anhänger verladen werden. Wenn für die Lastwagen ein Weiterkommen nicht mehr möglich war, luden die Reiter ihre Pferde aus, stiegen auf und erkundeten das Gelände. Aufgrund der Erfolge dieses Versuchs wurden die übrigen Kavallerieregimenter in 7 HMCRR umgewandelt und den jeweiligen Korps zugeordnet. Jedoch konnte die für diese Umstellung erforderliche Ausrüstung nicht vor 1941 geliefert werden, und deshalb hatte man vor Pearl Harbor keine Gelegenheit, ihre Wirksamkeit zu ermitteln. Im Jahre 1940 wurden 2 weitere Kavallerieregimenter motorisiert. Und als einziges berittenes Kavallerieregiment blieb die 26th Cavalry (›Philippine Scouts‹) in Fort Stotsenburg, Pampanga, 85 Kilometer nördlich von Manila. Das Regiment führte zwischen Dezember 1941 und April 1942 eine der blutigsten und dramatischsten Schlachten in den Annalen der USA.

Die 26th Cavalery war gegliedert in 2 Schwadronen zu je 2 Troops, 1 MG-Troop und 1 HQ-Troop.

Im Spätherbst 1941 wurde das Regiment umorganisiert und auf 789 Mann verstärkt. Die beiden Schwadronen bekamen zusätzlich je 1 Troop. Zwar fehlten weiterhin Pak- und Mörserwaffen sowie moderne Ausrüstungen, was jedoch die Ausbildung betraf, war die 26th Cavalry (PS) eines der besten Regimenter der US-Army.

Stand Dezember 1941

Kommandeur: Col. Clinton Pierce
Executive-Offizier: Lt. Col. Vance
Chef der 1. Schwadron: Mjr. Ketchum
A-Troop: Capt. Cramer, B-Troop: Capt. Barker
C-Troop: Capt. Praeger
Chef der 2. Schwadron: Mjr. Trapnell
E-Troop: Capt. Wherler, F-Troop: Capt. Wriskle
G-Troop: Capt. Fowler, MG-Troop: Capt. Ford
HQ-Troop: Capt. Richards
Special Staff
Medical Corps: Capt. Reed, Chaplain: Zerfas

Bibliographie

v. Adonyi-Naredy, F.: Ungarns Armee im Zweiten Weltkrieg. Neckargemünd 1971.

Andolenko, P.: Recueil d'Historiques de l'Arme Blindée et de la Cavalerie. Paris 1967.

Appelius, M.: Una guerra di 30 giorni. Mediolan 1942.

Batow, P. I.: Von der Wolga zur Oder. Berlin (Ost) 1965.

Behrens, W., Kuehn, D.: Geschichte des Reiter-Regiments 1 (1919–1939). Kameradschaft ehem. R. R. 1.

Below, I. B.: Sa nami Moskva. Moskau 1962.

Ber, H. W.: Kosaken-Saga. Rastatt 1966.

Boldin, J. W.: Stranizy schisni. Moskau 1961.

Brinskij, A.: Po tu storonu fronta. Moskau 1961.

Chandler, W. E.: History of the 26th Cavalry (PS). In: Armored Cavalry Journal, 1947.

Corbeiller: La guerre de Syrie. Paris 1967.

Darnóy, P.: Organisation der kgl.-ung. Honvéd-Armee 1941–1942. Freiburg 1955.

Derecki, M.: Tropem majora ›Hubala‹. Lublin 1971.

Disselhorst-Loewe, M.: Beurteilung des Pferdes. Berlin 1940.

Elbin, G.: Der Schimmelmajor. München 1969.

Eltz-Erwein, K. G. zu: Mit den Kosaken. Kriegstagebuch 1943–1945. Donaueschingen 1970.

v. Emilian, I.: Rumänische Kavallerieverbände und Aufklärungsabteilungen im Zweiten Weltkrieg. München 1966.

v. Emilian, I.: Les Cavaliers de l'Apocalypse. Paris 1974.

Epstein, J.: Operation Keelhaul. Connecticut 1973.

Franz, W., Raschdorf: Im Land der Pferde – Trakehnen. Leipzig 1937.

v. Fürstenberg, H.: Der Vormarsch der Divisions-Aufklärungs-Abteilung 26 während der Entscheidungsschlacht in Frankreich vom 9. bis 21. Juni 1940. Münster 1941.

Gai-Lung, L.: Kurze Geschichte des chinesischen Volksbefreiungskrieges. Berlin (Ost) 1957.

Genellis, M.: Le cheval dans l'Histoire. Paris 1956.

Gontaut-Biron, L.: Les Dragons au Combat. Paris 1952.

Goodall, D. M.: Die Pferde mit der Eichschaufel. München 1974.

Gosztony, P.: Die Kavallerie der Roten Armee im Zweiten Weltkrieg. Österr. Militärzeitschrift 6 (1969).

Grampe, A.: 15. (Preuß.) Reiter-Regiment. Kavallerie-Regiment 15 und seine Kriegseinheiten. Regimentsverband ehem. 15. Reiter e. V. 1972.

Haupt, W.: Heeresgruppe Nord 1941–1945. Bad Nauheim 1967.

Haupt, W.: Heeresgruppe Mitte 1941–1945. Dorheim 1968.

Heling, S.: Trakehnen. München 1959.

Hesse, E.: Der sowjetische Partisanenkrieg 1941–1944. Göttingen 1969.

Hillgruber, A.: Die Räumung der Krim 1944. Berlin–Frankfurt 1959.

v. Hobe, C., Görlitz, W.: Georg v. Boeselager – Ein Reiterleben. Düsseldorf 1957.

Hoffmann, J.: Deutsche und Kalmyken 1942–1945. Freiburg 1974.

Höhne, H.: Der Orden unter dem Totenkopf. Gütersloh 1967.

Jacobsen, H. A., Philippi, A. (Hrsg.): Kriegstagebuch des Chefs des Generalstabes des Heeres 1939–1942. Stuttgart 1962.

Jarmann, N.: Var Kavalerihest – historikk. Norsk Militart Tideskrift 1971.

Jeremenko, A. J.: Na sapadnom napravlenii. Moskau 1961.

Jouffrault, R.: Les Spahis au Feu. Paris 1952.

Kern, E.: General Pannwitz und seine Kosaken. Göttingen 1963.

Kowpak, A.: Ot Putivlja do Karpat. Moskau 1959.

Krasnow, N.: Nesabywajemoje. San Francisco 1957.

Krzeczunowicz, K.: Ulani Ksiecia Józefa – Historia 8 pulku ulanów. London 1960.

Kuehn, D.: Geschichte des Reiter-Regiments 1 (1939–1941). Kameradschaft ehem. R. R. 1.

Kuusaari, N., Nitemaa, V.: Finlands Krig 1941–45. Helsinki 1949.

v. Lengyel, B.: Die ungarischen Truppen im Rußland-Feldzug, der Einsatz der 1. Kavallerie-Brigade. Allg. Schweizerische Militär-Zeitschrift 1960.

Liddell-Hart, B. H.: Die Rote Armee. Bonn 1951.

Makarow, P. M.: Partisany Tavrii. Moskau 1960.

Mitkiewicz, L.: Kawaleria Samodzielna Rzeczypospolitej Polskiej W Wojnie 1939 Roku. Toronto 1964.

Moczulski, L.: Ostatnia szarża. Warschau 1968.

Morosow, W. P.: Westlich von Woronesch. Berlin (Ost) 1959.

Morton, L.: United States Army in World War II. The War in the Pacific. The Fall of the Philippines. Washington 1953.

Mościcki, L.: Wypad polskiej kawalerii na terenie Prus Wschodnich. WPH, 1969.

zur Mühlen, P.: Zwischen Hakenkreuz und Sowjetstern. Düsseldorf 1971.

Murawski, E.: Der deutsche Wehrmachtsbericht 1939–1945. Boppard 1962.

Naumenko, W.: Welikoje predatelstwo. New York 1970.

Niessel, R.: La cavalerie sur le front soviétique. Revue de défense nationale 1948.

Petrowsky, A.: Unvergessener Verrat! München 1963.

Plijew, I. A.: A Tisza völgyében. Hadtörténelmi Közlemények 1965.

Pozdnjakov, V.: Sovetskaja agentura v lagerjach voennoplennych v Germanii 1941–1945. Novyj Zurnal 1970.

Pulkowski, F.: Geschichte des 10. (Preuß.) Reiter-Regiments. Tennenlohe o. J.

Roeingh, R.: Freund Pferd. Berlin 1941.

Roeingh, R.: Roß und Reiter am Feind. Berlin 1941.

Rogers, C. B.: The Mounted Troops of the British Army 1066–1945. London 1959.

Sawjalow, A. S., Kaljadin, T. J.: Die Schlacht um den Kaukasus 1942/43. Berlin (Ost) 1959.

Schönerstedt, K.: Pferde und Soldaten. Gießen 1959.

v. Senger-Etterlin, F. M.: Die 24. Panzer-Division, vormals 1. Kavallerie-Division 1939–1945. Neckargemünd 1962.

Sobolew, L.: Dorogami pobjed. Moskau 1945.

Springer, B.: Reiterkrieg. Berlin 1944.

v. Stein, H. R.: Das Kavallerie-Regiment 5 und seine Entwicklungen von 1920–1945. Sonderdruck f. d. Trad.-Verb. d. Kav.-Reg. 5.

Stolz, G., Grieser, E.: Geschichte des Kavallerie-Regiments 5. München 1975.

Szacherski, Z.: Bój o Brochów. WPH, 1962.

Szacherski, Z.: Wierni przysiedze. Warschau 1968.

Tanner, V.: The Winter War. New York 1955.

Telpuchowski, B. S.: Die sowjetische Geschichte des Großen Vaterländischen Krieges 1941–1945. Frankfurt 1961.

Tessin, G.: Formationsgeschichte der Wehrmacht 1933–39. Stäbe und Truppenteile des Heeres und der Luftwaffe. Boppard 1959.

Tessin, G.: Verbände und Truppen der deutschen Wehrmacht. Frankfurt 1966.

Tjulanev, I. V.: Sovetskaja kavalerija v bojach za rodinu. Moskau 1959.

Treguboff, J.: Der letzte Ataman. Velbert 1967.

Verdin, R. B.: The Cheshire Yeomanry. London 1971.

Verschigora, P.: Rejd na San i Vislu. Moskau 1960.

Völz, A.: Zur Geschichte des Kavallerie-Regimentes 5. Deutsches Soldatenjahrbuch 1970.

Wagener, C.: Heeresgruppe Süd. Der Kampf im Süden der Ostfront 1941–1945. Bad Nauheim o. J.

Wainwright, J. M.: General Wainwright's Story. New York 1946.

Werner-Ehrenfeucht, M.: Kavallerie-Fibel. Berlin 1933.

Worobjow, W. F.: Bojevoi put sovjetskich vooruschonnych sil. Moskau 1960.

Zawilski, A.: Bitwa nad Bzura. Warschau 1968.

Zentralkomitee der Kommunistischen Partei der Sowjetunion (Hrsg.): Istorija velikoj otetschestvennoj vojny Sovjetskogo Sojusa 1941–1945. Moskau 1961.

Zessarskij, A.: Sapiski partisanskogo vratscha. Moskau 1956.

Zeitungen, Zeitschriften und Broschüren

Armored Cavalry Journal. Russian Cavalry in Mass. Washington 1947.

Deutsch-tatarisches Nachrichtenblatt. Berlin 1943.

H. Dv. 299/1. Ausbildungsvorschrift für die Kavallerie. Berlin 1937.

H. Dv. 299/2. Ausbildungsvorschrift für die Kavallerie. Berlin 1938.

Kameradschaft ehem. 8. Reiter. Mitteilungsblatt 1965–1967.

Khalmag. Berlin 1943.

Komunikat Informacyjny. Kola Zolnierzy 7 Pulku Ulanow Lubelskich im. gen. K. Sosnkowskiego. London 1950–1975.

Der Meldereiter. Hrsg.: Regimentsverband ehem. 15. Reiter e. V.

Nachrichtenblätter des Kav.-Reg. 15. Juli 1943–September 1944.

OKH-Verordnung 5000. Landeseigene Hilfskräfte im Osten – Hilfswillige. 29. April 1943.

Politischer Dienst für SS und Polizei. 1. Folge 1944.

Schilenkow, General / Bojarski, Oberst. Erfahrungen mit ihrer russischen Freiwilligeneinheit. Auszug vom 15. 1. 1943.

Der Schweizer Kavallerist 1948. Die Kosaken Rußlands.

Völkischer Beobachter. Berlin–München 1939–1945.

Ein Wort des Dankes

Ich möchte für ihre freundliche Hilfe meinen herzlichen Dank sagen: Herrn Dr. *M. Haupt* und Herrn *H. Walther,* Bundesarchiv Koblenz; allen Herren der Photographic Library, Imperial War Museum, London; Mr. *J.S. Lucas* und Mr. *P.H. Reed,* Imperial War Museum, London; Commander *J. Wronski,* Capt. *W. Milewski,* Capt. *R. Dembinski,* Capt. *St. Zurakowski,* Sikorski Institut, London; Frau Dr. *v. Gersdorff* und Herrn Dr. *Fricke,* Militärgeschichtliches Forschungsamt, Freiburg; Herrn *M. Meyer,* Militärarchiv, Freiburg; Col. *R. Cruccu,* Stato Maggiore Dell'Esercito, V Reparto-Ufficio Storico, Rom; Oberst *M. Lappalainen* und Major *A. Juutilainen,* Sotatieteen Laitos, Helsinki; Hauptmann i. G. a. D. *P. Darnóy* der ehem. kgl.-ung. Honvéd-Armee; Rittmeister a. D. *I. v. Emilian* des 2. Kalaraschen-Kavallerieregiments; Rittmeister a. D. *A. Bojtschewskij* des 15. Kosakenkavalleriekorps; Capitaine *Brignone,* Chef de la Division Photographique, Fort D'Ivry, Paris; Maj. *V.R. White,* US Army Audio-Visual Activity, The Pentagon, USA; Col. *M.W. Zebrowski,* 7 plk. Ulanow Lubelskich, London; Herrn *G.W. Jeffke,* Kameradschaft 8. Reiter, Münster; Herrn *R. Spiering,* Spiegel Verlag, Hamburg; Herrn *M. Maric,* Belgrad; sowie den Herren Militär- und Kulturattachés, Bonn-Bad Godesberg, und deren Mitarbeitern: Oberst *De Rill* und Herrn *C. Kesteloot,* Belgische Botschaft; Oberst *E. Raunio,* Finnische Botschaft; Brigadegeneral *Sionta,* Herrn *Karageorgiou,* Herrn *Karachalios,* Griechische Botschaft; Oberst *R. Aoto,* Herrn *Opiolka,* Japanische Botschaft; Oberst *A. Viviani,* Italienische Botschaft; Herrn *I. Ivanji,* Frau *D. Alavantic,* Jugoslawische Botschaft; Oberstleutnant *R. Kristiansen,* Norwegische Botschaft; Mr. *Alan Dodds,* Frau *I. Köpf,* US-Botschaft; Frau *Elisabeth Vickus,* Mitglied der Fédération Équestre Nationale (FN); Herrn *Günter Bornheim,* Mitglied der Besitzer- und Züchtervereinigung für Vollblutzucht und Rennen.

Personenregister